西安美术学院重点学科建设专项资金

西安美术学院人类命运共同体视阈下的丝路美术交流与创新研究团队专项项目"丝路美术交流与创新研究"（项目编号2021ZX18）

半山马厂彩陶蛙人纹研究

庄会秀 著

中国社会科学出版社

图书在版编目（CIP）数据

半山马厂彩陶蛙人纹研究 / 庄会秀著 . —北京：中国社会科学出版社，2022.2

ISBN 978-7-5203-9125-2

Ⅰ.①半… Ⅱ.①庄… Ⅲ.①马家窑文化—彩陶—器物纹饰（考古）—研究—中国 Ⅳ.①K876.34

中国版本图书馆 CIP 数据核字（2021）第 187120 号

出 版 人	赵剑英
责任编辑	李金涛
责任校对	臧志晗
责任印制	李寡寡

出　　版	中国社会科学出版社
社　　址	北京鼓楼西大街甲 158 号
邮　　编	100720
网　　址	http://www.csspw.cn
发 行 部	010-84083685
门 市 部	010-84029450
经　　销	新华书店及其他书店

印　　刷	北京明恒达印务有限公司
装　　订	廊坊市广阳区广增装订厂
版　　次	2022 年 2 月第 1 版
印　　次	2022 年 2 月第 1 次印刷

开　　本	710×1000　1/16
印　　张	16.5
插　　页	2
字　　数	230 千字
定　　价	89.00 元

凡购买中国社会科学出版社图书，如有质量问题请与本社营销中心联系调换
电话：010-84083683
版权所有　侵权必究

序

  以器物或器物上的纹饰符号作为信息交流与传承的方式，这几乎是世界上所有民族共有并至今仍在许多民族间流行的手段，中国古代也曾长期流行一种以器物及器物纹饰符号记录、传播交流的器物符号文化传统。《易·系辞上》有云："易有圣人之道四焉，以言者尚其辞，以动者尚其变，以制器者尚其象，以卜筮者尚其占。"观象、制器、通神明、类万物的器物符号文化在中国古代历史中是极悠久且发达的，在那些分布范围较广，延续时间较长，遗址、遗物有明显地域特征并流传有序的新石器时代文化遗存中极有可能存在这种器物符号文化。半山马厂彩陶蛙人纹为蹲踞状，多是两人相对、上肢手臂及下肢双腿左右曲折伸展环抱陶壶，后来在甘肃东部和陕西北部地区经常出现的以大人、蹲人为族徽的群团，极可能与之有联系。在半山马厂彩陶蛙人纹中有一些纹饰是与葫芦纹的组合，可称之为人祖葫芦纹，西南民俗中的兄妹葫芦文化则可能与这一器物符号有关。安特生在甘肃地区的考古工作中就已经发现了带有蛙人纹的彩陶壶，学界也很早就对这一纹饰有所关注并产生了很多争议，争议的焦点集中于该纹饰的内涵，直到现在，这些争议依然在延续。

  该书从美术史的视角分析半山马厂彩陶蛙人纹。中国史前美术是中国美术史的重要一环，随着中国考古学的发展、出土资料的增多，中国史前美术的研究也在不断深入。关于史前美术的相关问题，有些已经在学界达成了一致的见解，有些则形成了各种不同的观点，对于已经达成一致的见解，需要接受新的考古发现的检验，对于仍存在争议的问题，

序

则需要通过新的出土资料做更进一步的研究，所以史前美术的面貌是随着考古学的发展而不断更新的，对于史前美术的研究也应该是持续不断的，跟随考古学者的脚步进一步认识中国史前美术，对美术史研究来说是非常重要的。庄会秀是我的学生，她对这一纹饰的关注已久，该书的写作过程也是她向前辈学者学习的过程，对于上述学界对该纹饰内涵的争议，她做了比较详细的梳理。同时她也发挥了年轻人的优势，在听不同主题的讲座时，努力寻找对自己论文选题有所帮助的方面，向演讲者请教，并形成自己的初步看法。她将蛙人纹多变的样式看作图像的多种构成形式，看似简单的图像，使用了圆、直线、折线、弧线以及各种形状的点；虽然只有红、黑两色，却产生了多种颜色搭配方式，对这一纹饰从艺术创作的角度进行了分析，能够看出一名青年学者对所关注问题的坚持与反复思考。

钱志强
2021年5月

目 录

前 言 ………………………………………………………… (1)

资料篇

第一章　半山马厂蛙人纹彩陶的出土情况 ……………………… (3)
　　第一节　半山马厂蛙人纹彩陶的发现与出土概况 ………… (3)
　　第二节　出土有蛙人纹彩陶的重要墓葬 …………………… (8)

第二章　甘肃地区出土（采集）半山马厂彩陶
　　　　蛙人纹图像 ……………………………………………… (20)

第三章　青海、宁夏地区出土（采集）半山马厂
　　　　彩陶蛙人纹图像 ………………………………………… (79)

研究篇

第四章　半山马厂彩陶蛙人纹的图像构成与组合 …………… (119)
　　第一节　半山马厂彩陶蛙人纹主体形象的图像构成 …… (119)
　　第二节　半山马厂彩陶蛙人纹组合纹饰的图像构成 …… (134)

第五章　半山马厂彩陶蛙人纹的文化内涵 …………………… (153)
　　第一节　半山马厂彩陶蛙人纹所具有的多种形象特征 … (156)

目 录

  第二节 半山马厂彩陶蛙人纹的组合纹饰所具有的

      多种形象特征 ……………………………………（161）

  第三节 蛙人纹与半山马厂时期社会的精神文明………（167）

  第四节 蛙人纹与半山马厂时期人类的日常生活………（173）

  第五节 蛙人纹与黄河流域的民间剪纸…………………（175）

第六章 半山马厂彩陶蛙人纹的艺术源流 ………………（181）

  第一节 半山马厂彩陶蛙人纹的形成……………………（181）

  第二节 半山马厂彩陶蛙人纹的发展演变………………（190）

  第三节 半山马厂彩陶蛙人纹的消亡……………………（195）

第七章 半山马厂彩陶蛙人纹的艺术特征 ………………（198）

  第一节 艺术形式的丰富性…………………………………（199）

  第二节 纹饰的图案化………………………………………（204）

  第三节 对色彩的选择和探索……………………………（208）

  第四节 艺术风格的形成……………………………………（210）

参考文献 ……………………………………………………………（215）

文中图片来源 ………………………………………………………（223）

后　记 ………………………………………………………………（247）

前　言

  1921年4月，任职于中国地质调查所的瑞典人安特生在河南省渑池县仰韶村的灰土中发现了彩陶片及石器，刚从自然科学领域涉入史前文化领域的安特生发现石器与彩陶并存的遗址后非常惊讶，"安氏从仰韶村发掘后回到地质所，看到该所图书馆有美国中亚考察团曾在1904年在俄国土库曼亚诺，也发现石器与彩陶共存的报告。所以对同年冬仰韶村发掘彩陶非常重视"[①]。他把所获仰韶彩陶与亚诺、特里波里彩陶比较后的发现发表于《中华远古之文化》一书："与此相似之陶器，欧洲新石器时代或其末期亦有之。如意大利西西利岛之启龙尼亚，东欧之格雷西亚……各处之器，各有特点。然与河南仰韶古器之器工花纹，皆有极似之点。夫花纹样式，固未必不能独立创作，彼此不相连属。然以河南与安诺之器相较，其图形相似之点，既多且切，实令吾人不能不起同出一源之感想。两地艺术，彼此流传，未可知也。"[②] 安特生有了仰韶与亚诺出于一源的猜想后，曾经征求过当时大英博物馆的中国陶瓷专家郝博森和德国考古学家、安诺遗址的发掘者施密特的意见。[③] 郝博森的观点和安特生的猜想相一致，并说"以年代论，此种陶器历时颇久，自西历纪元前四千年起至纪元前一千五百年止。为新石器时代之一征。……中国新疆等地，亦应有同类发现之望也"[④]。虽然施密特认为

---

  ① 参见刘大有、刘晓龙《安特生评传——周口店遗址仰韶文化甘肃青海彩陶的发现者》，文物出版社2008年版，第37页。
  ② ［瑞典］安特生：《中华远古之文化》，袁复礼节译，文物出版社2011年版，第25页。
  ③ 参见陈星灿《中国史前考古学史研究（1895—1949）》，生活·读书·新知三联书店1997年版，第117页。
  ④ ［瑞典］安特生：《中华远古之文化》，袁复礼节译，文物出版社2011年版，第27页。

前　言

"仰韶与亚诺二处陶器相同之点，并不充分。欲详为比较，除花纹样式外，如制造之技术，所用之彩色，及表面磨光之程度，亦均须注意"①。安特生显然采取了郝博森的意见，为了探求两地彩陶之间的联系，选择从新疆传播到河南的通道甘青地区去考察。

根据安特生发表于1925年的《甘肃考古记》，"此次甘肃考古，为期二年（一九二三至一九二四）。足迹所涉，几及甘省大半。所得结果，颇出意料所及。盖不仅器物丰盈之仰韶纪遗址，为吾人所获。而多数前古未闻之重要葬地，亦竟发现。其中完整之彩色陶瓷多件，类皆精美绝伦，可为欧亚新石器时代末叶陶器之冠。除于仰韶文化更为阐明者外又得一遗址于齐家坪，此中绝无彩色陶器之迹。但美丽之单色压花陶器极为特别。余视此等遗物，似较仰韶者为早"②。此次考察让安特生更确定了自己的猜想，"当著者考察甘肃第一年之末，就所得之结果，作有报告，刊于瑞典地学杂志（Ymer）中。颇觉甘肃陶器之丰富。……此即为中国文化之发源地。但受西方民族之影响"③。在这种观念的影响下，他认为处于中西交通要道上的甘肃地区，必然早于中原河南地区的彩陶文化类型，当他发现以不施彩绘为主的齐家文化类型陶器时，便认为它早于仰韶期，所以在分期问题上，他把从1923年到1924年的甘肃考察所见到的六种彩陶类型顺序定为"齐家期、仰韶期、马厂期、辛店期、寺洼期、沙井期"④。并把半山期的彩陶归为葬地用器。

安特生作为中国史前彩陶最早的发现者和研究者，其观点在当时虽然有所争论，但是影响依然很大。梁思永发表于1935年的《小屯、龙山与仰韶》一文中写道："仰韶彩陶文化与西方彩陶文化之关系及彩陶文化之年代问题，已经过许多考古家详细的研究，所以我们一时不必再

---

① ［瑞典］安特生：《中华远古之文化》，袁复礼节译，文物出版社2011年版，第28页。
② ［瑞典］安特生：《甘肃考古记》（地质专报甲种第五号），乐森璕译，中华民国十四年六月农商部地质调查所印行，第2—3页。
③ ［瑞典］安特生《甘肃考古记》（地质专报甲种第五号），乐森璕译，中华民国十四年六月农商部地质调查所印行，第36页。
④ 参见《甘肃考古记》（地质专报甲种第五号），乐森璕译，中华民国十四年六月农商部地质调查所印行，第19—20页。

前 言

做这番工夫,只采用安特生由这研究而编成的甘肃仰韶文化年代表作为讨论的出发点。"①虽然在1931年春,梁思永已经在河南安阳发现了后岗遗址,并且发现"上层所包含的是白陶文化(即小屯文化)的遗物,中层所包含的是黑陶文化(即龙山文化)的遗物,下层所包含的是彩陶文化(即仰韶文化)的遗物。每层所包含的遗物里,不但有他所代表的文化的普通器物,并且有那文化的特殊制品"②,安特生所持的素陶文化早于彩陶文化的观点已经被这一考古资料证实是错误的,然而梁思永还是把安特生作为权威,以安特生所列年代表为基础,仍然把齐家期放在年代表的最前面,足见他对安特生的认同。陈星灿认为,"这可以看作当时中国学术界的一般意见"③。1937年首次出版的卫聚贤所撰《中国考古学史》中,对仰韶文化的描述是:"河南渑池县仰韶村及其附近,新石器时代遗址分布其广,地质调查所于民国十年前往发掘,得有石斧、石锛、石凿、石刀、石镞、骨锥、骨针、骨镞、贝镞,彩陶有红底的黑花、白花、深红花,粗陶有鼎、鬲之类。出版书有《中华远古之文化》及《河南石器时代之着色陶器》。"④ 对甘肃部分的描述是:"甘肃贵德县、导河县、宁定县、镇番县及青海的沿岸,均有新石器遗址,地质调查所于民国十二年至十三年,因仰韶彩陶花纹,有与亚诺(Anau)、脱里波留(Tripolje)花纹相同。欲求其交通之路,故往甘肃调查及试掘,所得石器不多,而彩陶绘为螺旋纹,有犬、羊、人、鸟、龙像形的花纹。出版书有《甘肃考古记》。"⑤ 通过这些描述可以看出,在安特生发现彩陶后的一段时间里,他的观点是处于重要地位的。陈星灿在《中国史前考古学史研究(1859—1949)》中写道:"吴金鼎在1938年

---

① 梁思永:《小屯、龙山与仰韶》,载梁思永《小屯、龙山与仰韶》,商务印书馆2015年版,第159页。
② 梁思永:《后冈发掘小记》,转引自中国科学院考古研究所编《梁思永考古论文集》,科学出版社1959年版,第99—106页。
③ 陈星灿:《中国史前考古学史研究(1895—1949)》,生活·读书·新知三联书店1997年版,第291页。
④ 卫聚贤:《中国考古学史》,中国文史出版社2015年版,第158页。
⑤ 卫聚贤:《中国考古学史》,中国文史出版社2015年版,第159—160页。

前　言

出版的博士论文《中国史前陶器》……不愿意相信安特生在仰韶村的发掘可能存在问题，所以即使他已经正确分析出不招寨属于龙山文化遗存，也认识到仰韶村遗址可能分属两个时期，但却只是把它看成同一文化的延续，没能突破安特生的窠臼。"[1]这其中很大的原因也是对安特生的信任。尹达于1955年发表于《考古学报》的《论中国新石器时代的分期问题——关于安特生中国新石器时代分期理论的分析》中写道："我国部分的历史学者以为安特生是中国新石器时代考古的'权威'，因之信而不疑，还在使用着以至传播着他的错误理论。"[2]可知安特生的观点直到1955年在中国学术界尚有影响力。

尽管上述几篇文章都在关键时刻因对安特生的信任而未能突破，但是在行文中已经有对他的观点提出质疑的分析。"西阴村发掘后，李济在研究报告中就对仰韶文化的流向发表过不同的意见。他认为在安特生所分的六期中，西阴村属于仰韶期，但他指出根据目前的材料考察，还没有十分可靠的证据，使我们可以断定中国所发现的彩陶的确发源于西方。"[3]尹达在1937年也对安特生的分期说有所怀疑："1937年我们根据我国考古学者新发现的一些新石器时代的材料，分析了安特生对于我国新石器时代分期中的一些论断，发现其分期的基本理论根本是错误的，他对于材料的掌握和处理也是错误的，我写了《龙山文化与仰韶文化之分析》一文，这篇文稿经过八年的抗日战争，总算不曾遗失，于1947年在《中国考古学报》第二册上发表了。"[4] 20世纪40年代，考古资料已经能够证实安特生在分期上的错误。1945年5月，夏鼐在甘肃宁定县半山区洋洼湾发现了两座齐家墓葬，"夏鼐一方面从陶片的出

---

[1] 陈星灿：《中国史前考古学史研究（1895—1949）》，生活·读书·新知三联书店1997年版，第278—282页。

[2] 尹达：《论中国新石器时代的分期问题——关于安特生中国新石器时代分期理论的分析》，《考古学报》1955年第9期。

[3] 陈星灿：《中国史前考古学史研究（1895—1949）》，生活·读书·新知三联书店1997年版，第130页。

[4] 尹达：《论中国新石器时代的分期问题——关于安特生中国新石器时代分期理论的分析》，《考古学报》1955年第9期。

前 言

土位置否定了齐家期的领先地位,另一方面又把它划到另外一个文化系统中。夏鼐的这个发现第一次准确无误地证明了安特生把齐家文化当成仰韶文化第一期的错误"①。"1947年裴文中调查甘肃史前遗迹,曾在齐家坪逗留并发掘过一座带有石灰面的房屋(所谓石灰住室),在地面采集到半山陶片、齐家陶片及辛店陶片等,他认为就'地层及所采陶器之观察,皆不能证明齐家坪遗物代表彩陶文化系统中最早的一期''居住及埋葬于齐家坪之人类,除辛店期者外,似为另一民族,有不同之另一种文化,名之为齐家文化,与彩陶文化为不同之系统'。"②裴文中不仅否定了安特生所列年代表中齐家期的位置,还提出了齐家文化的概念。1948年,荆三林又在《大中华》发表《安特生彩陶分布说之矛盾》一文。③ 可见,随着考古工作的开展,从20世纪30年代后期开始到20世纪40年代,安特生的观点已经被中国学者质疑,他自己在1943年出版的《史前中国之研究》一书中也写道:"当我们欧洲人在不知轻重和缺乏正确观点的优越感的偏见影响下,谈到什么把一种优秀文化带给中国统治民族的时候,那不仅没有根据,而且也是丢脸的。"④

随着裴李岗、磁山等早于仰韶文化的新石器时代文化的发现,安特生的"仰韶文化西来说"及其他不符合事实的观点被彻底推翻。1948年,贾兰坡曾在《世界日报》撰稿《彩陶文化东来西向,甘肃考古获得结论》。⑤ 上文所述尹达发表于1955年的《论中国新石器时代的分期问题——关于安特生中国新石器时代分期理论的分析》明确把矛头指向"文化西来说"。1959年10月出版的《梁思永考古论文集》中,在《小屯、龙山与仰韶》一文的后面,还专门增加了编者后记:"至于梁

---

① 陈星灿:《中国史前考古学史研究(1895—1949)》,生活·读书·新知三联书店1997年版,第295页。
② 陈星灿:《中国史前考古学史研究(1895—1949)》,生活·读书·新知三联书店1997年版,第295—296页。
③ 参见李水城《半山马厂彩陶研究》,北京大学出版社1998年版,第4页。
④ J. G. Andersson, *Researches into the Prehistory of the Chinese*, 转引自李水城《半山马厂彩陶研究》,北京大学出版社1998年版,第5页。
⑤ 参见李水城《半山马厂彩陶研究》,北京大学出版社1998年版,第4页。

前　言

先生所修正过的甘肃远古文化绝对年代表，他晚年也承认它的根据很薄弱；承认这修正工作是徒然多此一举。我们知道这表是建立在安特生的那一张表的基础上。安氏的表是凭着主观的唯心主义的观点制造出来的。"① "1965年，苏秉琦先生通过研究仰韶文化彩陶花纹的变化指出：'仰韶文化遗存在甘肃境内的移动方向是自东部到中部……出现时间稍晚的半山、马厂类型遗存，则是自中部向西延伸到河西走廊的西端。'"② 安志敏发表于1972年的《略论中国新石器时代文化的年代问题》中也指出了"文化西来说"的错误。③ "1978年，严文明先生就甘青地区彩陶的源流、不同时段的花纹特征及风格流变等做了细致的梳理和深入讨论，初步归纳出，中国西部地区新石器时代的彩陶是从东向西不断扩散的，年代学的检测结果亦证实'西渐说'是可信的。"④

对于安特生的"住地"和"葬地"说，安志敏于1956年发表的《甘肃远古文化及其有关的几个问题》指出："葬地的'半山'和'马厂'两期，是代表着早晚不同的时期。但过去的分期只单纯从标型学着眼，没有地层或成组器物为依据。正因为缺乏科学上的基础，过去的分期标准并不能够完全信赖，还有待于今后发掘中仔细分析与研究。"⑤ "60年代初（1962年《略论仰韶文化和马家窑文化的社会分期》）杨建芳对马家窑、半山、马厂的研究，否定了住地与葬地陶器不同的说法……1963年在兰州青岗岔遗址发现了半山的房子、窑址、窖穴等遗迹，彻底纠正了半山无住地之说。"⑥

1982年，陈戈通过研究新疆地区出土的彩陶推测，"距今3400年左右，彩陶经甘肃河西走廊进入新疆东部，春秋战国时期扩展至新疆中

---

① 梁思永：《小屯、龙山与仰韶》，载梁思永《小屯、龙山与仰韶》，商务印书馆2015年版，第163页。
② 李水城：《半山与马厂彩陶研究》，北京大学出版社1998年版，第5页。
③ 参见安志敏《略论中国新石器时代文化的年代问题》，《考古》1972年第6期。
④ 李水城：《半山与马厂彩陶研究》，北京大学出版社1998年版，第5页。
⑤ 安志敏：《甘肃远古文化及其有关的几个问题》，《考古通讯》1956年第6期。
⑥ 李伊萍：《半山、马厂文化研究》，载苏秉琦主编《考古学文化论集》（三），文物出版社1993年版，第32页。

前 言

部，汉代前后，彩陶才最终在新疆绝迹"[1]，并强调，"当年，中国境内的彩陶刚刚发现，安特生等人就唯心地认为它们是由西方的特里波里、苏萨、安诺等文化的彩陶经由新疆而传入的……今天在新疆发现的彩陶远比过去为多，对这些彩陶进行全面的分析比较研究以后，完全证明，新疆的彩陶绝非自西而来，从而中国的彩陶文化亦绝非自西方传入。恰恰相反，中国的彩陶自成一个独立体系，它以中原为中心，逐渐向西发展"[2]。

经过这样一个漫长的过程，中国史前彩陶的发展脉络才得以初步理清，很多学者对中国史前彩陶的这一研究历程做了梳理，这个过程说明了史前彩陶文化对我国历史研究的重要性。与此同时，造型多样的史前彩陶纹饰也是很多学者关注的对象，这些纹饰像谜题一样引人注目，因为没有文字，他们便成为我们了解史前社会的一个重要媒介。这种热情一直持续至今，不同领域的研究者从各方面对史前彩陶纹饰进行解读，本书也是在这样的基础上完成的。

安特生1923—1924年在甘青地区考察所发现的彩陶中已见有蛙人纹，安特生回国时将大部分资料转交给他的助手巴尔姆格伦，最先研究半山马厂彩陶蛙人纹的学者也是巴尔姆格伦，他的研究成果汇总在《甘肃半山及马厂随葬陶器》（Kansu mortuary urns of the Pan Shan and Ma Chang groups）一书中。之后的彩陶综述类专著中一般或多或少都会有涉及蛙人纹的论述，如张朋川《中国彩陶图谱》第二部分"彩陶艺术的研究"之三"几种主要的彩陶花纹的发展和演变"一节中的"仰韶文化彩陶上的人面纹和人形纹"[3]，郑为《中国彩陶艺术》"三"之"乙西北地区"中"马厂类型"一节对"象生纹"的探讨[4]，王朝闻总主编，邓福星卷主编《中国美术史·原始卷》第三章"彩陶"之第三

---

[1] 李水城：《半山与马厂彩陶研究》，北京大学出版社1998年版，第5页。
[2] 陈戈：《略论新疆的彩陶》，《新疆社会科学》1982年第2期。
[3] 张朋川：《中国彩陶图谱》，文物出版社1990年版，第150—152页。
[4] 郑为：《中国彩陶艺术》，上海人民出版社1985年版，第36页。

前　言

节"纹饰的写意倾向"部分。① 李水城《半山与马厂彩陶研究》在"半山类型彩陶花纹形态与谱系"和"马厂彩陶花纹形态与谱系"两节中的"人蛙纹"部分。② 除此之外，还有陆思贤的《甘肃、青海彩陶器上的蛙纹研究》，刘溥、尚民杰的《涡纹、蛙纹浅说》，李湜的《彩陶蛙纹演变机制初探》，徐建融的《彩陶纹饰与生殖崇拜》，张朋川的《半山、马厂彩陶上的神人纹》《彩陶艺术三题》，陆思贤的《"於菟舞"的发现对解释马家窑文化"蛙纹"或"人形纹"图案的启示》，如鱼的《蛙纹与蛙图腾崇拜》，李智信的《关于马厂类型四大圆圈纹与蛙纹的几点看法》，刘宝山的《青海"蛙纹"溯源——论东夷族与青海蛙纹的关系》，邱立新的《彩陶蛙纹、神人纹歧异评考》，汤惠生的《青海史前彩陶纹饰的文化解读》，胡其伟的《青海"蛙纹"彩陶的称谓问题》，董文强的《马家窑文化彩陶蛙纹的文化解读》，张保静的《马家窑文化彩陶蛙纹与人纹分析研究》，郭颖珊的《甘青地区史前陶器上的人像研究》，叶舒宪的《蛙人：再生母神的象征——青海柳湾"阴阳人"彩陶壶解读》，兰凌的《土家织锦"单八勾"纹饰的另一种释读》等论文都对这一纹饰进行了讨论。

上述研究在半山马厂彩陶蛙人纹称谓的问题上争议颇多，先后有张朋川于1990年和2005年③、邱立新于1996年④、张鹰于2009年⑤分别撰文论述"神人纹"之称的合理性。而李湜⑥、陆思贤⑦等学者称之为

---

① 王朝闻总主编，邓福星卷主编：《中国美术史·原始卷》，齐鲁书社、明天出版社2000年版，第146—160页。
② 李水城：《半山与马厂彩陶研究》，北京大学出版社1998年版，第57—59页、第74页、第143—145页、第165页。
③ 张朋川：《半山马厂彩陶上的神人纹》，《中国艺术》第5集，人民美术出版社；张朋川：《彩陶艺术三题》，《装饰》2005年第6期。
④ 邱立新：《彩陶蛙纹、神人纹歧义评考》，《西北民族学院学报（哲学社会科学版）》1996年第3期。
⑤ 张鹰：《再谈蛙纹、神人纹及龙纹的学术争议》，《苏州大学学报（工科版）》2009年第10期。
⑥ 李湜：《彩陶蛙纹演变机制初探》，《美术史论》1989年第1期。
⑦ 陆思贤：《甘肃、青海彩陶器上的蛙纹图案研究》，《内蒙古师大学报》1983年第3期。

前　言

"蛙纹",严文明则称之为"拟蛙纹"①,称之为"变体蛙纹"②"蛙形纹饰"③"人体纹"④"人形纹"⑤"人蛙纹"⑥"蛙人纹"⑦"折肢纹"⑧的学者也时而有之。对该纹饰的内涵释读同样也有很多种观点,笔者攻读硕士学位的时候,被这样一个争议较多的史前彩陶纹饰吸引。当时发现,关于该纹饰的研究除个别文章如张朋川的《半山、马厂彩陶上的神人纹》、邱立新的《彩陶蛙纹、神人纹歧异评考》、胡其伟的《青海"蛙纹"彩陶的称谓问题》等对该纹饰进行了专题研究外,大多数研究都是将该纹饰与其他纹饰一起捎带着讨论,如果不特别关注,在检索的时候很容易漏掉其中一部分,在称其为"蛙纹"的文章中,虽然大部分作者都很明确该纹饰与其他蛙纹的不同,但也有作者并未留意到该纹饰还有其他称谓。因为专题研究较少,图像资料发表也较为分散,而该纹饰又具有数量多且变化丰富的特点,将发表资料进行收集整理后做专题研究就显得很有必要,于是笔者将该纹饰定为自己硕士学位论文的研究对象。本书内容即是在我硕士论文基础上完善而成的。

在图像资料的收集过程中,笔者发现,几乎每个半山马厂时期彩陶的藏家都有很大的概率藏有绘蛙人纹的彩陶,要想把这些图像资料一网打尽是不现实的。但是这个纹饰变化多样,在收集图像资料的基础上完成研究又很有必要,所以笔者采用了折中的办法,将公开发表的这一纹饰进行收集(不包括私人收藏品),并在此基础上进行分析。这个办法既避免了因为很多藏品藏于库房不能获取图像资料带来的麻烦,又照顾

---

① 严文明:《甘肃彩陶源流》,《文物》1978年第10期。
② 甘肃省博物馆、兰州市文化馆:《兰州土谷台半山——马厂文化墓地》,《考古学报》1983年第2期。
③ 段小强:《马家窑类型彩陶蛙形纹饰新解》,《兰州学刊》2009年第9期。
④ 甘肃省博物馆:《甘肃彩陶》,文物出版社1978年版。
⑤ 胡其伟:《浅探"蛙纹"彩陶之称谓》,《青海日报》2003年2月28日第8版。
⑥ 李水城:《半山与马厂彩陶研究》,北京大学出版社1998年版。
⑦ 王朝闻总主编,邓福星卷主编:《中国美术史·原始卷》,齐鲁书社、明天出版社2000年版。
⑧ 徐建融:《彩陶纹饰与生殖崇拜》,《美术史论》1989年第1期。

前　言

到了所收集图像样式的相对全面性，因为具有代表性的样式和未见过的样式更容易被选择发表。同时这个办法也有一定的弊端，司空见惯或者绘制相对粗糙的图像在选择部分公开发表的时候往往被忽视。同时，出版物呈现出来的各种样式图像的比例可能和目前已发现陶器的情况有出入，有些图像也会因为印刷品的质量问题不够清晰。笔者在分析的时候，尽量留意这些问题，但也难免会有失误，如有不当之处，请各位专家、学者批评指正。

资料篇

第一章　半山马厂蛙人纹彩陶的出土情况

第一节　半山马厂蛙人纹彩陶的发现与出土概况

一　半山马厂蛙人纹彩陶的发现

1923—1924年，安特生及其助手在甘青地区进行了为期两年的考察，此次考察结束后，安特生发表于1925年的《甘肃考古记》中便有1件腹部绘蛙人纹的彩陶鼓腹壶（见图2-130）。根据安特生的记录，该彩陶器为购买所得，产地不详。并"参以其他同式之器"认为该纹饰是一种"人形纹"[①]，可见在安特生的甘肃考察过程中，所见饰该纹样的彩陶器不只此1件。

安特生回国时，将很多资料交给了他的助手巴尔姆格伦，1934年巴尔姆格伦完成了他的英文著作《甘肃半山马厂随葬陶器》（*Kansu mortuary urns of the Pan Shan ang Ma Chang groups*），共发表19件饰有蛙人纹的彩陶器（见图2-109至2-111、图2-131至图2-146），从这19件彩陶器上的纹饰来看，当时巴尔姆格伦已经注意到了绘制在不同器型上的造型多样的蛙人纹。

二　1949年以来半山马厂蛙人纹彩陶的出土与发表

安特生发现了大量史前彩陶的甘青地区成为中华人民共和国成立后

[①] ［瑞典］安特生：《甘肃考古记》（地质专报甲种第五号），乐森璕译，中华民国十四年六月农商部地质调查所印行，第九版图。

资料篇

考古工作的重要部分。在一系列重要的考古工作中，半山马厂时期的很多遗址被发现，作为半山马厂时期具有代表性的纹饰，蛙人纹的出土数量很多，发表的彩陶蛙人纹仅是目前发现的一部分。

在中华人民共和国成立后的出版物中，《文物参考资料》1954年第10期图版三发表蛙人纹彩陶黑白图片（图2－107）一张，说明文字为"甘肃兰州出土的彩陶壶"。《考古学报》1957年第1期《兰州新石器时代的文化遗存》一文中也发表了1件马厂时期的彩陶壶，因为是零星出土的器物，只有图片资料（图2－25），没有详细的墓葬资料和文字介绍，作者也没有专门提及该纹饰。同年《考古通讯》第6期《甘肃皋兰糜地岘新石器时代墓葬清理记》一文又发表2件装饰有蛙人纹的彩陶（图2－114、图2－115），其中1件有出土墓葬的相关介绍。此后很长时间都陆续有类似的资料发表，多称其为蛙纹，有些遗址本身很小，出土器物数量有限，仅有1—2件陶器装饰有蛙人纹，有些墓葬出土陶器虽然数量较多，但因为篇幅所限，绘有蛙人纹的器物只发表其中的几件。如《考古学报》1983年第2期发表的《兰州土谷台半山—马厂文化墓地》一文，发表了4件装饰有蛙人纹的彩陶（图2－33至2－35、图2－37）。青海省文物考古研究所1982—1987年间对青海省民和县进行文物普查的调查报告于1993年发表，其中马厂类型共发现"328处"文化遗存，"复原陶器28件，多采集于墓地……主要以彩陶为主，其上半身普遍施一层红色或紫红色陶衣，以黑彩为主，也有黑、红两彩兼用。主体花纹以几何图案为主，常见有大圆圈纹、蛙纹对称的构图"[①]，其中在小垣台采集的1件和洒力池采集的1件附有图片。发表数量较多的是1984年文物出版社出版的《青海柳湾——乐都柳湾原始社会墓地》，发表有46件装饰有蛙人纹的彩陶，其中图版发表24件，插图中补充了2件，M564器物组合图中发表了11件，M119器物组合图中发表了2件，M1290器物组合图中发表了6件，M558器物组合图中发表了1件。2014年上海古籍出版社出版的《青海柳湾彩陶选粹》一书又

[①] 青海省文物考古研究所：《青海省民和县古文化遗存调查》，《考古》1993年第3期。

第一章　半山马厂蛙人纹彩陶的出土情况

发表了21件《青海柳湾——乐都柳湾原始社会墓地》未曾发表的绘有蛙人纹的彩陶，但是从乐都柳湾原始社会墓地彩陶的出土数量来看，尚有许多彩陶资料有待发表。2008年科学出版社出版的《兰州红古下海石——新石器时代遗址发掘报告》发表了兰州红古下海石遗址发现的65件装饰有蛙人纹的彩陶，其中出土器物64件（图2-43至图2-106），征集器物1件（图2-42）。

除考古发掘简报和发掘报告，其他的出版物也陆续发表绘有蛙人纹的彩陶资料，其中发表数量比较多的有1989年青海人民出版社出版的刘溥编《青海彩陶纹饰》，1990年文物出版社出版的张朋川著《中国彩陶图谱》，1998年北京大学出版社出版的李水城著《半山与马厂彩陶研究》，2014年上海古籍出版社出版的中国青海柳湾彩陶博物馆、中国社会科学院考古研究所编著《青海柳湾彩陶选粹》等。此外，1994年台北南天书局出版的程征、钱志强著《黄河彩陶》，2000年上海人民美术出版社出版的冯永谦主编《中国美术分类全集·中国陶瓷全集·新石器时代》，2000年齐鲁书社、明天出版社出版的王朝闻总主编，邓福星卷主编《中国美术史·原始卷》，2001年上海文化出版社出版的"中国彩陶文化解密丛书"包括林少雄著《人文晨曦：中国彩陶的文化解读》、程金诚著《远古神韵：中国彩陶艺术论纲》、卢晓辉著《地母之歌：中国彩陶与岩画的生死母题》、蒋书庆著《破译天书：远古彩陶花纹揭秘》，2003年重庆出版社出版的张力华主编《甘肃彩陶》，2005年甘肃人民美术出版社出版的临夏回族自治州人民政府秘书处、临夏回族自治州文化出版局编《临夏彩陶》，2008年科学出版社出版的韩博文主编《甘肃彩陶》等出版物中也有部分发表。

学者的研究论文多是以已经发表的图像资料作为插图，也有部分论文使用了作者实地考察获得的图像资料，但由于大多未详细注明器物编号，无法确定与考古发掘报告和图册中是否为同一件器物，故本书中采用较少。

根据上述出版物发表的资料分析，这一纹饰主要分布于康乐地区以北，会宁地区以西，直到青海湟中的大片区域，青海湖周围地区分布较多。宁夏也有少量发现。

临夏回族自治州及其周边是甘肃省发现蛙人纹彩陶较多的地区，这一带的康乐、临洮、广河、临夏、东乡、永靖等地都有一定数量的蛙人纹彩陶资料发表。目前发表的有临夏回族自治州博物馆藏1976年康乐东沟门出土的彩陶壶1件（图2-1）和彩陶罐2件（图2-2、2-3）；临夏回族自治州博物馆藏从康乐清水一带收集的彩陶壶1件（图2-4）；临洮县文化馆藏半山类型彩陶壶3件（图2-5至2-7）；临夏回族自治州博物馆藏广河堡子山发现的彩陶壶1件（图2-8）；上海博物馆藏广河地巴坪出土的彩陶壶1件（图2-9）；临夏回族自治州博物馆藏1986年临夏市出土的彩陶壶1件（图2-10）；临夏回族自治州博物馆藏1994年临夏市出土的彩陶壶1件（图2-11）；临夏回族自治州博物馆藏临夏市金沟大塬顶出土的彩陶罐1件（图2-12）；临夏回族自治州博物馆藏1976年临夏朱家墩出土的彩陶碗1件（图2-13）；临夏回族自治州博物馆藏1976年临夏元山出土的彩陶瓶1件（图2-14）；甘肃省博物馆藏临夏积石山征集的彩陶壶1件（图2-15）；甘肃东乡族自治县藏当地出土的彩陶壶1件（图2-16）；临夏回族自治州博物馆藏1975年东乡族自治县出土的彩陶盆1件（图2-17）；临夏回族自治州博物馆藏1976年东乡春台出土的彩陶盆1件（图2-18）；永靖县文化馆藏永靖杨塔出土的彩陶罐1件（图2-19）；炳灵寺博物馆藏永靖塔坪发现的彩陶壶1件（图2-20）；甘肃省博物馆藏1956年永靖县出土的彩陶壶1件（图2-21）；永靖县文物管理所藏1984年6月永靖盐锅峡出土的彩陶壶1件（图2-22）；永靖县文物管理所藏1996年5月永靖县西河乡出土的彩陶壶1件（图2-23）。

目前发表的资料中，甘肃省白银市会宁县文化馆藏1976年会宁牛门洞出土的1件蛙人纹彩陶壶（图2-24）是该纹饰在地域上比较靠西的发现。

兰州市也是甘肃省发现蛙人纹彩陶比较集中的地区，出土蛙人纹彩陶的遗址主要有白道沟坪、华林坪、土谷台、红古城、下海石、皋兰石洞寺、皋兰糜地岘、皋兰阳洼窑、永登蒋家坪、永登连城、永登沙沟

第一章 半山马厂蛙人纹彩陶的出土情况

等。目前已经发表的资料中有白道沟坪出土的彩陶壶2件（图2-25、2-26）、彩陶盆5件（图2-27至2-31）；华林坪出土的鸟形壶1件（图2-32）；土谷台出土的彩陶壶2件（图2-33、2-36）、鸟形壶1件（图2-34）、彩陶盆3件（图2-35、2-37、2-38）；红古城出土的彩陶壶2件（图2-39、2-40）；下海石采集的彩陶壶1件（图2-42），出土的彩陶壶64件（图2-41、图2-43至2-105）、彩陶罐1件（图2-106）；皋兰石洞寺出土的彩陶壶2件（图2-112、2-113）；皋兰糜地岘出土的彩陶壶2件（图2-114、2-115）；皋兰阳洼窑出土的彩陶壶1件（图2-116）、彩陶瓮1件（2-117）；永登乐山坪出土的彩陶壶2件（图2-118、2-119）；永登蒋家坪出土的彩陶壶2件（图2-120、2-121）；永登连城出土的彩陶壶1件（图2-122）；永登沙沟出土的彩陶壶1件（2-123）。另有一些绘有蛙人纹的彩陶也出自兰州市，但无法核实具体地点，他们分别是《文物参考资料》1954年第10期发表的彩陶壶1件（图2-107），发表于程征、钱志强著《黄河彩陶》的彩陶壶1件（图2-108），远东古物博物馆藏彩陶壶2件（图2-109、2-110）、彩陶罐1件（图2-111）。还有一些器物（图2-124至图2-146），只知道发现于甘肃省，但不知道具体地点。

青海省目前发表的蛙人纹彩陶资料集中于民和地区和乐都柳湾墓地。其中民和地区有青海省彩陶研究中心藏1977年民和三家出土的彩陶壶1件（图3-1）；民和戴家台地出土的彩陶壶1件（图3-2）；1977年民和边墙出土的彩陶壶1件（图3-3）；1982年至1987年间民和川口镇小垣遗址采集的彩陶壶1件（图3-4）；青海省民和县博物馆藏1985年民和川口出土的彩陶壶1件（图3-5）；《民和阳山》发表的彩陶壶1件（图3-6）、彩陶瓮1件（图3-7）；1982年至1987年间在民和洒力池采集的彩陶壶1件（图3-8）；1975年民和加仁庄出土的偏口壶1件（图3-9）；刘溥著《青海彩陶纹饰》发表的民和地区绘有蛙人纹的彩陶5件（图3-10至3-14）；民和县博物馆藏当地征集的彩陶壶1件（图3-15）；青海省考古研究所藏民和回族土族自治县出土的彩陶盆 1 件（图 3-16）。柳湾墓地目前共收集到 75 件已发表饰有蛙人纹的彩陶（图 3-17 至 3-91），其中彩陶壶 73 件，彩陶罐 2 件。另外，在程征、钱志强共著《黄河彩陶》一书中还发表有青海省湟中县博物馆收藏的彩陶壶 1 件（图 3-92）。

1985—1987 年，宁夏回族自治区文物考古研究所和中国历史博物馆考古部联合发掘了位于宁夏回族自治区海原县城西的菜园村遗址群，其中的瓦罐嘴遗址出土了 1 件半山类型蛙人纹彩陶钵（图 3-93）。

1985 年发表于郑为《中国彩陶艺术》的 1 件彩陶壶（图 3-94），纹饰比较特殊，但不知其具体出土地点。

第二节 出土有蛙人纹彩陶的重要墓葬

一 甘肃地区

（一）白道沟坪遗址

1957 年发表的《兰州新石器时代的文化遗存》一文有 1 件绘有蛙人纹的彩陶，在原文图版肆之 8。这件器物在"白道沟坪零星出土的器物"部分，没有详细的墓葬资料，也没有提及该纹饰，对其标注为"马厂式"（见图 2-25）。早在 1955 年，《文物参考资料》就刊登了"甘肃省文物管理委员会文物清理组配合包兰铁路工程，在兰州市区北十余公里黄河北岸的白道沟坪，发掘了新石器时代末期遗址及一个有六十多个墓的墓葬群，出土物有大量的彩绘陶片、红陶片，各种彩绘、红色陶器等二百六十四件"[①] 的报道，1960 年《考古学报》发表的《甘肃古文化遗存》一文又有该地区的相关资料，但是都不详细。1990 年出版的张朋川著《中国彩陶图谱》中，有 6 件绘有蛙人纹的彩陶，皆出自白道沟坪，其中 1 件鼓腹壶（图 2-26），从图像细节分辨，与图 2-25 不是同一件器物，其余 5 件为彩陶盆（图 2-27 至图 2-31）。

---

① 佚名：《甘肃兰州白道沟坪发掘出古代遗址和墓葬》，《文物参考资料》1955 年第 5 期。

第一章 半山马厂蛙人纹彩陶的出土情况

（二）红古城遗址

1971年甘肃省博物馆文物工作队在红古山上发掘了两座马厂类型墓葬。在这两座墓中发现了10件彩陶壶，其中M2:2绘有蛙人纹（图2-39）。M2"墓口距地表0.49米，方向为正东向西，单身葬，头西，面向上，墓坑东西长1.95米，南北宽1.04米，深1.85米。此墓被一个现代窖穴打破，人骨只剩一部分，已腐朽。根据墓壁、随葬品的位置、残存骨架及1号墓的情况判断，死者也为仰卧伸肢葬……人骨架置于高8厘米的较硬的熟土台上。随葬器物共七件。四个大小相同的小型彩陶颈耳罐整齐地排列于人骨头部顶端，其余二件彩陶壶，一件红陶罐置于胸骨右侧"①。1990年出版的张朋川著《中国彩陶图谱》中又发表了1件1975年出土于红古城的绘有蛙人纹的彩陶壶（图2-40）。

（三）土谷台遗址

1977年秋，在土谷台的农田基本建设中发现了陶器，经过甘肃省博物馆1977年10—11月和1978年5—6月的2次发掘，共发掘墓葬84座，其中M1—M54为第一次发掘，M55—M84为第二次发掘。1983年发表的《兰州土谷台半山—马厂文化墓地》详细介绍了两次发掘的情况，其中有4件带有蛙人纹的彩陶发表，原文称之为"蛙纹"，并联系马家窑类型和仰韶文化的蛙纹论述了半山马厂时期蛙纹的特征，"蛙纹在仰韶文化和马家窑文化都有发现，一般画成圆形，头与四肢较小，画法近于写实。而半山—马厂文化的蛙纹，则将头画成圆形，躯体和四肢画成一样的窄条形，有的还带锯齿纹，分有头和无头之别，这种解肢分段的画法，更趋向图案化"②。4件器物分别编号为M18:4、M31:1、M53:4、M84:3。

其中M18为马厂时期男女合葬墓，"土坑墓，墓室平面略呈圆形，东西径1.9、南北径1.8、深0.6米。人骨架两具，均左侧屈肢，屈肢

---

① 甘肃省博物馆文物工作队：《兰州马家窑和马厂类型墓葬清理简报》，《文物》1975年第6期。
② 甘肃省博物馆、兰州市文化馆：《兰州土谷台半山—马厂文化墓地》，《考古学报》1983年第2期。

特甚，呈跪卧状，头西面北……随葬陶器六件，有双腹耳壶二件，双耳罐三件，瓮一件"①。M31为半山时期的墓葬，"土洞墓，门向南，门口堵立石板四块。墓室平面略呈圆形，东西径1.5、南北径1.4、深0.9米。室内北侧系成年女性，左侧屈肢，头东、面南，南侧儿童右侧屈肢，头东面北，两具人骨紧紧相依。随葬陶器十件，有双腹耳壶一件，瓮一件，鸭形壶一件，单耳瓶一件，无耳钵一件，单耳杯二件，双耳罐一件，单耳罐二件。在儿童颈下有牙饰二件"②。M31:1为鸭形壶，"肩饰双隔线和单隔线的菱形网格纹及无头蛙纹和有头蛙纹各一个"③。M84为马厂时期5人合葬墓。"土洞墓，门向西，门口平放石板一块，其上又堵立封门石板一块。墓室平面略呈圆形，东西径1.6、南北径1.7、深1.4米。人骨架五具，系一成人与四儿童，居南者为成年男性，右侧屈肢，头东面北，四儿童骨架堆放一起，系二次葬。随葬陶器十四件，有双腹耳壶二件，双耳罐五件，单耳罐三件，单耳瓶一件，无耳盆一件，无耳钵一件，单耳杯一件。另外，还随葬石斧一件，绿松石饰一件。"④ M84:3为无耳盆，"盆内饰一个大头蛙纹，内填棋盘格纹，前腿前端有四个分爪，沿外有垂弧纹"⑤。M53:4是半山时期的无耳盆，"盆内饰二个变形蛙纹，头呈圆形，内填双隔线菱形网纹，口沿饰交错的锯齿纹"⑥。

1990年出版的张朋川著《中国彩陶图谱》中发表有M31:1鸭形壶上所绘无头蛙纹的正面图像，比考古发掘报告增加了底径尺寸，为7.8

---

① 甘肃省博物馆、兰州市文化馆：《兰州土谷台半山—马厂文化墓地》，《考古学报》1983年第2期。
② 甘肃省博物馆、兰州市文化馆：《兰州土谷台半山—马厂文化墓地》，《考古学报》1983年第2期。
③ 甘肃省博物馆、兰州市文化馆：《兰州土谷台半山—马厂文化墓地》，《考古学报》1983年第2期。
④ 甘肃省博物馆、兰州市文化馆：《兰州土谷台半山—马厂文化墓地》，《考古学报》1983年第2期。
⑤ 甘肃省博物馆、兰州市文化馆：《兰州土谷台半山—马厂文化墓地》，《考古学报》1983年第2期。
⑥ 甘肃省博物馆、兰州市文化馆：《兰州土谷台半山—马厂文化墓地》，《考古学报》1983年第2期。

第一章　半山马厂蛙人纹彩陶的出土情况

厘米，壶高标注15.5厘米（与发掘报告稍有误差）。[①] M84：3彩陶盆内所饰内彩蛙人纹比发掘报告所发表的图片更为清晰，尺寸增加了底径8厘米，盆高和口径标注与发掘报告稍有误差，分别为13厘米、20.3厘米。[②] 还发表有1件出土于M1的彩陶壶，腹部饰省略头部的蛙人纹。M1为马厂时期墓葬，"土洞墓，门向南，墓道长0.4、宽0.7、深0.6米，门口插立一排木棍封门。墓室呈椭圆形，东西径2.3、南北径1.6、深1.3米。室内骨架三具，并排左侧屈肢，头西面北，成人女性居南，两儿童居北，中间儿童面朝下。随葬陶器十六件，有双腹耳壶六件，双耳罐一件，单耳罐四件，侈口罐两件，碗一件，无耳钵二件。另外，在中间儿童的颈下有石珠一件"[③]。

1998年出版的李水城著《半山与马厂彩陶研究》一书中，M53：4彩陶盆的内彩纹饰比发掘报告更为全面，两个肢体为箭头符号的蛙人纹对称分布，间饰两个与蛙人纹肢体方向相反的箭头符号。并且新发表了1件饰有蛙人纹的彩陶器（M35：3）。

（四）下海石遗址

1982年甘肃省文物考古研究所在甘肃海石湾下海石清理了1座残墓，所幸随葬陶器依然保持原来的位置，调查报告于2004年发表，其中的1件彩陶壶腹部绘有蛙人纹（图2-41）。"M1：5器形较瘦高……侈口，尖唇，曲颈，圆肩，斜腹，双腹耳偏下，平底。腹上部施红色陶衣，黑色彩绘。唇内施一周宽带纹，宽带间为小圆点，颈部施竖粗折线纹，肩上部与腹中部各施一周横向宽带纹，宽带纹间施双折线蛙纹，腹下部一周垂帐纹。"[④] 2005年甘肃省文物考古研究所组织发掘小组对下海石遗址进行抢救性发掘，这次发掘，"面积共4500多平方米，其中开长20、宽1、深2米的探沟12条，大小探方4个，清理灰坑遗迹5个，

[①] 参见张朋川《中国彩陶图谱》，文物出版社1990年版，第516页。
[②] 参见张朋川《中国彩陶图谱》，文物出版社1990年版，第517页。
[③] 甘肃省博物馆、兰州市文化馆：《兰州土谷台半山—马厂文化墓地》，《考古学报》1983年第2期。
[④] 甘肃省文物考古研究所：《甘肃海石湾下海石半山、马厂类型遗址调查简报》，《考古与文物》2004年第1期。

◈ 资料篇 ◈

解剖排水沟1条，清理完整或较完整的马厂类型墓葬33座，辛店文化墓葬1座……出土文物400余组件，其中大部分为生活用器彩陶和素陶壶、罐、盆、盘等器皿，还有少量的生产工具如：陶刀、陶纺轮、石纺轮以及石斧、石铲等，也有作为装饰品的绿松石片、石珠、海贝等组成的项链、手链等。同时在一些陶罐中还发现了粮食作物的黄、灰色粉化物，白色结晶和粉末状的晒制井盐，以及鸡骨、猪骨、羊骨等"[①]。这次发掘成果共发表绘有蛙人纹的陶器65件，其中彩陶壶64件，彩陶罐1件。

M2出土有1件，M2是小型土洞墓，单人侧身屈肢葬，墓主人为男性，随葬陶器10件。因为在探沟底部，墓道没有清理出来。M3出土有3件，M3是小型墓葬，随葬陶器13件。M4出土有1件，M4是小型土洞墓，随葬陶器5件。M5出土有13件，是下海石遗址出土装饰有蛙人纹的彩陶数量最多的一个墓葬，M5是整个墓葬区的中心，大型土洞墓室，内有仰身直肢葬式人骨1具，随葬陶器40件。M7出土有1件，M7为小型墓葬，随葬陶器12件。M8出土有1件，M8为中型墓葬，发掘前已被盗，残存1具仰身直肢葬人骨架的朽蚀痕迹，随葬陶器残存6件。M11出土有9件，M11为中型墓葬，随葬陶器16件。M12出土有2件，M12为中型土洞墓，内有人骨架1具，似为侧身屈肢葬，随葬陶器19件。M14出土有3件，M14为小型土洞墓，内有侧身屈肢葬约20岁女性骨架1具，随葬陶器18件。M17出土有1件，M17为中型土洞墓，内有仰身屈肢葬约35岁男性骨架1具，随葬陶器17件。M18出土有2件，M18为小型土洞墓，内有仰身屈肢葬人骨1具，随葬陶器18件。M19出土有8件，M19为中型土洞墓，内有侧身屈肢葬约40岁男性骨架1具，随葬陶器29件。M21出土有1件，M21为中型墓葬，随葬陶器11件。M22出土有2件，M22为大型土洞墓，内有侧身屈肢葬约45岁男性骨架1具，随葬陶器10件。M26出土有4件，M26为小型

---

① 赵建龙、杨惠福、谢焱主编：《兰州红古下海石——新石器时代遗址发掘报告》，科学出版社2008年版，第5页。

· 12 ·

墓葬，随葬陶器10件。M27出土有2件，M27为中型土洞墓，内有侧身屈肢葬约40岁男性骨架1具，出土陶器22件。M31出土有8件，M31为中型土洞墓，内有侧身屈肢葬约50岁男性骨架1具，共出土陶器28件。（表1-1）

表1-1　　甘肃兰州下海石遗址墓葬出土彩陶蛙人纹情况

墓葬编号	墓葬大小	葬式	性别	年龄	出土陶器数量	饰蛙人纹陶器数量
M2	小型墓葬	侧身屈肢	男		10	1
M3	小型墓葬				13	3
M4	小型墓葬				5	1
M5	大型墓葬	仰身直肢			40	13
M7	小型墓葬				12	1
M8	中型墓葬				6	1
M11	中型墓葬				16	9
M12	中型墓葬	侧身屈肢			19	2
M14	小型墓葬	侧身屈肢	女	20	18	3
M17	中型墓葬	仰身屈肢	男	35	17	1
M18	小型墓葬	仰身屈肢			18	2
M19	中型墓葬	侧身屈肢	男	40	29	8
M21	中型墓葬				11	1
M22	大型墓葬	侧身屈肢	男	45	10	2
M26	小型墓葬				10	4
M27	中型墓葬	侧身屈肢	男	40	22	2
M31	中型墓葬	侧身屈肢	男	50	28	8

（五）糜地岘遗址

1957年发表的《甘肃皋兰糜地岘新石器时代墓葬清理记》一文发

表有2件绘有蛙人纹的彩陶壶，在原文图版壹之5和图版贰之5，其中1件有具体的墓葬资料，出土于M4，是一个"屈肢合葬墓葬，骨骼是一大一小，均头东面北，大者在后，小者在前。前面的一副尸骨，极似一个小孩的骨骼，但从牙齿和头骨来看，仍似一个发育已经完全的成人。墓中随葬器物有彩陶、素陶器八件。在头顶上一列摆了五个，在脚骨下摆了三个。又在两架骨骼的颈部带有很整齐的骨珠（1803粒）和几件骨饰"[①]。M4出土绘有蛙人纹的彩陶壶（图2－114）高15.6厘米。另1件（图2－115）没有相关的墓葬资料，只标注壶高23.5厘米。根据该文介绍，糜地岘新石器时代墓葬为1956年由甘肃省文管会发掘清理，共清理马厂时期墓葬7座，文章只详细介绍了M4。

（六）阳洼窑遗址

1986年发表的《甘肃皋兰阳洼窑"马厂"墓葬清理简报》中有2件绘有蛙人纹的彩陶，可惜这2件陶器都没有具体的墓葬信息，编号皆为皋兰县博物馆的藏品编号。MO:23是1件彩陶壶（图2－116），"橙黄色泥质陶，直颈、广肩、深腹、平底。肩饰两组无头蛙纹；两组大圆圈内填十几个小圆圈构成主体图案。腹下有两环形耳。口沿出土时被打破"[②]。MO:26为1件彩陶瓮（图2－117），"橙黄色泥质陶，高颈、大口、广肩、深腹、平底。腹部有两环形耳。器表光滑。肩饰两组对称的无头蛙纹、两组对称圆圈网格纹，腹饰单线垂弧纹"[③]。

（七）乐山坪遗址

1988年发表的《永登乐山坪出土一批新石器时代的陶器》，对兰州市博物馆1986年3月收藏的永登县河桥多乐山坪出土的300多件陶器进行了报道，文中发表有2件绘有蛙人纹的陶器（图2－118、2－119），该文称为"蛙纹"，并且在文中叙述这批彩陶纹饰"以网格纹，

[①] 陈贤儒、郭德勇：《甘肃皋兰糜地岘新石器时代墓葬清理记》，《考古通讯》1957年第6期。

[②] 甘肃省文物考古研究所、皋兰县文化馆：《甘肃皋兰阳洼窑"马厂"墓葬清理简报》，《中原文物》1986年第4期。

[③] 甘肃省文物考古研究所、皋兰县文化馆：《甘肃皋兰阳洼窑"马厂"墓葬清理简报》，《中原文物》1986年第4期。

第一章 半山马厂蛙人纹彩陶的出土情况

锯齿纹，折线纹，垂弧纹，蛙纹最为习见"①。文中发表的2件皆为双腹耳壶。"LYL:24 小斜沿，短颈，圆腹，平底。黑彩，颈饰折线纹，腹饰两个对称的无头蛙纹，下有单线垂弧纹。"②"LYL:31 小折沿，深腹，平底，颈下部较粗。黑彩，腹部饰两个对称的无头蛙纹和圆圈纹，圆内填网格纹。"③

二 青海地区

（一）乐都柳湾墓地

青海乐都柳湾墓地是黄河上游原始社会晚期迄今发掘的规模最大的氏族公共墓地，1974年发现并发掘，至1978年结束，共发掘半山类型墓葬257座，马厂类型墓葬872座。④ 1976年发表于《文物》的《青海乐都柳湾原始社会墓葬第一次发掘的初步收获》，是1974—1976年青海乐都柳湾墓地发掘成果的简报，将该纹饰称为"变形人纹"，虽然在该文的附图中没有见到蛙人纹，但是附有第三平台出土的1件彩陶壶，上面浮雕1个男性裸体形象，在浮雕的斜下方左右对称绘带有芒纹的折肢纹。⑤ 1984年文物出版社出版了包括1974—1978年发掘的柳湾墓地全部墓葬材料的《青海柳湾——乐都柳湾原始社会墓地》，称该纹饰为蛙纹，在下册的图版中共有24件彩陶装饰有该纹饰。另外在上册的M564器物组合图中有11件彩陶绘有该纹饰，M199器物组合图中有2件彩陶绘有该纹饰，M1290器物组合图中有6件彩陶绘有该纹饰，M558器物组合图中有1件彩陶绘有该纹饰，与下册图版中的器物皆不重复。上册

---

① 马德璞、曾爱、魏怀珩：《永登乐山坪出土一批新石器时代的陶器》，《史前研究辑刊》1988年。
② 马德璞、曾爱、魏怀珩：《永登乐山坪出土一批新石器时代的陶器》，《史前研究辑刊》1988年。
③ 马德璞、曾爱、魏怀珩：《永登乐山坪出土一批新石器时代的陶器》，《史前研究辑刊》1988年。
④ 参见青海省文物管理处考古队、中国科学院社会科学院考古研究所《青海柳湾——乐都柳湾原始社会墓地》，文物出版社1984年版，第3页。
⑤ 参见青海省文物管理处考古队、北京大学历史系考古专业《青海乐都柳湾原始社会墓葬第一次发掘的初步收获》，《文物》1976年第1期。

还发表有另外 2 件与下册图版不重复的装饰有该纹饰的彩陶，其中 1976 年《青海乐都柳湾原始社会墓葬第一次发掘的初步收获》一文发表的浮雕有男性裸体的彩陶壶，这次发表了正面、背面及侧面，在浮雕男性裸体的背面正是省略头部的蛙人纹。《青海柳湾——乐都柳湾原始社会墓地》一书共计发表 46 件绘有蛙人纹的彩陶。1990 年出版的张朋川著《中国彩陶图谱》中发表有 5 件在《青海柳湾——乐都柳湾原始社会墓地》中未曾发表的绘有蛙人纹的彩陶，只标注有墓葬编号，没有器物编号，分别出自 M372、M1399、M1507、M375、M1473。2014 年上海古籍出版社出版的《青海柳湾彩陶选粹》又发表了 21 件绘有蛙人纹的彩陶。（表 1-2）

表 1-2　青海乐都柳湾原始社会墓葬出土蛙人纹彩陶发表情况

墓葬编号	蛙人纹彩陶数量	器物编号	出版物
	1	采：01	《青海乐都柳湾原始社会墓葬第一次发掘的初步收获》
M9	1	M9：5	《青海柳湾——乐都柳湾原始社会墓地》
M21	1	M21：20	《青海柳湾——乐都柳湾原始社会墓地》
M31	1	M31：9	《青海柳湾彩陶选粹》
M58	1	M58：29	《青海柳湾——乐都柳湾原始社会墓地》
M62	1	M62：9	《青海柳湾——乐都柳湾原始社会墓地》
M66	1	M66：4	《青海柳湾彩陶选粹》
M79	1	M79：30	《青海柳湾彩陶选粹》
M150	1	M150：6	《青海柳湾彩陶选粹》
M173	1	M173：4	《青海柳湾彩陶选粹》
M177	1	M177：33	《青海柳湾——乐都柳湾原始社会墓地》
M197	3	M197：28	《青海柳湾彩陶选粹》
		M197：32	《青海柳湾——乐都柳湾原始社会墓地》
		M197：37	《青海柳湾——乐都柳湾原始社会墓地》
M199	2	M199：5	《青海柳湾——乐都柳湾原始社会墓地》
		M199：20	《青海柳湾——乐都柳湾原始社会墓地》

第一章 半山马厂蛙人纹彩陶的出土情况

续表

墓葬编号	蛙人纹彩陶数量	器物编号	出版物
M201	1	M201:28	《青海柳湾彩陶选粹》
M212	1	M212:13	《青海柳湾——乐都柳湾原始社会墓地》
M214	1	M214:19	《青海柳湾——乐都柳湾原始社会墓地》
M237	2	M237:8	《青海柳湾——乐都柳湾原始社会墓地》
		M237:18	《青海柳湾——乐都柳湾原始社会墓地》
M242	1	M242:26	《青海柳湾——乐都柳湾原始社会墓地》
M244	1	M244:19	《青海柳湾彩陶选粹》
M321	1	M321:21	《青海柳湾彩陶选粹》
M338	2	M338:12	《青海柳湾——乐都柳湾原始社会墓地》
		M338:29	《青海柳湾——乐都柳湾原始社会墓地》
M351	1	M351:15	《青海柳湾彩陶选粹》
M371	1	M371:13	《青海柳湾彩陶选粹》
M372	1		《中国彩陶图谱》
M375	1	M375:11	《中国彩陶图谱》
M505	2	M505:2	《青海柳湾——乐都柳湾原始社会墓地》
		M505:31	《青海柳湾——乐都柳湾原始社会墓地》
M555	1	M555:16	《青海柳湾——乐都柳湾原始社会墓地》
M558	1	M558:6	《青海柳湾——乐都柳湾原始社会墓地》
M564	11	M564:38	《青海柳湾——乐都柳湾原始社会墓地》
		M564:22	《青海柳湾——乐都柳湾原始社会墓地》
		M564:93	《青海柳湾——乐都柳湾原始社会墓地》
		M564:17	《青海柳湾——乐都柳湾原始社会墓地》
		M564:64	《青海柳湾——乐都柳湾原始社会墓地》
		M564:73	《青海柳湾——乐都柳湾原始社会墓地》
		M564:55	《青海柳湾——乐都柳湾原始社会墓地》
		M564:58	《青海柳湾——乐都柳湾原始社会墓地》
		M564:27	《青海柳湾——乐都柳湾原始社会墓地》
		M564:82	《青海柳湾——乐都柳湾原始社会墓地》
		M564:29	《青海柳湾——乐都柳湾原始社会墓地》
M578	1	M578:4	《青海柳湾——乐都柳湾原始社会墓地》

续表

墓葬编号	蛙人纹彩陶数量	器物编号	出版物
M815	1	M815:29	《青海柳湾——乐都柳湾原始社会墓地》
M819	1	M819:15	《青海柳湾彩陶选粹》
M893	1	M893:11	《青海柳湾——乐都柳湾原始社会墓地》
M898	1	M898:17	《青海柳湾——乐都柳湾原始社会墓地》
M902	1	M902:13	《青海柳湾——乐都柳湾原始社会墓地》
M904	1	M904:2	《青海柳湾——乐都柳湾原始社会墓地》
M912	1	M912:31	《青海柳湾——乐都柳湾原始社会墓地》
M934	1	M934:3	《青海柳湾——乐都柳湾原始社会墓地》
M954	1	M954:3	《青海柳湾彩陶选粹》
M1141	1	M1141:1	《青海柳湾彩陶选粹》
M1290	6	M1290:2	《青海柳湾——乐都柳湾原始社会墓地》
		M1290:21	《青海柳湾——乐都柳湾原始社会墓地》
		M1290:5	《青海柳湾——乐都柳湾原始社会墓地》
		M1290:8	《青海柳湾——乐都柳湾原始社会墓地》
		M1290:16	《青海柳湾——乐都柳湾原始社会墓地》
		M1290:12	《青海柳湾——乐都柳湾原始社会墓地》
M1298	1	M1298:6	《青海柳湾彩陶选粹》
M1373	1	M1373:38	《青海柳湾彩陶选粹》
M1399	1		《中国彩陶图谱》
M1433	1	M1433:9	《青海柳湾彩陶选粹》
M1437	1	M1437:31	《青海柳湾彩陶选粹》
M1473	1		《中国彩陶图谱》
M1507	1		《中国彩陶图谱》
M1670	1	M1670:1	《青海柳湾彩陶选粹》
M1723	1	M1723:12	《青海柳湾彩陶选粹》
M1730	1	M1730:9	《青海柳湾彩陶选粹》

1989年9月青海人民出版社出版的刘溥著《青海彩陶纹饰》发表了3件出土于乐都柳湾墓地绘有蛙人纹的彩陶线图、46幅蛙人纹装饰带的展开图，这些图像与《青海柳湾——乐都柳湾原始社会墓地》所发

表的图像有些明显为同一器物,有些明显是《青海柳湾——乐都柳湾原始社会墓地》中没有发表的,但是因为该书对图像的资料标注仅限于出土地点,更多的纹饰展开图无法确定是否已经在《青海柳湾原始社会墓地》中发表过,所以除个别纹饰较为特殊,能够确定与本文收集的其他图例不重复的几个外,这些展开图本文就不再列入图例,只用于蛙人纹纹饰组合研究的部分。

(二)民和阳山墓地

青海民和阳山墓地于1979年冬发现,1980年8月至1981年11月发掘,1990年出版的《民和阳山》一书称蛙人纹为"蛙纹",共发表有2件绘有蛙人纹的彩陶,分别是M83:11彩陶壶和M105:7彩陶瓮,M83为一个"圆角正方形竖穴土坑墓,填土为黄褐色花土,墓口距地表0.30米,墓长2.64、宽1.66、深0.92米,方向193°。五人合葬墓,均为二次葬"①。M105为单人一次葬墓,葬式为侧身屈肢。②

---

① 青海省文物考古研究所:《民和阳山》,文物出版社1990年版,第30页。
② 参见青海省文物考古研究所《民和阳山》,文物出版社1990年版,第8页。

第二章 甘肃地区出土（采集）半山马厂彩陶蛙人纹图像

图 2-1 彩陶壶

尺寸：壶高 32 厘米，口径 13.2 厘米，底径 10 厘米①
装饰部位：腹部外彩
出土（征集）地：甘肃康乐东沟门
类型：马厂类型
蛙人纹使用黑红复彩绘制，绘有头部、躯干和葡匐状四肢，关节处有芒纹。与大圆圈纹组合装饰。

图 2-2 彩陶罐

---

① 参见张朋川《中国彩陶图谱》，文物出版社 1990 年版，第 520 页。

第二章　甘肃地区出土（采集）半山马厂彩陶蛙人纹图像

尺寸：罐高16.5厘米，口径17.7厘米，底径6.2厘米①
装饰部位：领部、腹部外彩
出土（征集）地：甘肃康乐东沟门
类型：马厂类型

蛙人纹使用黑红复彩绘制，领部绘有旋涡状折肢纹，肢端和转折处有芒纹；腹部绘有横置的"V"形折肢纹，肢端有芒纹。

图2-3　彩陶罐

尺寸：罐高16厘米，口径18厘米，底径7厘米②
装饰部位：领部外彩
出土（征集）地：甘肃康乐东沟门
类型：马厂类型

蛙人纹使用黑红复彩绘制，绘有"S"形旋涡状折肢纹，肢端和转折处有芒纹。

图2-4　彩陶壶

尺寸：壶高41厘米，口径12厘米，底径14厘米③
装饰部位：腹部外彩
出土（征集）地：甘肃康乐清水
类型：半山类型

蛙人纹使用黑红复彩绘制，绘有头部、躯干和葡萄状四肢，4个蛙人纹中有3个纹饰的四肢皆用1条弧线表示，另外一个纹饰的后肢同样用1条弧线表示，前肢则在弧线的中段又生出2条弧线。4个蛙人纹之间绘有水泡纹。

---

① 参见张朋川《中国彩陶图谱》，文物出版社1990年版，第520页。
② 参见张朋川《中国彩陶图谱》，文物出版社1990年版，第520页。
③ 参见张朋川《中国彩陶图谱》，文物出版社1990年版，第517页。

资料篇

图2-5 彩陶壶

尺寸：壶高33.6厘米，口径10厘米，底径9厘米①
装饰部位：腹部外彩
出土（征集）地：甘肃临洮
类型：半山类型

蛙人纹使用黑红复彩绘制，绘有头部、躯干和葡萄状四肢，躯干有下延，肢端有芒纹。与大圆圈纹组合装饰。

图2-6 彩陶壶

尺寸：壶高37厘米，口径13厘米，底径14.5厘米②
装饰部位：腹部外彩
出土（征集）地：甘肃临洮
类型：半山类型

蛙人纹使用黑红复彩绘制，绘有头部、躯干和葡萄状四肢。四肢及头部周边空隙处填饰颗粒纹，蛙人纹的背面为"X"形与上、下、左、右各1个"V"形共同组成的几何形纹饰，空隙处也填饰颗粒纹，蛙人纹与该纹饰之间绘有葫芦纹。

图2-7 彩陶壶

---

① 参见张朋川《中国彩陶图谱》，文物出版社1990年版，第510页。
② 参见张朋川《中国彩陶图谱》，文物出版社1990年版，第510页。

第二章　甘肃地区出土（采集）半山马厂彩陶蛙人纹图像

尺寸：壶高35厘米，口径14.7厘米，底径15.3厘米①
装饰部位：腹部外彩
出土（征集）地：甘肃临洮
类型：半山类型

蛙人纹使用黑红复彩绘制，绘有头部、躯干和直立状四肢，躯干有下延。与葫芦纹组合装饰。

图 2-8　彩陶壶

尺寸：壶高27.5厘米，口径12.4厘米，底径8.4厘米②
装饰部位：腹部外彩
出土（征集）地：甘肃广河堡子山
类型：马厂类型

蛙人纹使用黑红复彩绘制，绘有躯干和匍匐状四肢，一侧为躯干有下延的样式，另一侧为躯干无下延的样式。

图 2-9　彩陶壶

尺寸：壶高41.9厘米，口径12.7厘米，底径12.3厘米③
装饰部位：腹部外彩
出土（征集）地：甘肃广河地巴坪
类型：半山类型

蛙人纹使用黑红复彩绘制，绘有头部、躯干和匍匐状四肢，躯干有下延。四肢及头部周围空隙处填饰颗粒纹，两侧绘有葫芦纹。

---

① 参见张朋川《中国彩陶图谱》，文物出版社1990年版，第510页。
② 参见张朋川《中国彩陶图谱》，文物出版社1990年版，第521页。
③ 参见张朋川《中国彩陶图谱》，文物出版社1990年版，第512页。

资料篇

图 2 - 10　彩陶壶

尺寸：壶高 42 厘米，口径 15 厘米，腹径 48 厘米，底径 14 厘米①

装饰部位：腹部外彩

出土（征集）地：甘肃临夏

类型：马厂类型

蛙人纹使用黑红复彩绘制，绘有头部、躯干和匍匐状四肢，头部、关节和肢端有芒纹。与大圆圈纹组合装饰。

图 2 - 11　彩陶壶

尺寸：壶高 37 厘米，口径 10.5 厘米，腹径 34 厘米，底径 10 厘米②

装饰部位：腹部外彩

出土（征集）地：甘肃临夏

类型：马厂类型

绘有躯干和匍匐状四肢，躯干有下延，关节处有芒纹。与大圆圈纹组合装饰。

图 2 - 12　彩陶罐

---

① 临夏回族自治州人民政府秘书处、临夏回族自治州文化出版局：《临夏彩陶》，甘肃人民美术出版社 2005 年版，第 59 页。

② 临夏回族自治州人民政府秘书处、临夏回族自治州文化出版局：《临夏彩陶》，甘肃人民美术出版社 2005 年版，第 82 页。

第二章 甘肃地区出土（采集）半山马厂彩陶蛙人纹图像

尺寸：罐高8.2厘米，口径7.7厘米，底径5.5厘米①
装饰部位：腹部外彩
出土（征集）地：甘肃临夏金沟大塬顶
类型：半山类型

蛙人纹使用黑色单彩绘制，绘有躯干和直立状四肢，躯干有下延且在前肢和后肢之间有一个涂抹不太均匀、形状不太规整的色团。前肢与周围的空隙处填饰"X"形纹，蛙人纹的背面为犬纹，犬纹的周围及犬纹与蛙人纹之间也绘有"X"形纹。

图 2-13 彩陶碗

尺寸：碗高8.6厘米，口径21.5厘米，底径8.5厘米②
装饰部位：碗腹及碗底内壁
出土（征集）地：甘肃临夏朱家墩
类型：马厂类型

蛙人纹使用黑红复彩绘制。在碗的内壁绘制"十"字纹，从其中1个交叉线的末端向相邻2个交叉线的末端分别绘一肢，肢端有芒纹；在另一个半圆内则由横线的两端向垂直交叉线的末端分别绘一肢，肢端亦有芒纹。

图 2-14 彩陶瓶

尺寸：瓶高22.6厘米，口径6.4厘米，底径7.8厘米③
装饰部位：腹部外彩
出土（征集）地：甘肃临夏元山

---

① 冯永谦：《中国美术分类全集·中国陶瓷全集·新石器时代》，上海人民美术出版社2000年版，第282页。
② 参见张朋川《中国彩陶图谱》，文物出版社1990年版，第521页。
③ 参见张朋川《中国彩陶图谱》，文物出版社1990年版，第521页。

◈◈ **资料篇** ◈◈

类型：马厂类型

蛙人纹使用黑色单彩绘制。围绕器腹绘制一圈折线纹，在每个折角处绘直臂式蛙人纹，肢端有芒纹。

图 2-15 彩陶壶

尺寸：壶高34厘米，口径7.2厘米，底径9.4厘米①
装饰部位：腹部外彩
出土（征集）地：甘肃临夏积石山
类型：马厂类型

蛙人纹使用黑色单彩绘制。绘有头部、躯干和葡萄状四肢，肢端有芒纹。与网状带纹组合装饰。

图 2-16 彩陶壶

尺寸：壶高30厘米②
装饰部位：腹部外彩
出土（征集）地：甘肃东乡族自治县
类型：马厂类型

蛙人纹使用黑色单彩绘制。绘有躯干和葡萄状两肢，颈部、关节、肢端皆有芒纹，两个关节处又分别生出一段越往末端越粗壮的肢体。与大圆圈纹组合装饰。

---

① 韩博文：《甘肃彩陶》，科学出版社2008年版，第93页。
② 程征、钱志强：《黄河彩陶》，台北南天书局1994年版，第332页。

· 26 ·

第二章 甘肃地区出土（采集）半山马厂彩陶蛙人纹图像

图2-17 彩陶盆

尺寸：盆高5.5厘米，口径16.4厘米，底径8.5厘米①
装饰部位：盆腹及盆底内壁
出土（征集）地：甘肃东乡
类型：马厂类型

蛙人纹使用黑红复彩绘制，绘有躯干和四肢，四肢由躯干的两端相对伸出，肢端有芒纹。

图2-18 彩陶盆

尺寸：盆高6厘米，口径16厘米，底径8.5厘米②
装饰部位：盆腹及盆底内壁
出土（征集）地：甘肃东乡春台
类型：马厂类型

绘有躯干和葡萄状二肢，肢端有芒纹。

图2-19 彩陶罐

尺寸：罐高21厘米，口径15.6厘米，底径7.6厘米③

---

① 参见张朋川《中国彩陶图谱》，文物出版社1990年版，第521页。
② 临夏回族自治州人民政府秘书处、临夏回族自治州文化出版局：《临夏彩陶》，甘肃人民美术出版社2005年版，第62页。
③ 参见张朋川《中国彩陶图谱》，文物出版社1990年版，第522页。

资料篇

装饰部位：腹部外彩
出土（征集）地：甘肃永靖杨塔
类型：马厂类型

蛙人纹使用黑红复彩绘制，绘有横置的"V"形折肢纹，关节和肢端有芒纹。

图 2-20 彩陶壶

尺寸：壶高 32.5 厘米，口径 11.2 厘米，底径 9 厘米①
装饰部位：腹部外彩
出土（征集）地：甘肃永靖塔坪
类型：马厂类型

蛙人纹使用黑红复彩绘制，绘有"S"状折肢纹，转折处有芒纹，左右空隙处各有一个圆点，蛙人纹及圆点皆为大圆圈纹的内饰。

图 2-21 彩陶壶

尺寸：壶高 39.6 厘米，口径 13 厘米，底径 9.6 厘米②
装饰部位：腹部外彩
出土（征集）地：甘肃永靖
类型：马厂类型

蛙人纹使用黑红复彩绘制，绘有葡萄状六肢，肢端和关节处有芒纹。与大圆圈纹组合装饰。两面的蛙人纹略有不同，一面的后肢为 2 节，填饰的 2 个圆点纹在前肢和中肢之间；另一面的后肢为 4 节，填饰的 2 个圆点纹在后肢的第一个关节下方。

---

① 参见张朋川《中国彩陶图谱》，文物出版社 1990 年版，第 522 页。
② 参见张朋川《中国彩陶图谱》，文物出版社 1990 年版，第 522 页。

第二章 甘肃地区出土（采集）半山马厂彩陶蛙人纹图像

图 2-22 彩陶壶

尺寸：壶高 31.8 厘米，口径 8.1 厘米，底径 10.3 厘米①

装饰部位：腹部外彩

出土（征集）地：甘肃永靖盐锅峡

类型：马厂类型

蛙人纹使用黑红复彩绘制，绘有头部、躯干和葡萄状四肢，躯干有下延，关节和肢端有芒纹。与大圆圈纹组合装饰。

图 2-23 彩陶壶

尺寸：壶高 40.4 厘米，口径 15.8 厘米，底径 11 厘米②

装饰部位：腹部外彩

出土（征集）地：甘肃永靖西河

类型：马厂类型

蛙人纹使用黑红复彩绘制，绘有躯干和葡萄状四肢，躯干有下延，关节和肢端有芒纹。与大圆圈纹组合装饰。

---

① 临夏回族自治州人民政府秘书处、临夏回族自治州文化出版局：《临夏彩陶》，甘肃人民美术出版社 2005 年版，第 73 页。

② 临夏回族自治州人民政府秘书处、临夏回族自治州文化出版局：《临夏彩陶》，甘肃人民美术出版社 2005 年版，第 74 页。

◈◈ 资料篇 ◈◈

图 2-24 彩陶壶

尺寸：壶高 41.5 厘米，口径 13 厘米，底径 11 厘米①
装饰部位：腹部外彩
出土（征集）地：甘肃会宁牛门洞
类型：马厂类型

蛙人纹使用黑红复彩绘制，绘有头部、躯干和葡匐状四肢，躯干有下延，肢端有芒纹。与水泡纹、圆圈纹组合装饰。

图 2-25 彩陶壶

尺寸：不详
装饰部位：腹部外彩
出土（征集）地：甘肃兰州白道沟坪
类型：马厂类型

蛙人纹使用黑红复彩绘制，绘有躯干和葡匐状四肢，躯干有下延，关节处有芒纹，与大圆圈纹组合装饰。

图 2-26 彩陶壶

---

① 参见张朋川《中国彩陶图谱》，文物出版社 1990 年版，第 514 页。

第二章　甘肃地区出土（采集）半山马厂彩陶蛙人纹图像

尺寸：壶高45.4厘米，口径17厘米，底径12.6厘米①
装饰部位：腹部外彩
出土（征集）地：甘肃兰州白道沟坪
类型：马厂类型

蛙人纹使用黑红复彩绘制，绘有躯干和葡萄状四肢，躯干有下延，关节处有芒纹，与大圆圈纹组合装饰。

图 2-27　彩陶盆

尺寸：盆高7.4厘米，口径14厘米，底径7厘米②
装饰部位：盆腹及盆底内壁
出土（征集）地：甘肃兰州白道沟坪
类型：马厂类型

蛙人纹使用黑红复彩绘制，绘有躯干和四肢，四肢由躯干的两端相对伸出，肢端有芒纹。

图 2-28　彩陶盆

尺寸：盆高8.4厘米，口径14厘米，底径7厘米③
装饰部位：盆腹及盆底内壁
出土（征集）地：甘肃兰州白道沟坪
类型：马厂类型

蛙人纹使用黑红复彩绘制，绘有躯干和两肢，躯干有下延，两肢关节和肢端有芒纹。

---

① 参见张朋川《中国彩陶图谱》，文物出版社1990年版，第522页。
② 参见张朋川《中国彩陶图谱》，文物出版社1990年版，第524页。
③ 参见张朋川《中国彩陶图谱》，文物出版社1990年版，第524页。

资料篇

图 2-29　彩陶盆

尺寸：盆高 12.3 厘米，口径 17.7 厘米，底径 6.6 厘米①

装饰部位：盆腹及盆底内壁

出土（征集）地：甘肃兰州白道沟坪

类型：马厂类型

蛙人纹使用黑红复彩绘制，绘有两肢，因为没有头部和躯体，肢体纹饰重新做了布局。

图 2-30　彩陶盆

尺寸：盆高 12 厘米，口径 19 厘米，底径 8 厘米②

装饰部位：盆腹及盆底内壁

出土（征集）地：甘肃兰州白道沟坪

类型：马厂类型

蛙人纹使用黑红复彩绘制，绘有躯干和四肢，前肢和后肢的方向相对，四肢肢端有芒纹。

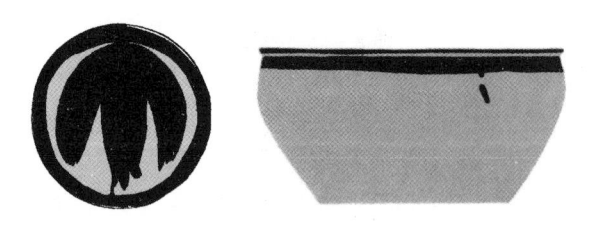

图 2-31　彩陶盆

尺寸：盆高 4.8 厘米，口径 9.7 厘米，底径 6 厘米③

---

① 参见张朋川《中国彩陶图谱》，文物出版社 1990 年版，第 524 页。
② 参见张朋川《中国彩陶图谱》，文物出版社 1990 年版，第 524 页。
③ 参见张朋川《中国彩陶图谱》，文物出版社 1990 年版，第 524 页。

第二章 甘肃地区出土（采集）半山马厂彩陶蛙人纹图像

装饰部位：盆腹及盆底内壁
出土（征集）地：甘肃兰州白道沟坪
类型：马厂类型

蛙人纹使用黑红复彩绘制，绘有躯干和两肢，两肢相交呈圆弧状，肢端和躯干的末端有芒纹。

图 2-32 偏口壶

尺寸：壶高 17 厘米，口径 5.5 厘米，底径 6.5 厘米①
装饰部位：腹部外彩
出土（征集）地：甘肃兰州华林坪
类型：马厂类型

蛙人纹使用黑红复彩绘制，绘有头部、躯干和葡匐状两肢，肢端有芒纹。与大圆圈纹组合装饰。

图 2-33 彩陶壶

尺寸：壶高 35 厘米，口径 10 厘米②
装饰部位：腹部外彩
出土（征集）地：甘肃兰州土谷台（M18:4）
类型：马厂类型

绘有头部、躯干和葡匐状两肢，躯干有下延。

---

① 参见张朋川《中国彩陶图谱》，文物出版社 1990 年版，第 524 页。
② 参见甘肃省博物馆、兰州市文化馆《兰州土谷台半山—马厂文化墓地》，《考古学报》1983 年第 2 期。

资料篇

图 2-34　鸟形壶

尺寸：壶高 15.5 厘米（甘肃省博物馆、兰州市文化馆：《兰州土谷台半山—马厂文化墓地》标注为 16 厘米），口径 5.5 厘米，底径 7.8 厘米[1]

装饰部位：腹部外彩

出土（征集）地：甘肃兰州土谷台（M31:1）

类型：半山类型

使用黑红复彩绘有两个蛙人纹，其中 1 个绘有头部、躯干和匍匐状四肢，躯干有下延；另一个绘有躯干和匍匐状四肢，躯干有下延。两个蛙人纹的位置不是常见的对称分布，而是正侧相邻。与棋盘网格纹组合装饰。

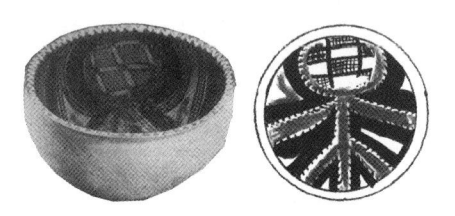

图 2-35　彩陶盆

尺寸：盆高 12 厘米，口径 23 厘米[2]

装饰部位：盆腹及盆底内壁

出土（征集）地：甘肃兰州土谷台（M53:4）

类型：半山类型

蛙人纹使用黑红复彩绘制，绘有头部、躯干和直立状四肢，躯干有下延。与网状带纹组合装饰。

图 2-36　彩陶壶

---

[1]　参见张朋川《中国彩陶图谱》，文物出版社 1990 年版，第 516 页。

[2]　参见甘肃省博物馆、兰州市文化馆《兰州土谷台半山—马厂文化墓地》，《考古学报》1983 年第 2 期。

第二章 甘肃地区出土（采集）半山马厂彩陶蛙人纹图像

尺寸：壶高44厘米，口径19.4厘米，底径10.8厘米①
装饰部位：腹部外彩
出土（征集）地：甘肃兰州土谷台（M76）
类型：马厂类型

蛙人纹使用黑红复彩绘制，绘有躯干和葡萄状四肢，躯干有下延，关节和肢端有芒纹，与大圆圈纹组合装饰。其中一面蛙人纹的左后肢关节下方填饰似飞虫状的纹饰。

图2-37 彩陶盆

尺寸：盆高13厘米，口径20.3厘米，底径8厘米②（甘肃省博物馆、兰州市文化馆：《兰州土谷台半山—马厂文化墓地》标注为盆高12厘米，口径20厘米）
装饰部位：盆腹及盆底内壁
出土（征集）地：甘肃兰州土谷台（M84：3）
类型：马厂类型

蛙人纹使用黑红复彩绘制，绘有头部、躯干和两肢，躯干有下延，整个彩陶盆内部只有该纹饰。

图2-38 彩陶盆

尺寸：盆高11.5厘米，口径23.1厘米，底径9.4厘米③
装饰部位：盆腹及盆底内壁
出土（征集）地：甘肃兰州土谷台（M45）
类型：马厂类型

共有四个蛙人纹对称分布，一组由头部和代表躯干、上肢的三条实线组成，另一组由代表躯干和上肢的三条实线组成。

---

① 参见张朋川《中国彩陶图谱》，文物出版社1990年版，第520页。
② 参见张朋川《中国彩陶图谱》，文物出版社1990年版，第517页。
③ 冯永谦：《中国美术分类全集·中国陶瓷全集·新石器时代》，上海人民美术出版社2000年版，第273页。

资料篇

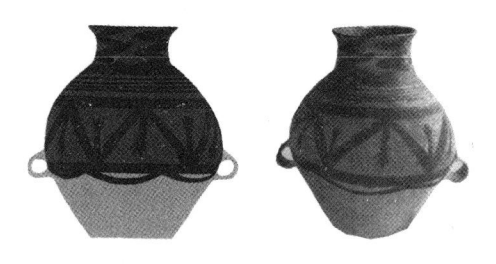

图 2-39 彩陶壶

尺寸：壶高 25 厘米，口径 10.7 厘米，底径 10.1 厘米①
装饰部位：腹部外彩
出土（征集）地：甘肃兰州红古城（M2:2）
类型：马厂类型

蛙人纹使用黑色单彩绘制。围绕器腹绘制一圈折线纹，在每个折角处绘直臂状蛙人纹，肢端有芒纹。

图 2-40 彩陶壶

尺寸：壶高 37.5 厘米，口径 13.2 厘米，底径 12 厘米②
装饰部位：腹部外彩
出土（征集）地：甘肃兰州红古城
类型：马厂类型

绘有匍匐状四肢，关节处有芒纹。与大圆圈纹组合装饰。

图 2-41 彩陶壶

---

① 参见张朋川《中国彩陶图谱》，文物出版社 1990 年版，第 528 页。
② 参见张朋川《中国彩陶图谱》，文物出版社 1990 年版，第 528 页。

第二章　甘肃地区出土（采集）半山马厂彩陶蛙人纹图像

尺寸：壶高30.9厘米、口径10.6厘米、最大腹径21.6厘米、底径9厘米①
装饰部位：腹部外彩
出土（征集）地：甘肃兰州下海石（M1:5）
类型：马厂类型
纹饰为黑色单彩，绘有躯干和葡萄状四肢，躯干有下延，关节处有芒纹。

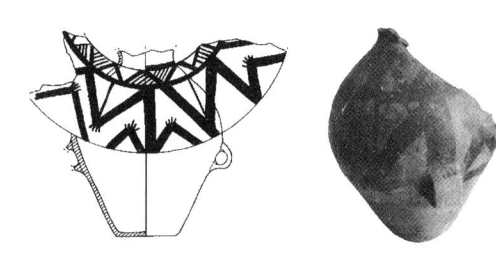

图2-42　彩陶壶

尺寸：壶残高36.5厘米，残口径12厘米，底径12厘米②
装饰部位：腹部外彩
出土（征集）地：甘肃兰州下海石（采:10）
类型：马厂类型
绘有躯干和葡萄状四肢，关节处有芒纹。

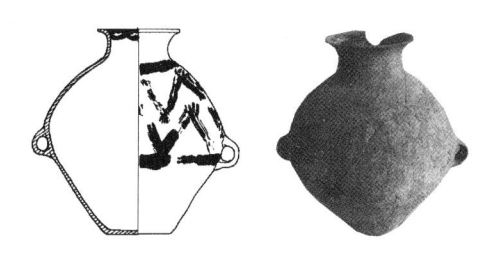

图2-43　彩陶壶

尺寸：壶高28.8厘米，口径11.5厘米，底径9.5厘米③
装饰部位：腹部外彩
出土（征集）地：甘肃兰州下海石（T2②:1）
类型：马厂类型
蛙人纹使用黑色单彩绘制。绘有葡萄状四肢，关节处有芒纹。彩绘脱落严重。

---

① 甘肃省文物考古研究所：《甘肃海石湾下海石半山、马厂类型遗址调查简报》，《考古与文物》2004年第1期。
② 参见赵建龙、杨惠福、谢焱《兰州红古下海石——新石器时代遗址发掘报告》，科学出版社2008年版，第29页。
③ 参见赵建龙、杨惠福、谢焱《兰州红古下海石——新石器时代遗址发掘报告》，科学出版社2008年版，第21页。

资料篇

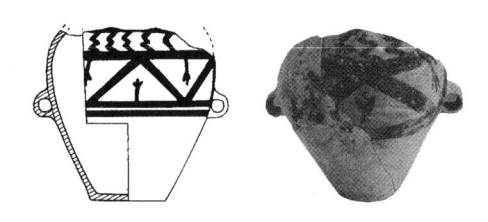

图 2-44 彩陶壶

尺寸：壶残高 24 厘米，底径 10 厘米①
装饰部位：腹部外彩
出土（征集）地：甘肃兰州下海石（TG2②：1）
类型：马厂类型

蛙人纹使用黑色单彩绘制。围绕上下弧线分割好的器腹绘制折线纹一圈，正对每个折角处由折角所对应的弧线伸出直臂状蛙人纹。

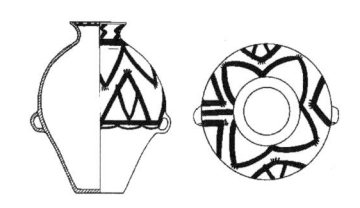

图 2-45 彩陶壶

尺寸：壶高 40.4 厘米，口径 14 厘米，底径 12 厘米②
装饰部位：腹部外彩
出土（征集）地：甘肃兰州下海石（M2：5）
类型：马厂类型

一面绘躯干及葡萄状四肢，另一面绘葡萄状两肢与倒"V"形折肢纹，关节及折角处有芒纹。

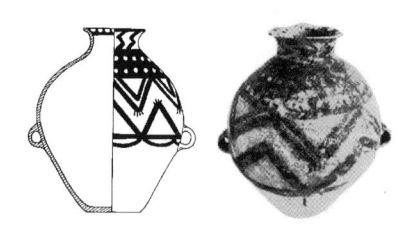

图 2-46 彩陶壶

---

① 参见赵建龙、杨惠福、谢焱《兰州红古下海石——新石器时代遗址发掘报告》，科学出版社 2008 年版，第 21 页。

② 参见赵建龙、杨惠福、谢焱《兰州红古下海石——新石器时代遗址发掘报告》，科学出版社 2008 年版，第 85 页。

第二章 甘肃地区出土（采集）半山马厂彩陶蛙人纹图像

尺寸：壶高40厘米，口径13.5厘米，底径12厘米①
装饰部位：腹部外彩
出土（征集）地：甘肃兰州下海石（M3:1）
类型：马厂类型

绘有葡萄状四肢，关节处有芒纹，前肢的上方填饰"V"形纹。

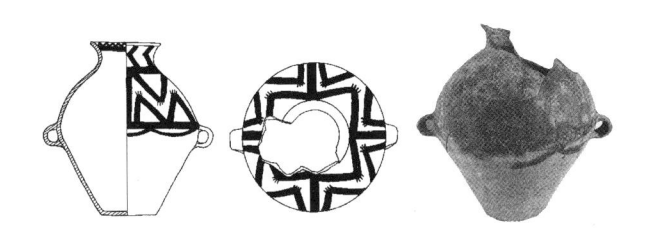

图 2-47 彩陶壶

尺寸：壶高37.5厘米，口径16厘米，底径12.5厘米②
装饰部位：腹部外彩
出土（征集）地：甘肃兰州下海石（M3:4）
类型：马厂类型

绘有躯干和葡萄状四肢，关节处有芒纹。

图 2-48 彩陶壶

尺寸：壶高36.5厘米，口径14厘米，底径10.5厘米③
装饰部位：腹部外彩
出土（征集）地：甘肃兰州下海石（M3:5）
类型：马厂类型

蛙人纹使用黑色单彩绘制，绘有躯干和葡萄状四肢。与大圆圈纹组合装饰。

---

① 参见赵建龙、杨惠福、谢焱《兰州红古下海石——新石器时代遗址发掘报告》，科学出版社2008年版，第66页。
② 参见赵建龙、杨惠福、谢焱《兰州红古下海石——新石器时代遗址发掘报告》，科学出版社2008年版，第66页。
③ 参见赵建龙、杨惠福、谢焱《兰州红古下海石——新石器时代遗址发掘报告》，科学出版社2008年版，第92页。

资料篇

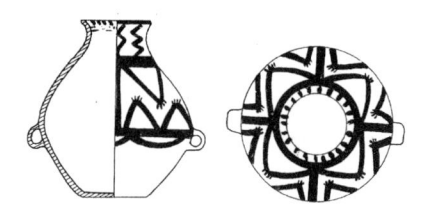

图 2-49 彩陶壶

尺寸：壶高 26 厘米，口径 10 厘米，底径 10 厘米①
装饰部位：腹部外彩
出土（征集）地：甘肃兰州下海石（M4:2）
类型：马厂类型
绘有躯干和葡萄状四肢，关节处有芒纹。

图 2-50 彩陶壶

尺寸：壶高 37.5 厘米，口径 11 厘米，底径 12 厘米②
装饰部位：腹部外彩
出土（征集）地：甘肃兰州下海石（M5:3）
类型：马厂类型
绘有躯干和葡萄状四肢，躯干有下延，关节处有芒纹。与大圆圈纹组合装饰。

图 2-51 彩陶壶

---

① 参见赵建龙、杨惠福、谢焱《兰州红古下海石——新石器时代遗址发掘报告》，科学出版社 2008 年版，第 92 页。

② 参见赵建龙、杨惠福、谢焱《兰州红古下海石——新石器时代遗址发掘报告》，科学出版社 2008 年版，第 68 页。

第二章 甘肃地区出土（采集）半山马厂彩陶蛙人纹图像

尺寸：壶高35厘米，口径13.5厘米，底径11厘米①
装饰部位：腹部外彩
出土（征集）地：甘肃兰州下海石（M5:6）
类型：马厂类型
绘有躯干和葡匐状四肢，躯干有下延，与大圆圈纹组合装饰。

图 2-52 彩陶壶

尺寸：壶高39厘米，口径15厘米，底径10.5厘米②
装饰部位：腹部外彩
出土（征集）地：甘肃兰州下海石（M5:7）
类型：马厂类型
绘有躯干和葡匐状四肢，关节处有芒纹。和大圆圈纹组合装饰。

图 2-53 彩陶壶

尺寸：壶高42.8厘米，口径14厘米，底径13厘米③
装饰部位：腹部外彩
出土（征集）地：甘肃兰州下海石（M5:8）
类型：马厂类型
绘有葡匐状四肢，关节处有芒纹，在两后肢的交界处生出1条非常细的直臂式蛙人纹作为填饰纹饰。与大圆圈纹组合装饰。

---

① 参见赵建龙、杨惠福、谢焱《兰州红古下海石——新石器时代遗址发掘报告》，科学出版社2008年版，第58页。
② 参见赵建龙、杨惠福、谢焱《兰州红古下海石——新石器时代遗址发掘报告》，科学出版社2008年版，第66页。
③ 参见赵建龙、杨惠福、谢焱《兰州红古下海石——新石器时代遗址发掘报告》，科学出版社2008年版，第58页。

资料篇

图2-54 彩陶壶

尺寸：壶高38.4厘米，口径13.5厘米，底径13厘米①
装饰部位：腹部外彩
出土（征集）地：甘肃兰州下海石（M5:9）
类型：马厂类型
绘有躯干和葡萄状四肢，关节处有芒纹。

图2-55 彩陶壶

尺寸：壶高36厘米，口径12厘米，底径12厘米②
装饰部位：腹部外彩
出土（征集）地：甘肃兰州下海石（M5:11）
类型：马厂类型
绘有躯干和葡萄状四肢，关节处有芒纹。与大圆圈纹组合装饰。

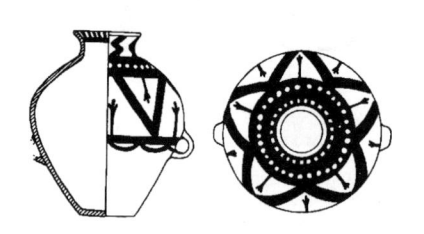

图2-56 彩陶壶

---

① 参见赵建龙、杨惠福、谢焱《兰州红古下海石——新石器时代遗址发掘报告》，科学出版社2008年版，第66页。

② 参见赵建龙、杨惠福、谢焱《兰州红古下海石——新石器时代遗址发掘报告》，科学出版社2008年版，第71页。

· 42 ·

第二章　甘肃地区出土（采集）半山马厂彩陶蛙人纹图像

尺寸：不详
装饰部位：腹部外彩
出土（征集）地：甘肃兰州下海石（M5∶13）
类型：马厂类型

蛙人纹使用黑色单彩绘制。围绕上下弧线分割好的器腹绘制折线纹一圈，正对每个折角处由折角所对应的弧线伸出直臂式蛙人纹。

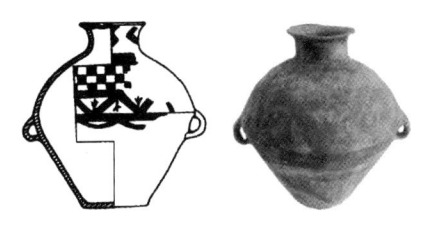

图 2-57　彩陶壶

尺寸：壶高 30 厘米，口径 10.5 厘米，底径 10.5 厘米①
装饰部位：腹部外彩
出土（征集）地：甘肃兰州下海石（M5∶14）
类型：马厂类型

围绕上下弧线分割好的器腹下半部分绘制折线纹一圈，折线纹的每个折角处伸出直臂式蛙人纹。与器腹上半部分的一圈棋盘纹共同装饰。

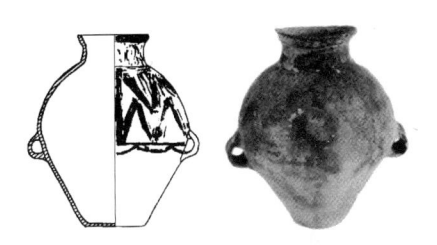

图 2-58　彩陶壶

尺寸：壶高 27.5 厘米，口径 10.8 厘米，底径 9.5 厘米②
装饰部位：腹部外彩
出土（征集）地：甘肃兰州下海石（M5∶15）
类型：马厂类型

蛙人纹使用黑色单彩绘制，绘有躯干和葡萄状四肢，有被火烧导致的变色和脱落。

---

①　参见赵建龙、杨惠福、谢焱《兰州红古下海石——新石器时代遗址发掘报告》，科学出版社 2008 年版，第 58 页。
②　参见赵建龙、杨惠福、谢焱《兰州红古下海石——新石器时代遗址发掘报告》，科学出版社 2008 年版，第 66 页。

资料篇

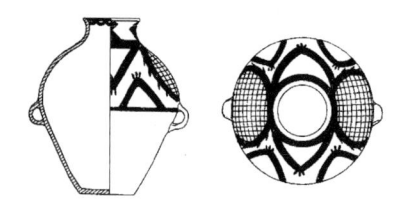

图 2-59 彩陶壶

尺寸：壶高 33 厘米，口径 11 厘米，底径 10.5 厘米①

装饰部位：腹部外彩

出土（征集）地：甘肃兰州下海石（M5：17）

类型：马厂类型

绘有葡萄状四肢，关节处有芒纹，与大圆圈纹组合装饰。

图 2-60 彩陶壶

尺寸：壶高 36.8 厘米，口径 11 厘米，底径 13 厘米②

装饰部位：腹部外彩

出土（征集）地：甘肃兰州下海石（M5：19）

类型：马厂类型

绘有躯干和葡萄状四肢，躯干有下延，关节处有芒纹。与大圆圈纹组合装饰。

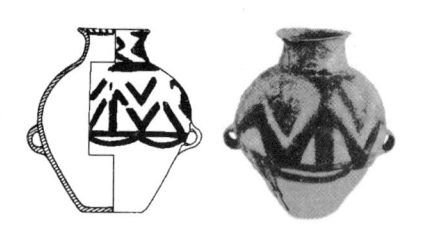

图 2-61 彩陶壶

---

① 参见赵建龙、杨惠福、谢焱《兰州红古下海石——新石器时代遗址发掘报告》，科学出版社 2008 年版，第 61 页。

② 参见赵建龙、杨惠福、谢焱《兰州红古下海石——新石器时代遗址发掘报告》，科学出版社 2008 年版，第 68 页。

第二章　甘肃地区出土（采集）半山马厂彩陶蛙人纹图像

尺寸：壶高33.5厘米，口径13.5厘米，底径12厘米①
装饰部位：腹部外彩
出土（征集）地：甘肃兰州下海石（M5:21）
类型：马厂类型
绘有躯干和葡萄状四肢，躯干有下延。与大圆圈纹组合装饰。

图 2-62　彩陶壶

尺寸：壶高38厘米，口径11厘米，底径12厘米②
装饰部位：腹部外彩
出土（征集）地：甘肃兰州下海石（M5:38）
类型：马厂类型
纹饰为波折状和"V"形的组合，转折处有芒纹。与大圆圈纹组合装饰。

图 2-63　彩陶壶

尺寸：壶高32.5厘米，口径13厘米，底径9厘米③
装饰部位：腹部外彩
出土（征集）地：甘肃兰州下海石（M7:8）
类型：马厂类型
绘有葡萄状四肢，关节处有芒纹。与大圆圈纹组合装饰。

---

① 参见赵建龙、杨惠福、谢焱《兰州红古下海石——新石器时代遗址发掘报告》，科学出版社2008年版，第61页。
② 参见赵建龙、杨惠福、谢焱《兰州红古下海石——新石器时代遗址发掘报告》，科学出版社2008年版，第71页。
③ 参见赵建龙、杨惠福、谢焱《兰州红古下海石——新石器时代遗址发掘报告》，科学出版社2008年版，第71页。

图 2-64　彩陶壶

尺寸：壶高 39 厘米，口径 12.5 厘米，底径 12 厘米①

装饰部位：腹部外彩

出土（征集）地：甘肃兰州下海石（M8∶1）

类型：马厂类型

绘有葡萄状四肢，关节处有芒纹。与大圆圈纹组合装饰。

图 2-65　彩陶壶

尺寸：壶高 40 厘米，口径 12 厘米，底径 10 厘米②

装饰部位：腹部外彩

出土（征集）地：甘肃兰州下海石（M11∶1）

类型：马厂类型

绘有躯干和葡萄状四肢，关节处有芒纹。与大圆圈纹组合装饰。

图 2-66　彩陶壶

---

① 参见赵建龙、杨惠福、谢焱《兰州红古下海石——新石器时代遗址发掘报告》，科学出版社 2008 年版，第 71 页。

② 参见赵建龙、杨惠福、谢焱《兰州红古下海石——新石器时代遗址发掘报告》，科学出版社 2008 年版，第 86 页。

第二章　甘肃地区出土（采集）半山马厂彩陶蛙人纹图像

尺寸：壶高36厘米，口径11厘米，底径9厘米①
装饰部位：腹部外彩
出土（征集）地：甘肃兰州下海石（M11:2）
类型：马厂类型
绘有躯干和匍匐状四肢，躯干有下延。与大圆圈纹组合装饰。

图2-67　彩陶壶

尺寸：壶高32.5厘米，口径15厘米，底径11厘米②
装饰部位：腹部外彩
出土（征集）地：甘肃兰州下海石（M11:3）
类型：马厂类型
绘有躯干和匍匐状四肢，关节处有芒纹。

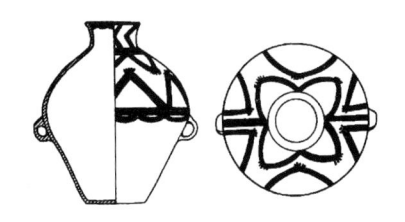

图2-68　彩陶壶

尺寸：壶高37.5厘米，口径12厘米，底径12.5厘米③
装饰部位：腹部外彩
出土（征集）地：甘肃兰州下海石（M11:4）
类型：马厂类型
蛙人纹使用黑色单彩绘制，绘有躯干和匍匐状四肢，关节处有芒纹。

---

① 参见赵建龙、杨惠福、谢焱《兰州红古下海石——新石器时代遗址发掘报告》，科学出版社2008年版，第86页。
② 参见赵建龙、杨惠福、谢焱《兰州红古下海石——新石器时代遗址发掘报告》，科学出版社2008年版，第104页。
③ 参见赵建龙、杨惠福、谢焱《兰州红古下海石——新石器时代遗址发掘报告》，科学出版社2008年版，第71页。

图 2-69 彩陶壶

尺寸：壶高 39 厘米，口径 13 厘米，底径 12 厘米①
装饰部位：腹部外彩
出土（征集）地：甘肃兰州下海石（M11:5）
类型：马厂类型

蛙人纹为倒"V"形，折角处有芒纹。作为折线纹的填饰纹饰，绘于折线纹下方的空隙处，与粗宽的折线纹共同组成的纹饰又与大圆圈纹组合装饰。

图 2-70 彩陶壶

尺寸：壶高 32 厘米，口径 10.8 厘米，底径 9 厘米②
装饰部位：腹部外彩
出土（征集）地：甘肃兰州下海石（M11:6）
类型：马厂类型

绘有躯干和匍匐状四肢，关节处有芒纹。

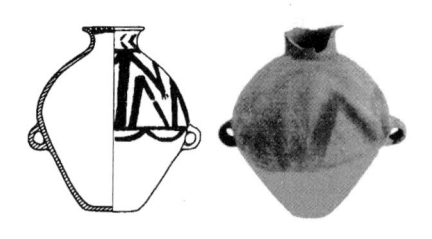

图 2-71 彩陶壶

---

① 参见赵建龙、杨惠福、谢焱《兰州红古下海石——新石器时代遗址发掘报告》，科学出版社 2008 年版，第 86 页。
② 参见赵建龙、杨惠福、谢焱《兰州红古下海石——新石器时代遗址发掘报告》，科学出版社 2008 年版，第 74 页。

第二章　甘肃地区出土（采集）半山马厂彩陶蛙人纹图像

尺寸：壶高32.8厘米，口径11厘米，底径10厘米①
装饰部位：腹部外彩
出土（征集）地：甘肃兰州下海石（M11:9）
类型：马厂类型
绘有躯干和葡萄状四肢，关节处有芒纹。

图2-72　彩陶壶

尺寸：壶高32厘米，口径13厘米，底径10厘米②
装饰部位：腹部外彩
出土（征集地）：甘肃兰州下海石（M11:7）
类型：马厂类型
绘有葡萄状二肢，呈折线状。

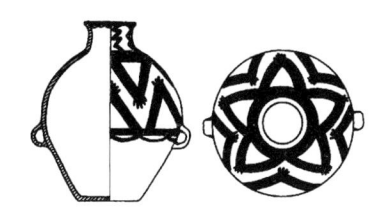

图2-73　彩陶壶

尺寸：壶高36厘米，口径10.5厘米，底径12厘米③
装饰部位：腹部外彩
出土（征集）地：甘肃兰州下海石（M11:11）
类型：马厂类型
绘有葡萄状四肢，关节处有芒纹。

---

① 参见赵建龙、杨惠福、谢焱《兰州红古下海石——新石器时代遗址发掘报告》，科学出版社2008年版，第74页。
② 参见赵建龙、杨惠福、谢焱《兰州红古下海石——新石器时代遗址发掘报告》，科学出版社2008年版，第63页。
③ 参见赵建龙、杨惠福、谢焱《兰州红古下海石——新石器时代遗址发掘报告》，科学出版社2008年版，第63页。

资料篇

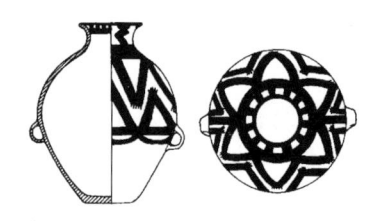

图 2-74　彩陶壶

尺寸：壶高 37 厘米，口径 14 厘米，底径 10.5 厘米①
装饰部位：腹部外彩
出土（征集）地：甘肃兰州下海石（M12:5）
类型：马厂类型
绘有匍匐状四肢，关节处有芒纹。

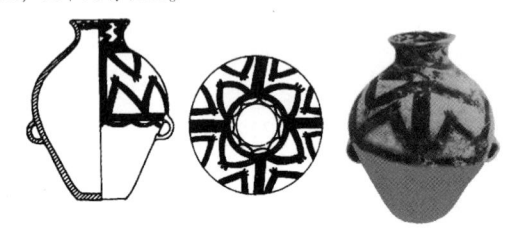

图 2-75　彩陶壶

尺寸：壶高 32 厘米，口径 11 厘米，底径 9.5 厘米②
装饰部位：腹部外彩
出土（征集）地：甘肃兰州下海石（M12:19）
类型：马厂类型
绘有躯干和匍匐状四肢，关节处有芒纹。

图 2-76　彩陶壶

---

①　参见赵建龙、杨惠福、谢焱《兰州红古下海石——新石器时代遗址发掘报告》，科学出版社 2008 年版，第 79 页。

②　参见赵建龙、杨惠福、谢焱《兰州红古下海石——新石器时代遗址发掘报告》，科学出版社 2008 年版，第 80 页。

第二章　甘肃地区出土（采集）半山马厂彩陶蛙人纹图像

尺寸：壶高 35.5 厘米，口径 13 厘米，底径 11 厘米①
装饰部位：腹部外彩
出土（征集）地：甘肃兰州下海石（M14:5）
类型：马厂类型
绘有躯干和葡匐状四肢，关节处有芒纹。

图 2-77　彩陶壶

尺寸：壶高 30.5 厘米，口径 10.5 厘米，底径 9 厘米②
装饰部位：腹部外彩
出土（征集）地：甘肃兰州下海石（M14:7）
类型：马厂类型
绘有躯干和葡匐状四肢，躯干由两条竖线加中间的网格纹组成，关节处有芒纹。与"X"状纹组合装饰。

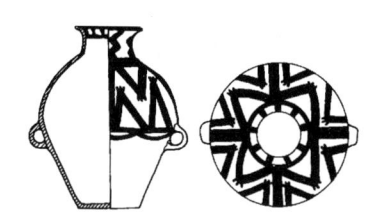

图 2-78　彩陶壶

尺寸：壶高 35.5 厘米，口径 13.5 厘米，底径 12 厘米③
装饰部位：腹部外彩
出土（征集）地：甘肃兰州下海石（M14:8）
类型：马厂类型
绘有躯干和葡匐状四肢，关节处有芒纹。

---

① 参见赵建龙、杨惠福、谢焱《兰州红古下海石——新石器时代遗址发掘报告》，科学出版社 2008 年版，第 76 页。
② 参见赵建龙、杨惠福、谢焱《兰州红古下海石——新石器时代遗址发掘报告》，科学出版社 2008 年版，第 102 页。
③ 参见赵建龙、杨惠福、谢焱《兰州红古下海石——新石器时代遗址发掘报告》，科学出版社 2008 年版，第 74 页。

图 2-79 彩陶壶

尺寸：壶高 34 厘米，口径 11 厘米，底径 10 厘米①
装饰部位：腹部外彩
出土（征集）地：甘肃兰州下海石（M17:6）
类型：马厂类型

绘有葡萄状四肢，关节处有芒纹。与大圆圈纹组合装饰。

图 2-80 彩陶壶

尺寸：壶高 29 厘米，口径 12 厘米，底径 9.5 厘米②
装饰部位：腹部外彩
出土（征集）地：甘肃兰州下海石（M18:11）
类型：马厂类型

蛙人纹为倒"V"形，折角处有芒纹。作为折线纹的填饰纹饰，绘于折线纹下方的空隙处。

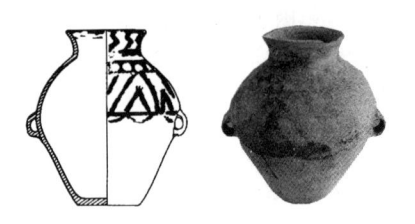

图 2-81 彩陶壶

---

① 参见赵建龙、杨惠福、谢焱《兰州红古下海石——新石器时代遗址发掘报告》，科学出版社 2008 年版，第 108 页。

② 参见赵建龙、杨惠福、谢焱《兰州红古下海石——新石器时代遗址发掘报告》，科学出版社 2008 年版，第 90 页。

第二章　甘肃地区出土（采集）半山马厂彩陶蛙人纹图像

尺寸：壶高33.5厘米，口径15厘米，底径12厘米①
装饰部位：腹部外彩
出土（征集）地：甘肃兰州下海石（M18:12）
类型：马厂类型

蛙人纹为倒"V"形，折角处有芒纹。作为折线纹的填饰纹饰，绘于折线纹下方的空隙处。色彩脱落较为严重。

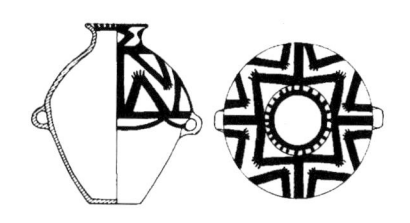

图 2-82　彩陶壶

尺寸：壶高36厘米，口径13厘米，底径11厘米②
装饰部位：腹部外彩
出土（征集）地：甘肃兰州下海石（M19:3）
类型：马厂类型

绘有躯干和葡萄状四肢，关节处有芒纹。

图 2-83　彩陶壶

尺寸：壶高24厘米，口径10.8厘米，底径9.5厘米③
装饰部位：腹部外彩
出土（征集）地：甘肃兰州下海石（M19:4）
类型：马厂类型

绘有葡萄状四肢，关节处有芒纹。与大圆圈纹组合装饰。

---

① 参见赵建龙、杨惠福、谢焱《兰州红古下海石——新石器时代遗址发掘报告》，科学出版社2008年版，第91页。
② 参见赵建龙、杨惠福、谢焱《兰州红古下海石——新石器时代遗址发掘报告》，科学出版社2008年版，第75页。
③ 参见赵建龙、杨惠福、谢焱《兰州红古下海石——新石器时代遗址发掘报告》，科学出版社2008年版，第93页。

资料篇

图 2-84　彩陶壶

尺寸：壶高 36 厘米，口径 13 厘米，底径 10 厘米①
装饰部位：腹部外彩
出土（征集）地：甘肃兰州下海石（M19:5）
类型：马厂类型
绘有躯干和葡萄状四肢，躯干有下延，关节处有芒纹。与大圆圈纹组合装饰。

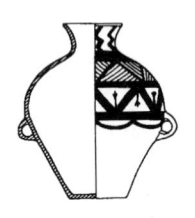

图 2-85　彩陶壶

尺寸：壶高 32 厘米，口径 11 厘米，底径 11 厘米②
装饰部位：腹部外彩
出土（征集）地：甘肃兰州下海石（M19:10）
类型：马厂类型
围绕上下弧线分割好的器腹下半部分绘制折线纹一圈，折线纹的每个折角处伸出直臂式蛙人纹。与器腹上半部分的一圈三角纹组合装饰。

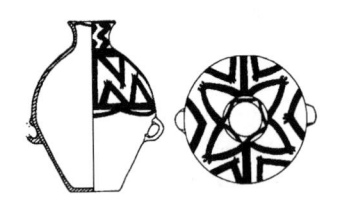

图 2-86　彩陶壶

---

① 参见赵建龙、杨惠福、谢焱《兰州红古下海石——新石器时代遗址发掘报告》，科学出版社 2008 年版，第 96 页。

② 参见赵建龙、杨惠福、谢焱《兰州红古下海石——新石器时代遗址发掘报告》，科学出版社 2008 年版，第 107 页。

第二章　甘肃地区出土（采集）半山马厂彩陶蛙人纹图像

尺寸：壶高35.5厘米，口径10厘米，底径11厘米①

装饰部位：腹部外彩

出土（征集）地：甘肃兰州下海石（M19:22）

类型：马厂类型

绘有躯干和葡萄状四肢，关节处有芒纹。

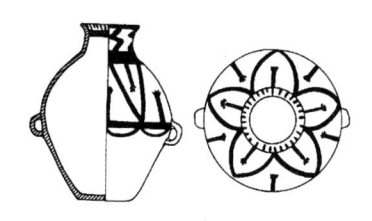

图 2-87　彩陶壶

尺寸：壶高36厘米，口径12.5厘米，底径11厘米②

装饰部位：腹部外彩

出土（征集）地：甘肃兰州下海石（M19:23）

类型：马厂类型

围绕上下弧线分割好的器腹绘制折线纹一圈，正对每个折角处由折角所对应的弧线伸出直臂式蛙人纹。

图 2-88　彩陶壶

尺寸：壶高31.5厘米，口径11厘米，底径10厘米③

装饰部位：腹部外彩

出土（征集）地：甘肃兰州下海石（M19:25）

类型：马厂类型

绘有葡萄状四肢，关节处有芒纹。

---

① 参见赵建龙、杨惠福、谢焱《兰州红古下海石——新石器时代遗址发掘报告》，科学出版社2008年版，第80页。

② 参见赵建龙、杨惠福、谢焱《兰州红古下海石——新石器时代遗址发掘报告》，科学出版社2008年版，第83页。

③ 参见赵建龙、杨惠福、谢焱《兰州红古下海石——新石器时代遗址发掘报告》，科学出版社2008年版，第63页。

资料篇

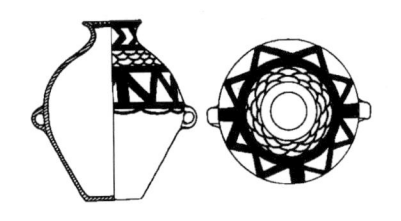

图 2-89 彩陶壶

尺寸：壶高 41 厘米，口径 14 厘米，底径 14 厘米①
装饰部位：腹部外彩
出土（征集）地：甘肃兰州下海石（M19:27）
类型：马厂类型

绘有躯干和葡萄状二肢，与鱼鳞纹上下组合装饰。

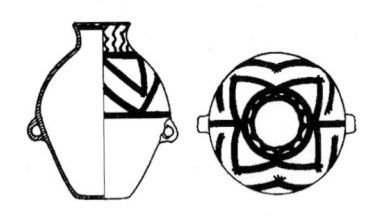

图 2-90 彩陶壶

尺寸：壶高 31.5 厘米，口径 10.5 厘米，底径 10 厘米②
装饰部位：腹部外彩
出土（征集）地：甘肃兰州下海石（M21:2）
类型：马厂类型

绘有葡萄状四肢，关节处有芒纹。

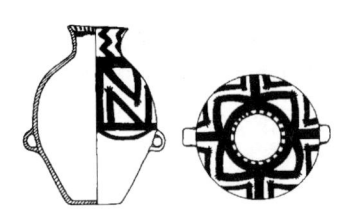

图 2-91 彩陶壶

---

① 参见赵建龙、杨惠福、谢焱《兰州红古下海石——新石器时代遗址发掘报告》，科学出版社 2008 年版，第 76 页。

② 参见赵建龙、杨惠福、谢焱《兰州红古下海石——新石器时代遗址发掘报告》，科学出版社 2008 年版，第 86 页。

第二章　甘肃地区出土（采集）半山马厂彩陶蛙人纹图像

尺寸：壶高39厘米，口径13.5厘米，底径12厘米①
装饰部位：腹部外彩
出土（征集）地：甘肃兰州下海石（M22:3）
类型：马厂类型
绘有躯干和葡萄状四肢，关节处有芒纹。

图2-92　彩陶壶

尺寸：不详
装饰部位：腹部外彩
出土（征集）地：甘肃兰州下海石（M22:9）
类型：马厂类型
整个器腹用弧线纹分割为上下两区，两区皆饰一圈折线纹，折线纹下再饰一圈倒"V"形折肢蛙人纹，折角处有芒纹，上区的折线纹上方空隙处饰网格纹，下区的折线纹上方空隙处留白。

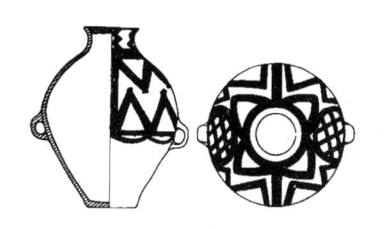

图2-93　彩陶壶

尺寸：壶高38.5厘米，口径12厘米，底径11厘米②
装饰部位：腹部外彩
出土（征集）地：甘肃兰州下海石（M26:2）
类型：马厂类型
绘有躯干和葡萄状四肢，关节处有芒纹。与大圆圈纹组合装饰。

---

① 参见赵建龙、杨惠福、谢焱《兰州红古下海石——新石器时代遗址发掘报告》，科学出版社2008年版，第80页。
② 参见赵建龙、杨惠福、谢焱《兰州红古下海石——新石器时代遗址发掘报告》，科学出版社2008年版，第76页。

◈◈ 资料篇 ◈◈

图 2-94 彩陶壶

尺寸：壶高 28.5 厘米，口径 13 厘米，底径 9.5 厘米①
装饰部位：腹部外彩
出土（征集）地：甘肃兰州下海石（M26:3）
类型：马厂类型
绘有躯干和葡萄状四肢，与大圆圈纹组合装饰。

图 2-95 彩陶壶

尺寸：壶高 40 厘米，口径 14 厘米，底径 10.5 厘米②
装饰部位：腹部外彩
出土（征集）地：甘肃兰州下海石（M26:5）
类型：马厂类型
绘有躯干和葡萄状四肢，躯干有下延。与大圆圈纹组合装饰。

图 2-96 彩陶壶

---

① 参见赵建龙、杨惠福、谢焱《兰州红古下海石——新石器时代遗址发掘报告》，科学出版社 2008 年版，第 91 页。

② 参见赵建龙、杨惠福、谢焱《兰州红古下海石——新石器时代遗址发掘报告》，科学出版社 2008 年版，第 76 页。

第二章 甘肃地区出土（采集）半山马厂彩陶蛙人纹图像

尺寸：壶高27.5厘米，口径10.5厘米，底径10厘米①
装饰部位：腹部外彩
出土（征集）地：甘肃兰州下海石（M26:7）
类型：马厂类型
绘有躯干和葡萄状四肢。

图2-97 彩陶壶

尺寸：壶高41厘米，口径12厘米，底径12厘米②
装饰部位：腹部外彩
出土（征集）地：甘肃兰州下海石（M27:5）
类型：马厂类型
绘有躯干和葡萄状四肢，关节处有芒纹。与大圆圈纹组合装饰。

图2-98 彩陶壶

尺寸：壶高36厘米，口径12.8厘米，底径12厘米③
装饰部位：腹部外彩
出土（征集）地：甘肃兰州下海石（M27:6）
类型：马厂类型
蛙人纹使用黑色单彩绘制。绘有躯干和葡萄状四肢，躯干有下延，关节处有芒纹。与大圆圈纹组合装饰。

---

① 参见赵建龙、杨惠福、谢焱《兰州红古下海石——新石器时代遗址发掘报告》，科学出版社2008年版，第96页。
② 参见赵建龙、杨惠福、谢焱《兰州红古下海石——新石器时代遗址发掘报告》，科学出版社2008年版，第86页。
③ 参见赵建龙、杨惠福、谢焱《兰州红古下海石——新石器时代遗址发掘报告》，科学出版社2008年版，第63页。

· 59 ·

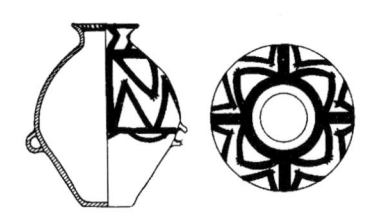

图 2-99　彩陶壶

尺寸：壶高 40 厘米，口径 14.5 厘米，底径 11.5 厘米①
装饰部位：腹部外彩
出土（征集）地：甘肃兰州下海石（M31∶1）
类型：马厂类型
绘有躯干和葡萄状四肢，关节处有芒纹。

图 2-100　彩陶壶

尺寸：壶高 38.5 厘米，口径 14.5 厘米，底径 12 厘米②
装饰部位：腹部外彩
出土（征集）地：甘肃兰州下海石（M31∶3）
类型：马厂类型
绘有躯干和葡萄状四肢，躯干有下延，关节处有芒纹。与大圆圈纹组合装饰。

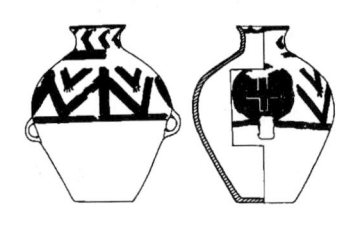

图 2-101　彩陶壶

---

①　参见赵建龙、杨惠福、谢焱《兰州红古下海石——新石器时代遗址发掘报告》，科学出版社 2008 年版，第 77 页。

②　参见赵建龙、杨惠福、谢焱《兰州红古下海石——新石器时代遗址发掘报告》，科学出版社 2008 年版，第 82 页。

第二章　甘肃地区出土（采集）半山马厂彩陶蛙人纹图像

尺寸：壶高36.5厘米，口径12厘米，底径12.5厘米①

装饰部位：腹部外彩

出土（征集）地：甘肃兰州下海石（M31:5）

类型：马厂类型

绘有躯干和葡萄状四肢，躯干有下延，关节处有芒纹。与大圆圈纹组合装饰。

图 2-102　彩陶壶

尺寸：壶高36厘米，口径12厘米，底径12厘米②

装饰部位：腹部外彩

出土（征集）地：甘肃兰州下海石（M31:15）

类型：马厂类型

绘有躯干和葡萄状四肢，关节处有芒纹。与大圆圈纹组合装饰。

图 2-103　彩陶壶

尺寸：壶高30厘米，口径12厘米，底径10厘米③

装饰部位：腹部外彩

出土（征集）地：甘肃兰州下海石（M31:16）

类型：马厂类型

绘有躯干和葡萄状四肢，关节处有芒纹。

---

①　参见赵建龙、杨惠福、谢焱《兰州红古下海石——新石器时代遗址发掘报告》，科学出版社2008年版，第82页。

②　参见赵建龙、杨惠福、谢焱《兰州红古下海石——新石器时代遗址发掘报告》，科学出版社2008年版，第76页。

③　参见赵建龙、杨惠福、谢焱《兰州红古下海石——新石器时代遗址发掘报告》，科学出版社2008年版，第92页。

资料篇

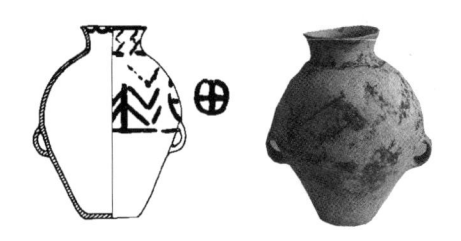

图2-104 彩陶壶

尺寸：壶高33厘米，口径11.5厘米，底径10厘米①
装饰部位：腹部外彩
出土（征集）地：甘肃兰州下海石（M31:17）
类型：马厂类型
绘有躯干和匍匐状六肢，躯干有下延。与大圆圈纹组合装饰。

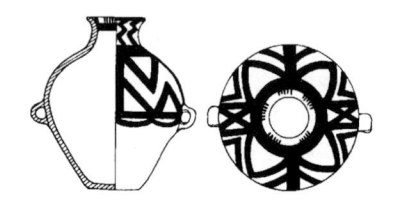

图2-105 彩陶壶

尺寸：壶高34厘米，口径12厘米，底径10.5厘米②
装饰部位：腹部外彩
出土（征集）地：甘肃兰州下海石（M31:18）
类型：马厂类型
绘有躯干和匍匐状四肢，躯干有下延。

图2-106 彩陶罐

---

① 参见赵建龙、杨惠福、谢焱《兰州红古下海石——新石器时代遗址发掘报告》，科学出版社2008年版，第84页。

② 参见赵建龙、杨惠福、谢焱《兰州红古下海石——新石器时代遗址发掘报告》，科学出版社2008年版，第79页。

第二章 甘肃地区出土（采集）半山马厂彩陶蛙人纹图像

尺寸：罐高19厘米，口径16.5厘米，底径8厘米①
装饰部位：腹部外彩
出土（征集）地：甘肃兰州下海石（M31:24）
类型：马厂类型

绘有"V"形和倒"V"形蛙人纹，折角处有芒纹。填饰"口"形纹和倒"V"形纹，与网状带纹组合装饰。

图2-107 彩陶壶

尺寸：不详
装饰部位：腹部外彩
出土（征集）地：甘肃兰州
类型：不详

绘有躯干和葡萄状四肢，关节处有芒纹。

图2-108 彩陶壶

尺寸：壶高42厘米②
装饰部位：腹部外彩
出土（征集）地：甘肃兰州
类型：马厂类型

绘有躯干和葡萄状四肢，躯干有下延，关节及肢端有芒纹，四肢的间隙填饰颗粒纹。与大圆圈纹组合装饰。

---

① 参见赵建龙、杨惠福、谢焱《兰州红古下海石——新石器时代遗址发掘报告》，科学出版社2008年版，第133页。
② 程征、钱志强：《黄河彩陶》，台北南天书局1994年版，第329页。

资料篇

图 2-109 彩陶壶

尺寸：壶高 37 厘米，口径 17 厘米，底径 13 厘米①
装饰部位：腹部外彩
出土（征集）地：甘肃兰州
类型：半山类型

蛙人纹使用黑红复彩绘制，绘有头部、躯干和葡萄状四肢，头部与前肢的空隙填饰颗粒纹。与旋涡纹组合装饰。

图 2-110 彩陶壶

尺寸：壶高 42 厘米，口径 12 厘米，底径 15 厘米②
装饰部位：腹部外彩
出土（征集）地：甘肃兰州
类型：半山类型

蛙人纹使用黑红复彩绘制，绘有头部、躯干和葡萄状四肢，躯干有下延。与大圆圈纹组合装饰。

图 2-111 彩陶罐

---

① 参见张朋川《中国彩陶图谱》，文物出版社 1990 年版，第 511 页。
② 参见张朋川《中国彩陶图谱》，文物出版社 1990 年版，第 511 页。

第二章　甘肃地区出土（采集）半山马厂彩陶蛙人纹图像

尺寸：罐高13.5厘米，口径18.7厘米，底径8.3厘米①
装饰部位：腹部外彩
出土（征集）地：甘肃兰州
类型：不详
蛙人纹使用黑红复彩绘制，绘有旋涡纹状折肢纹，肢端有芒纹。

图2-112　彩陶壶

尺寸：壶高15.6厘米，口径6.8厘米，底径7厘米②
装饰部位：腹部外彩
出土（征集）地：甘肃皋兰石洞寺
类型：马厂类型
蛙人纹使用黑红复彩绘制，绘有葡萄状肢体纹，一侧为两肢，另一侧为三肢，交接处填饰圆圈纹。

图2-113　彩陶壶

尺寸：壶高23.6厘米，口径11.1厘米，底径6.2厘米③
装饰部位：腹部外彩
出土（征集）地：甘肃皋兰石洞寺
类型：马厂类型
蛙人纹使用黑红复彩绘制，绘有躯干和葡萄状两肢，躯干有下延，两肢关节处有芒纹，与大圆圈纹组合装饰。

---

① 参见张朋川《中国彩陶图谱》，文物出版社1990年版，第525页。
② 参见张朋川《中国彩陶图谱》，文物出版社1990年版，第525页。
③ 参见张朋川《中国彩陶图谱》，文物出版社1990年版，第525页。

资料篇

图 2-114　彩陶壶

尺寸：壶高 15.6 厘米①
装饰部位：腹部外彩
出土（征集）地：甘肃皋兰糜地岘
类型：马厂类型
绘有躯干和葡萄状四肢，躯干有下延。

图 2-115　彩陶壶

尺寸：壶高 23.5 厘米②
装饰部位：腹部外彩
出土（征集）地：甘肃皋兰糜地岘
类型：马厂类型
绘有躯干和葡萄状两肢，躯干有下延，关节处有芒纹。

图 2-116　彩陶壶

---

① 参见陈贤儒、郭德勇《甘肃皋兰糜地岘新石器时代墓葬清理记》，《考古通讯》1957 年第 6 期。
② 参见陈贤儒、郭德勇《甘肃皋兰糜地岘新石器时代墓葬清理记》，《考古通讯》1957 年第 6 期。

· 66 ·

第二章　甘肃地区出土（采集）半山马厂彩陶蛙人纹图像

尺寸：壶高 29 厘米，口径 9 厘米，底径 10 厘米①
装饰部位：腹部外彩
出土（征集）地：甘肃皋兰阳洼窑（MO：23）
类型：马厂类型
绘有躯干和匍匐状两肢，关节和肢端有芒纹。与大圆圈纹组合装饰。

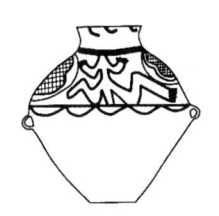

图 2-117　彩陶瓮

尺寸：瓮高 31.1 厘米，口径 13.1 厘米，底径 9.5 厘米②
装饰部位：腹部外彩
出土（征集）地：甘肃皋兰阳洼窑（MO：26）
类型：马厂类型
绘有躯干和匍匐状四肢，关节和肢端有芒纹。与大圆圈纹组合装饰。

图 2-118　彩陶壶

尺寸：壶高 26 厘米，口径 11 厘米③
装饰部位：腹部外彩
出土（征集）地：甘肃永登乐山坪（LYL：24）
类型：马厂类型
绘有躯干和匍匐状四肢，躯干有下延，关节处有芒纹。

---

① 甘肃省文物考古研究所等：《甘肃皋兰阳洼窑"马厂"墓葬清理简报》，《中原文物》1986 年第 4 期。
② 甘肃省文物考古研究所、皋兰县文化馆：《甘肃皋兰阳洼窑"马厂"墓葬清理简报》，《中原文物》1986 年第 4 期。
③ 马德璞、曾爱、魏怀珩：《永登乐山坪出土一批新石器时代的陶器》，《史前研究》1988 年。

图 2 – 119　彩陶壶

尺寸：壶高 29 厘米，口径 9 厘米①
装饰部位：腹部外彩
出土（征集）地：甘肃永登乐山坪（LYL:31）
类型：马厂类型
绘有躯干和葡匐状四肢，关节处有芒纹。与大圆圈纹组合装饰。

图 2 – 120　彩陶壶

尺寸：壶高 34.6 厘米，口径 10.6 厘米，底径 9 厘米②
装饰部位：腹部外彩
出土（征集）地：甘肃永登蒋家坪
类型：马厂类型
绘有躯干和葡匐状四肢，关节处有芒纹。

图 2 – 121　彩陶壶

---

　　① 马德璞、曾爱、魏怀珩：《永登乐山坪出土一批新石器时代的陶器》，《史前研究》1988 年。
　　② 参见张朋川《中国彩陶图谱》，文物出版社 1990 年版，第 526 页。

第二章 甘肃地区出土（采集）半山马厂彩陶蛙人纹图像

尺寸：壶高41.5厘米，口径14.7厘米①

装饰部位：腹部外彩

出土（征集）地：甘肃永登蒋家坪

类型：马厂类型

绘有躯干和葡萄状四肢，躯干有下延，关节处有芒纹，空隙处填饰点状纹。与大圆圈纹组合装饰。

图2-122 彩陶壶

尺寸：壶高41.8厘米，口径14.6厘米，底径12.3厘米②

装饰部位：腹部外彩

出土（征集）地：甘肃永登连城

类型：马厂类型

绘有躯干和葡萄状四肢，躯干有下延，关节和肢端有芒纹。空隙处填饰颗粒纹，与大圆圈纹组合装饰。

图2-123 彩陶壶

尺寸：壶高36厘米，口径10.6厘米，底径11厘米③

装饰部位：腹部外彩

出土（征集）地：甘肃永登沙沟

类型：马厂类型

绘有躯干和葡萄状四肢，关节处有芒纹。

---

① 参见韩博文《甘肃彩陶》，科学出版社2008年版，第86页。
② 参见张朋川《中国彩陶图谱》，文物出版社1990年版，第526页。
③ 参见张朋川《中国彩陶图谱》，文物出版社1990年版，第526页。

图 2 - 124　彩陶壶

尺寸：壶高 25 厘米，底径 8 厘米①
装饰部位：腹部外彩
出土（征集）地：甘肃省
类型：半山类型
绘有头部、躯干和葡匐状两肢。

图 2 - 125　彩陶壶

尺寸：壶高 46.4 厘米，口径 19 厘米，底径 11.5 厘米②
装饰部位：腹部外彩
出土（征集）地：甘肃省
类型：马厂类型
蛙人纹使用黑红复彩绘制，绘有头部、躯干和葡匐状两肢，关节处有芒纹。与大圆圈纹组合装饰。

图 2 - 126　彩陶壶

尺寸：壶高 28.5 厘米（程征、钱志强：《黄河彩陶》标注为 29.3 厘米），口径 11.6 厘米，

---

① 参见韩博文《甘肃彩陶》，科学出版社 2008 年版，第 107 页。
② 参见张朋川《中国彩陶图谱》，文物出版社 1990 年版，第 525 页。

第二章　甘肃地区出土（采集）半山马厂彩陶蛙人纹图像

底径9.5厘米①

　　装饰部位：肩部外彩
　　出土（征集）地：甘肃省
　　类型：马厂类型
　　蛙人纹使用黑红复彩绘制，绘有"＜"状折肢纹，转折处和肢端有芒纹。

图 2-127　彩陶壶

　　尺寸：不详
　　装饰部位：腹部外彩
　　出土（征集）地：甘肃省
　　类型：半山类型
　　蛙人纹使用黑红复彩绘制，绘有头部、躯干和葡萄状肢体，一侧为两肢，另一侧为三肢，躯干有下延。

图 2-128　彩陶壶

　　尺寸：壶高36厘米，口径12厘米，底径16厘米②
　　装饰部位：腹部外彩
　　出土（征集）地：甘肃省
　　类型：半山类型
　　绘有躯干和葡萄状四肢，前肢与后肢的空隙填饰颗粒纹。

---

① 参见张朋川《中国彩陶图谱》，文物出版社1990年版，第525页。
② 张朋川：《中国彩陶图谱》，文物出版社1990年版，第512页。

资料篇

图 2-129 彩陶壶

尺寸：高 29.5 厘米①
装饰部位：腹部外彩
出土（征集）地：甘肃省
类型：马厂类型
绘有躯干和葡萄状四肢，关节处有芒纹。

图 2-130 彩陶壶

尺寸：不详
装饰部位：腹部外彩
出土（征集）地：甘肃省
类型：不详
绘有躯干和葡萄状四肢，关节处有芒纹。

图 2-131 彩陶壶

---

① 程征、钱志强：《黄河彩陶》，台北南天书局1994年版，第340页。

·72·

第二章　甘肃地区出土（采集）半山马厂彩陶蛙人纹图像

尺寸：不详
装饰部位：腹部外彩
出土（征集）地：甘肃省
类型：半山类型
蛙人纹使用黑红复彩绘制。绘有躯干和葡萄状四肢，与葫芦纹组合装饰。

图 2-132　彩陶壶

尺寸：不详
装饰部位：腹部外彩
出土（征集）地：甘肃省
类型：不详
绘有躯干和葡萄状两肢，与人字纹组合装饰。

图 2-133　彩陶壶

尺寸：不详
装饰部位：腹部外彩
出土（征集）地：甘肃省
类型：不详
蛙人纹使用黑红复彩绘制。绘有头部、躯干和葡萄状四肢，躯干有下延。与蛇纹组合装饰。

图 2-134　彩陶壶

· 73 ·

资料篇

尺寸：不详
装饰部位：腹部外彩
出土（征集）地：甘肃省
类型：不详
在大圆圈纹内绘"十"字纹，"十"字末端有芒纹，空隙处填饰圆点纹。

图 2-135　彩陶壶

尺寸：不详
装饰部位：腹部外彩
出土（征集）地：甘肃省
类型：不详
蛙人纹使用黑色单彩绘制。绘有躯干和葡匐状四肢，关节处有芒纹。与网格带纹组合装饰。

图 2-136　彩陶壶

尺寸：不详
装饰部位：腹部外彩
出土（征集）地：甘肃省
类型：不详
绘有躯干和葡匐状四肢，躯干有下延，关节处有芒纹。

第二章 甘肃地区出土（采集）半山马厂彩陶蛙人纹图像

图 2-137 彩陶壶

尺寸：不详
装饰部位：腹部外彩
出土（征集）地：甘肃省
类型：不详
绘有躯干和匍匐状四肢，躯干有下延，关节处有芒纹。与大圆圈纹组合装饰。

图 2-138 彩陶壶

尺寸：不详
装饰部位：腹部外彩
出土（征集）地：甘肃省
类型：不详
绘有躯干和匍匐状四肢，躯干有下延，关节处有芒纹。与大圆圈纹组合装饰。

图 2-139 彩陶壶

尺寸：不详
装饰部位：腹部外彩
出土（征集）地：甘肃省

资料篇

类型：不详

绘有躯干和葡萄状四肢，躯干有下延，关节处有芒纹。与大圆圈纹组合装饰。

图 2 – 140　彩陶壶

尺寸：不详
装饰部位：腹部外彩
出土（征集）地：甘肃省
类型：不详

绘有葡萄状四肢，关节处有芒纹。与大圆圈纹组合装饰。

图 2 – 141　彩陶壶

尺寸：不详
装饰部位：腹部外彩
出土（征集）地：甘肃省
类型：不详

绕器腹绘一圈折线状折肢纹，折角处有芒纹。

图 2 – 142　彩陶壶

尺寸：不详
装饰部位：腹部外彩

第二章 甘肃地区出土（采集）半山马厂彩陶蛙人纹图像

出土（征集）地：甘肃省
类型：不详
绘有躯干和葡萄状四肢，关节处有芒纹。与大圆圈纹组合装饰。

图 2-143 彩陶壶

尺寸：不详
装饰部位：腹部外彩
出土（征集）地：甘肃省
类型：不详
使用黑色单彩绘制。绘有躯干和葡萄状四肢，关节处有芒纹。与大圆圈纹组合装饰。

图 2-144 高足盆

尺寸：不详
装饰部位：盆腹及盆底内壁
出土（征集）地：甘肃省
类型：不详
绘有躯干和直立状四肢。

图 2-145 彩陶壶

· 77 ·

资料篇

尺寸：不详
装饰部位：腹部外彩
出土（征集）地：甘肃省
类型：不详

使用黑红复彩绘制。绘有躯干和匍匐状四肢，躯干有下延，关节处有芒纹。与大圆圈纹组合装饰。

图 2-146 彩陶罐

尺寸：不详
装饰部位：腹部外彩
出土（征集）地：甘肃省
类型：不详

使用黑红复彩绘制。绕器腹一圈绘"＜"状折肢纹，折角和末端有芒纹。

第三章 青海、宁夏地区出土（采集）半山马厂彩陶蛙人纹图像

图 3-1 彩陶壶

尺寸：壶高 44.4 厘米，口径 16 厘米，底径 13.8 厘米①
装饰部位：腹部外彩
出土地：青海民和三家
类型：马厂类型

蛙人纹使用黑红复彩绘制。绘有躯干和葡萄状四肢，躯干有下延，关节处有芒纹。四肢空隙处填饰颗粒纹，与大圆圈纹组合装饰。

图 3-2 彩陶壶

---

① 参见张朋川《中国彩陶图谱》，文物出版社 1990 年版，第 529 页。

◈◈ **资料篇** ◈◈

尺寸：壶高37厘米①
装饰部位：腹部外彩
出土地：青海民和戴家台地
类型：马厂类型

在大圆圈纹内绘躯干和葡萄状四肢，躯干有下延，肢端有芒纹。

图 3-3　彩陶壶

尺寸：壶高36.3厘米，口径11.2厘米，底径12.4厘米②
装饰部位：腹部外彩
出土地：青海民和边墙
类型：马厂类型

蛙人纹使用黑色单彩绘制。绘有上下交错的"V"形和倒"V"形折肢纹，折角处有芒纹。

图 3-4　彩陶壶

尺寸：不详
装饰部位：腹部外彩
出土地：青海民和川口镇小垣遗址
类型：马厂类型

绘有躯干和葡萄状四肢，躯干有下延，关节处有芒纹。与大圆圈纹组合装饰。

---

① 程征、钱志强：《黄河彩陶》，台北南天书局1994年版，第341页。
② 参见张朋川《中国彩陶图谱》，文物出版社1990年版，第534页。

· 80 ·

第三章　青海、宁夏地区出土（采集）半山马厂彩陶蛙人纹图像

图 3-5　彩陶壶

尺寸：壶高 34.8 厘米，口径 10.3 厘米，底径 10 厘米①

装饰部位：腹部外彩

出土地：青海民和川口

类型：马厂类型

绘躯干和匍匐状四肢，关节处有芒纹。与大圆圈纹组合装饰。

图 3-6　彩陶壶

尺寸：壶高 30.8 厘米，口径 7.6 厘米，底径 10 厘米②

装饰部位：腹部外彩

出土地：青海民和阳山（M83:11）

类型：马厂类型

绘有头部、躯干和匍匐状四肢，躯干有下延，关节处有芒纹。与大圆圈纹组合装饰。

图 3-7　彩陶瓮

尺寸：瓮高 44 厘米，口径 16 厘米，底径 11.8 厘米③

---

① 冯永谦：《中国美术分类全集·中国陶瓷全集·新石器时代》，上海人民美术出版社 2000 年版，第 285 页。
② 参见青海省文物考古研究所《民和阳山》，文物出版社 1990 年版，第 81 页。
③ 参见青海省文物考古研究所《民和阳山》，文物出版社 1990 年版，第 84 页。

资料篇

装饰部位：腹部外彩
出土地：青海民和阳山（M105:7）
类型：马厂类型
绘有躯干和匍匐状四肢，躯干有下延，关节和肢端有芒纹。与大圆圈纹组合装饰。

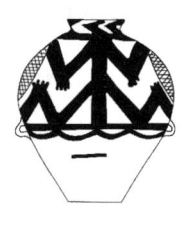

图3－8　彩陶壶

尺寸：不详
装饰部位：腹部外彩
出土地：青海民和洒力池
类型：马厂类型
绘有躯干和匍匐状四肢，躯干有下延，关节处有芒纹。与大圆圈纹组合装饰。

图3－9　偏口壶

尺寸：壶高18厘米，口径5.2厘米①
装饰部位：腹部外彩
出土地：青海民和加仁庄
类型：马厂类型
蛙人纹使用黑红复彩绘制。绘有头部、躯干和匍匐状四肢，与水波纹组合装饰。

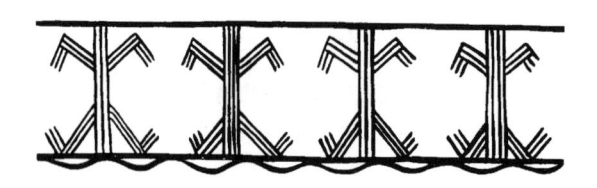

图3－10　蛙人纹

---

① 参见张朋川《中国彩陶图谱》，文物出版社1990年版，第529页。

第三章 青海、宁夏地区出土（采集）半山马厂彩陶蛙人纹图像

尺寸：不详
装饰部位：腹部外彩
出土地：青海民和新民
类型：马厂类型

绘有躯干和匍匐状四肢，躯干有下延，4个蛙人纹两两相对，一对躯干用四条细线绘制，四肢用三条细线绘制；另一对躯干和四肢皆用三条细线绘制。

图3-11 蛙人纹

尺寸：不详
装饰部位：腹部外彩
出土地：青海民和
类型：马厂类型

绘有躯干和匍匐状四肢，躯干有下延，4个蛙人纹两两相对，一对单独装饰，另一对为大圆圈纹的内饰。

图3-12 蛙人纹

尺寸：不详
装饰部位：腹部外彩
出土地：青海民和
类型：马厂类型

绘有躯干和匍匐状四肢，躯干有下延，4个蛙人纹两两相对，躯干用两条边线中间填饰2组2个1组的点绘制而成，四肢用双线绘制。

❖❖ 资料篇 ❖❖

图 3-13 蛙人纹

尺寸：不详
装饰部位：腹部外彩
出土地：青海民和
类型：马厂类型

蛙人纹为折肢状组合，两条肢体围成一个三分之二的不规则圆形，中间再伸出一肢，三肢的交接处及肢端皆有芒纹，左右再各绘一个折角处有芒纹的倒"V"形折肢纹。两组纹饰对称分布，与大圆圈纹组合装饰。

图 3-14 蛙人纹

尺寸：不详
装饰部位：腹部外彩
出土地：青海民和
类型：马厂类型

蛙人纹为折肢状组合，装饰区的底部绕器腹绘一周折线纹，上折角处有芒纹。折线状折肢纹的上面再绘制3个不规则形状的折肢纹，末端绘芒纹。

图 3-15 彩陶壶

第三章 青海、宁夏地区出土（采集）半山马厂彩陶蛙人纹图像

尺寸：壶高 20 厘米①
装饰部位：腹部外彩
出土地：青海民和
类型：马厂类型

绘有躯干和匍匐状四肢，关节处有芒纹，共有 4 条躯干，两组四肢，相邻的 2 条躯干共用一组肢体，上肢的空隙处填饰飞虫状纹饰。

图 3-16 彩陶盆

尺寸：盆口径 21 厘米②
装饰部位：盆腹及盆底内壁
出土地：青海民和
类型：马厂类型

蛙人纹使用黑红复彩绘制。绘有头部、躯干和匍匐状两肢，肢端有芒纹。

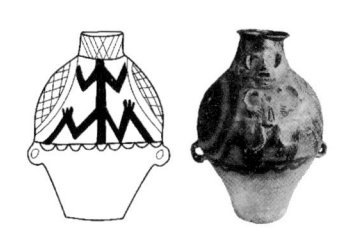

图 3-17 彩陶壶

尺寸：壶高 34.4 厘米，口径 9.3 厘米③
装饰部位：腹部外彩
出土地：青海乐都柳湾（采:01）
类型：马厂类型

彩陶壶的一面为塑绘裸体人像与"V"状折肢纹的组合，"V"状折肢纹的折角处有芒纹；另一面绘躯干和匍匐状四肢，躯干有下延，关节处有芒纹。与大圆圈纹组合装饰。

---

① 程征、钱志强：《黄河彩陶》，台北南天书局 1994 年版，第 327 页。
② 程征、钱志强：《黄河彩陶》，台北南天书局 1994 年版，第 181 页。
③ 冯永谦：《中国美术分类全集·中国陶瓷全集·新石器时代》，上海人民美术出版社 2000 年版，第 283 页。

图 3－18　彩陶壶

尺寸：不详
装饰部位：腹部外彩
出土地：青海乐都柳湾（M9∶5）
类型：马厂类型
绘有躯干和匍匐状两肢，关节处有芒纹。与大圆圈纹组合装饰。

图 3－19　彩陶壶

尺寸：不详
装饰部位：腹部外彩
出土地：青海乐都柳湾（M21∶20）
类型：马厂类型
蛙人纹使用黑色单彩绘制，绘有躯干和匍匐状四肢，躯干有下延，关节与肢端有芒纹。与大圆圈纹组合装饰。

图 3－20　彩陶壶

第三章　青海、宁夏地区出土（采集）半山马厂彩陶蛙人纹图像

尺寸：壶高 36.3 厘米，口径 10.6 厘米，腹径 30.1 厘米，底径 10.5 厘米①
装饰部位：腹部外彩
出土地：青海乐都柳湾（M31:9）
类型：马厂类型
蛙人纹使用黑色单彩绘制。绘躯干和匍匐状四肢，躯干有下延，关节处有芒纹。和大圆圈纹组合装饰。

图 3-21　彩陶壶

尺寸：壶高 26.4 厘米，口径 8.5 厘米，腹径 22.3 厘米，底径 10.4 厘米②
装饰部位：腹部外彩
出土地：青海乐都柳湾（M244:19）
类型：马厂类型
蛙人纹使用黑色单彩绘制。绘有匍匐状四肢，关节处有芒纹，后肢与下弧线形成的三角形空隙绘网纹。与大圆圈纹组合装饰。

图 3-22　彩陶壶

尺寸：不详
装饰部位：腹部外彩
出土地：青海乐都柳湾（M58:29）
类型：马厂类型
绘有躯干和匍匐状四肢，与大圆圈纹组合装饰。

---

①　参见中国青海柳湾彩陶博物馆、中国社会科学院考古研究所《青海柳湾彩陶选粹》，上海古籍出版社 2014 年版，第 29 页。
②　参见中国青海柳湾彩陶博物馆、中国社会科学院考古研究所《青海柳湾彩陶选粹》，上海古籍出版社 2014 年版，第 67 页。

资料篇

图 3-23 彩陶壶

尺寸：不详
装饰部位：腹部外彩
出土地：青海乐都柳湾（M62:9）
类型：马厂类型
绘有躯干和葡萄状四肢，关节处有芒纹。与大圆圈纹组合装饰。

图 3-24 彩陶壶

尺寸：壶高31.7厘米，口径9.8厘米，腹径25.8厘米，底径9.5厘米①
装饰部位：腹部外彩
出土地：青海乐都柳湾（M66:4）
类型：马厂类型
蛙人纹使用黑色单彩绘制。绘有躯干和葡萄状四肢，关节处有芒纹。与大圆圈纹组合装饰。

图 3-25 彩陶壶

---

① 参见中国青海柳湾彩陶博物馆、中国社会科学院考古研究所《青海柳湾彩陶选粹》，上海古籍出版社2014年版，第35页。

第三章　青海、宁夏地区出土（采集）半山马厂彩陶蛙人纹图像

尺寸：壶高31.8厘米，口径9.7厘米，腹径25.4厘米，底径11.2厘米①

装饰部位：腹部外彩

出土地：青海乐都柳湾（M79:30）

类型：马厂类型

蛙人纹使用黑色单彩绘制。绘匍匐状四肢，与大圆圈纹组合装饰。

图3-26　彩陶壶

尺寸：壶高22.1厘米，口径11厘米，腹径20.9厘米，底径10.4厘米②

装饰部位：腹部外彩

出土地：青海乐都柳湾（M150:6）

类型：马厂类型

蛙人纹使用黑色单彩绘制。绕器腹绘一圈规整的折线纹，折角处有芒纹。

图3-27　彩陶壶

尺寸：壶高25.9厘米，口径11.7厘米，腹径26.1厘米，底径8.6厘米③

装饰部位：腹部外彩

出土地：青海乐都柳湾（M173:4）

类型：马厂类型

蛙人纹使用黑色单彩绘制。绕器腹绘躯干和匍匐状两肢，两肢上方空隙处间饰圆点纹。

---

① 参见中国青海柳湾彩陶博物馆、中国社会科学院考古研究所《青海柳湾彩陶选粹》，上海古籍出版社2014年版，第37页。

② 参见中国青海柳湾彩陶博物馆、中国社会科学院考古研究所《青海柳湾彩陶选粹》，上海古籍出版社2014年版，第46页。

③ 参见中国青海柳湾彩陶博物馆、中国社会科学院考古研究所《青海柳湾彩陶选粹》，上海古籍出版社2014年版，第47页。

资料篇

图3-28 彩陶壶

尺寸：不详
装饰部位：腹部外彩
出土地：青海乐都柳湾（M177:33）
类型：马厂类型
绘有葡萄状四肢，关节处有芒纹。

图3-29 彩陶壶

尺寸：壶高34.8厘米，口径10.3厘米，腹径28.5厘米，底径10.7厘米①
装饰部位：腹部外彩
出土地：青海乐都柳湾（M197:28）
类型：马厂类型
蛙人纹使用黑色单彩绘制。绘躯干和葡萄状四肢，关节处有芒纹，与大圆圈纹组合装饰。

图3-30 彩陶壶

尺寸：不详
装饰部位：腹部外彩
出土地：青海乐都柳湾（M197:32）

---

① 参见中国青海柳湾彩陶博物馆、中国社会科学院考古研究所《青海柳湾彩陶选粹》，上海古籍出版社2014年版，第53页。

第三章 青海、宁夏地区出土（采集）半山马厂彩陶蛙人纹图像

类型：马厂类型

绘有躯干和葡萄状四肢，关节处有芒纹。

图3-31 彩陶壶

尺寸：壶高30厘米，口径9.6厘米，底径9.9厘米[①]
装饰部位：腹部外彩
出土地：青海乐都柳湾（M197:37）
类型：马厂类型

蛙人纹使用黑色单彩绘制，绘有躯干和葡萄状六肢，躯干有下延，关节处有芒纹，前肢上方的空隙处填饰2个似眼睛的圆圈纹。与大圆圈纹组合装饰。

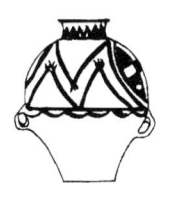

图3-32 彩陶壶

尺寸：不详
装饰部位：腹部外彩
出土地：青海乐都柳湾（M199:5）
类型：马厂类型

绘有葡萄状四肢，关节处有芒纹。与大圆圈纹组合装饰。

图3-33 彩陶壶

[①] 参见张朋川《中国彩陶图谱》，文物出版社1990年版，第535页。

◈◈ **资料篇** ◈◈

尺寸：壶高 28.4 厘米，口径 9.6 厘米，腹径 23.3 厘米，底径 10 厘米①
装饰部位：腹部外彩
出土地：青海乐都柳湾（M199：20）
类型：马厂类型
蛙人纹使用黑色单彩绘制。用双线绘匍匐状四肢，关节处有芒纹。与大圆圈纹组合装饰。

图 3-34　彩陶壶

尺寸：壶高 37.5 厘米，口径 11.3 厘米，腹径 35.6 厘米，底径 12.3 厘米②
装饰部位：腹部外彩
出土地：青海乐都柳湾（M201：28）
类型：马厂类型
蛙人纹使用黑红复彩绘制。绘有躯干和匍匐状四肢，躯干有下延，关节处有芒纹。

图 3-35　彩陶壶

尺寸：不详
装饰部位：腹部外彩
出土地：青海乐都柳湾（M212：13）
类型：马厂类型
绘有匍匐状四肢，关节处有芒纹。

---

① 参见中国青海柳湾彩陶博物馆、中国社会科学院考古研究所《青海柳湾彩陶选粹》，上海古籍出版社 2014 年版，第 57 页。
② 参见中国青海柳湾彩陶博物馆、中国社会科学院考古研究所《青海柳湾彩陶选粹》，上海古籍出版社 2014 年版，第 58 页。

第三章 青海、宁夏地区出土（采集）半山马厂彩陶蛙人纹图像

图 3-36 彩陶壶

尺寸：壶高 52 厘米，口径 19 厘米，底径 14 厘米①
装饰部位：腹部外彩
出土地：青海乐都柳湾（M214:19）
类型：马厂类型

蛙人纹使用红色单彩绘制，绘有两种蛙人纹样式，一种绘有头部、躯干和葡萄状六肢，肢端有芒纹；另一种在"十"字纹的基础上，每条线弯曲成回形纹，肢端有芒纹。两种纹饰组合装饰。

图 3-37 彩陶壶

尺寸：不详
装饰部位：腹部外彩
出土地：青海乐都柳湾（M237:8）
类型：马厂类型

绘有躯干和葡萄状四肢，关节处有芒纹。与大圆圈纹组合装饰。

图 3-38 彩陶壶

---

① 冯永谦：《中国美术分类全集·中国陶瓷全集·新石器时代》，上海人民美术出版社 2000 年版，第 285 页。

资料篇

尺寸：不详
装饰部位：腹部外彩
出土地：青海乐都柳湾（M237:18）
类型：马厂类型
绘有葡萄状四肢，关节处有芒纹。与大圆圈纹组合装饰。

图 3-39 彩陶壶

尺寸：不详
装饰部位：腹部外彩
出土地：青海乐都柳湾（M242:26）
类型：马厂类型
绘有葡萄状四肢，关节处有芒纹。与大圆圈纹组合装饰。

图 3-40 彩陶壶

尺寸：壶高40.5厘米，口径14.6厘米，腹径42厘米，底径12.5厘米①
装饰部位：腹部外彩
出土地：青海乐都柳湾（M321:21）
类型：马厂类型
蛙人纹使用黑红复彩绘制。绘有躯干和葡萄状四肢，躯干有下延，关节处有芒纹。与大圆圈纹组合装饰。

---

① 参见中国青海柳湾彩陶博物馆、中国社会科学院考古研究所《青海柳湾彩陶选粹》，上海古籍出版社2014年版，第76页。

第三章 青海、宁夏地区出土（采集）半山马厂彩陶蛙人纹图像

图 3-41 彩陶壶

尺寸：壶高 37.2 厘米，口径 10.4 厘米，底径 10.2 厘米①
装饰部位：腹部外彩
出土地：青海乐都柳湾（M338:12）
类型：马厂类型

蛙人纹使用黑色单彩绘制，绘有头部、躯干和匍匐状两肢，躯干用三条线加填饰的"X"形纹组成，两肢用三条线绘制。与大圆圈纹组合装饰。

图 3-42 彩陶壶

尺寸：不详
装饰部位：腹部外彩
出土地：青海乐都柳湾（M338:29）
类型：马厂类型

绘有躯干和匍匐状肢体，躯干左侧为三肢，右侧为两肢，关节处有芒纹。与大圆圈纹组合装饰。

图 3-43 彩陶壶

---

① 参见张朋川《中国彩陶图谱》，文物出版社 1990 年版，第 535 页。

资料篇

尺寸：壶高37.9厘米，口径10.9厘米，腹径30.1厘米，底径9.2厘米①
装饰部位：腹部外彩
出土地：青海乐都柳湾（M351:15）
类型：马厂类型

蛙人纹使用黑色单彩绘制。绘有躯干和葡萄状四肢，躯干有下延，关节处有芒纹。与大圆圈纹组合装饰。

图3-44 彩陶壶

尺寸：壶高35.3厘米，口径9.9厘米，腹径28.1厘米，底径10厘米②
装饰部位：腹部外彩
出土地：青海乐都柳湾（M371:13）
类型：马厂类型

蛙人纹使用黑色单彩绘制。绘有躯干和葡萄状四肢，关节处有芒纹。与大圆圈纹组合装饰。

图3-45 彩陶壶

尺寸：壶高31.5厘米，口径11.2厘米，底径9.3厘米③
装饰部位：腹部外彩
出土地：青海乐都柳湾（M372）
类型：马厂类型

蛙人纹使用黑色单彩绘制，绘有躯干和葡萄状四肢，关节处有芒纹，躯干用1条实线绘制，四肢用3条细线绘制。

---

① 参见中国青海柳湾彩陶博物馆、中国社会科学院考古研究所《青海柳湾彩陶选粹》，上海古籍出版社2014年版，第89页。
② 参见中国青海柳湾彩陶博物馆、中国社会科学院考古研究所《青海柳湾彩陶选粹》，上海古籍出版社2014年版，第92页。
③ 参见张朋川《中国彩陶图谱》，文物出版社1990年版，第535页。

第三章　青海、宁夏地区出土（采集）半山马厂彩陶蛙人纹图像

图 3-46　彩陶壶

尺寸：壶高 36 厘米，口径 10.2 厘米，底径 10.2 厘米①

装饰部位：腹部外彩

出土地：青海乐都柳湾（M375:11）

类型：马厂类型

蛙人纹使用黑色单彩绘制。为 4 大圆圈纹的组合纹饰，在 4 个大圆圈纹的空隙处，绘制"V"形和倒"V"形折肢纹，折角处有芒纹。

图 3-47　彩陶罐

尺寸：罐高 12 厘米，口径 14 厘米，底径 8 厘米②

装饰部位：腹部外彩

出土地：青海乐都柳湾（M505:2）

类型：马厂类型

绘有躯干和葡萄状四肢，躯干和四肢皆用 3 条细线绘制，躯干有下延和无下延的纹饰交替排列。

图 3-48　彩陶壶

尺寸：不详

---

① 参见张朋川《中国彩陶图谱》，文物出版社 1990 年版，第 533 页。

② 参见青海省文物管理处考古队、中国社会科学院考古研究所《青海柳湾——乐都柳湾原始社会墓地》，文物出版社 1984 年版，第 107 页。

资料篇

装饰部位：腹部外彩
出土地：青海乐都柳湾（505∶31）
类型：马厂类型
绘有头部、躯干和葡萄状四肢，躯干和四肢皆用3条细线绘制，躯干有下延，尾部饰与头部样式相同的圆圈纹。

图 3-49　彩陶壶

尺寸：不详
装饰部位：腹部外彩
出土地：青海乐都柳湾（M555∶16）
类型：马厂类型
绘有头部、躯干和葡萄状四肢，关节处有芒纹。右前肢和后肢之间的空隙填饰1个大颗粒纹，与大圆圈纹组合装饰。

图 3-50　彩陶壶

尺寸：不详
装饰部位：腹部外彩
出土地：青海乐都柳湾（M558∶6）
类型：马厂类型
绘葡萄状六肢，关节处有芒纹。

图 3-51　彩陶壶

第三章 青海、宁夏地区出土（采集）半山马厂彩陶蛙人纹图像

尺寸：不详
装饰部位：腹部外彩
出土地：青海乐都柳湾（M564：17）
类型：马厂类型
绘有躯干和葡匐状四肢。

图 3－52 彩陶壶

尺寸：不详
装饰部位：腹部外彩
出土地：青海乐都柳湾（M564：22）
类型：马厂类型
绘有葡匐状四肢，关节处有芒纹。

图 3－53 彩陶壶

尺寸：不详
装饰部位：腹部外彩
出土地：青海乐都柳湾（M564：29）
类型：马厂类型
绘有躯干和葡匐状四肢。与大圆圈纹组合装饰。

资料篇

图 3-54　彩陶壶

尺寸：不详
装饰部位：腹部外彩
出土地：青海乐都柳湾（M564:38）
类型：马厂类型
绘有躯干和匍匐状四肢，关节处有芒纹。

图 3-55　彩陶壶

尺寸：不详
装饰部位：腹部外彩
出土地：青海乐都柳湾（M564:55）
类型：马厂类型
绘有躯干和匍匐状四肢，关节处有芒纹。与大圆圈纹组合装饰。

图 3-56　彩陶壶

尺寸：不详
装饰部位：腹部外彩
出土地：青海乐都柳湾（M564:58）
类型：马厂类型

第三章　青海、宁夏地区出土（采集）半山马厂彩陶蛙人纹图像

绘有躯干和葡匐状六肢，关节处有芒纹。与大圆圈纹组合装饰。

图 3-57　彩陶壶

尺寸：不详
装饰部位：腹部外彩
出土地：青海乐都柳湾（M564:64）
类型：马厂类型

绘有躯干和葡匐状四肢，关节处有芒纹。与大圆圈纹组合装饰。

图 3-58　彩陶壶

尺寸：不详
装饰部位：腹部外彩
出土地：青海乐都柳湾（M564:73）
类型：马厂类型

绘有上下交错的"V"形和倒"V"形折肢纹，折角处有芒纹，内部填饰"V"形纹。与大圆圈纹组合装饰。

图 3-59　彩陶壶

尺寸：不详
装饰部位：腹部外彩
出土地：青海乐都柳湾（M564:82）
类型：马厂类型

绘有躯干和葡匐状四肢，关节处有芒纹。与大圆圈纹组合装饰。

图 3-60　彩陶壶

尺寸：不详
装饰部位：腹部外彩
出土地：青海乐都柳湾（M564:93）
类型：马厂类型
绘有葡匐状四肢，关节处有芒纹，后肢下方空隙填饰倒"V"形纹。

图 3-61　彩陶壶

尺寸：壶高39.6厘米，口径16.1厘米，底径10.4厘米[1]
装饰部位：腹部外彩
出土地：青海乐都柳湾（M578:4）
类型：马厂类型
蛙人纹使用黑红复彩绘制，绘有头部、躯干和葡匐状四肢，躯干有下延，关节与肢端有芒纹。与大圆圈纹组合装饰。

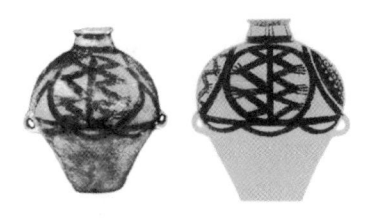

图 3-62　彩陶壶

---

[1] 参见张朋川《中国彩陶图谱》，文物出版社1990年版，第530页。

第三章　青海、宁夏地区出土（采集）半山马厂彩陶蛙人纹图像

尺寸：壶高38厘米，口径9.6厘米，底径13.4厘米①
装饰部位：腹部外彩
出土地：青海乐都柳湾（M815:29）
类型：马厂类型
蛙人纹使用黑色单彩绘制，在大圆圈纹的内部绘有躯干和横置葡萄状四肢，关节处有芒纹。

图 3-63　彩陶壶

尺寸：壶高37.2厘米，口径13.7厘米，腹径36厘米，底径13.9厘米②
装饰部位：腹部外彩
出土地：青海乐都柳湾（M819:15）
类型：马厂类型
蛙人纹使用黑色单彩绘制。用双线绘葡萄状两肢，上折角处有芒纹。

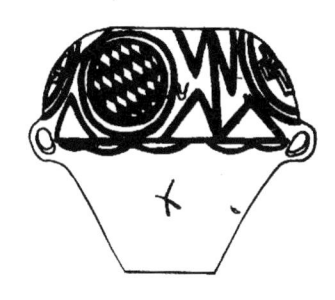

图 3-64　彩陶壶

尺寸：不详
装饰部位：腹部外彩
出土地：青海乐都柳湾（M893:11）
类型：马厂类型
绘有躯干和葡萄状四肢，关节处有芒纹。与大圆圈纹组合装饰。

---

① 参见张朋川《中国彩陶图谱》，文物出版社1990年版，第535页。
② 参见中国青海柳湾彩陶博物馆、中国社会科学院考古研究所《青海柳湾彩陶选粹》，上海古籍出版社2014年版，第125页。

资料篇

图 3-65　彩陶壶

尺寸：不详
装饰部位：腹部外彩
出土地：青海乐都柳湾（M898∶17）
类型：马厂类型
绘有躯干和匍匐状四肢，关节处有芒纹。与大圆圈纹组合装饰。

图 3-66　彩陶壶

尺寸：不详
装饰部位：腹部外彩
出土地：青海乐都柳湾（M902∶13）
类型：马厂类型
绘有躯干和匍匐状四肢，躯干用网状带纹绘制，有下延，关节处有芒纹。与大圆圈纹组合装饰。

图 3-67　彩陶壶

尺寸：不详
装饰部位：腹部外彩
出土地：青海乐都柳湾（M904∶2）

第三章　青海、宁夏地区出土（采集）半山马厂彩陶蛙人纹图像

类型：马厂类型
绘有躯体和葡萄状四肢，躯干有下延，关节处有芒纹。与大圆圈纹组合装饰。

图 3-68　彩陶壶

尺寸：不详
装饰部位：腹部外彩
出土地：青海乐都柳湾（M912：31）
类型：马厂类型
绘有葡萄状四肢，关节处有芒纹。

图 3-69　彩陶壶

尺寸：不详
装饰部位：腹部外彩
出土地：青海乐都柳湾（M934：3）
类型：马厂类型
绘有躯干和葡萄状八肢，关节处有芒纹。与大圆圈纹组合装饰。

图 3-70　彩陶壶

· 105 ·

◈◈ **资料篇** ◈◈

尺寸：壶高32厘米，口径9厘米，底径10厘米①
装饰部位：腹部外彩
出土地：青海乐都柳湾（M954∶3）
类型：马厂类型
绘有躯干和葡萄状八肢，关节处有芒纹。与大圆圈纹组合装饰。

图 3–71　彩陶壶

尺寸：不详
装饰部位：腹部外彩
出土地：青海乐都柳湾（M1141∶1）
类型：马厂类型
绘有躯干和葡萄状六肢，关节处有芒纹。

图 3–72　彩陶壶

尺寸：不详
装饰部位：腹部外彩
出土地：青海乐都柳湾（M1290∶2）
类型：马厂类型
绘有躯干和葡萄状两肢。与大圆圈纹组合装饰。

---

①　参见张朋川《中国彩陶图谱》，文物出版社1990年版，第535页。

第三章 青海、宁夏地区出土（采集）半山马厂彩陶蛙人纹图像

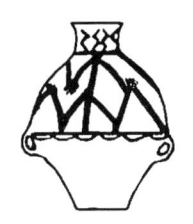

图 3 - 73 彩陶壶

尺寸：不详
装饰部位：腹部外彩
出土地：青海乐都柳湾（M1290：5）
类型：马厂类型
绘有躯干和葡萄状四肢，躯干有下延，关节处有芒纹。

图 3 - 74 彩陶壶

尺寸：不详
装饰部位：腹部外彩
出土地：青海乐都柳湾（M1290：8）
类型：马厂类型
绘有躯干和葡萄状四肢。与大圆圈纹组合装饰。

图 3 - 75 彩陶壶

尺寸：不详
装饰部位：腹部外彩
出土地：青海乐都柳湾（M1290：12）
类型：马厂类型
用双线绘葡萄状两肢，折角处有芒纹。

≪≪ 资料篇 ≫≫

图 3-76 彩陶壶

尺寸：不详
装饰部位：腹部外彩
出土地：青海乐都柳湾（M1290∶16）
类型：马厂类型
绘有葡萄状四肢，关节处有芒纹。与大圆圈纹组合装饰。

图 3-77 彩陶壶

尺寸：不详
装饰部位：腹部外彩
出土地：青海乐都柳湾（M1290∶21）
类型：马厂类型
绘有躯干和葡萄状六肢，躯干有下延，关节处有芒纹。与大圆圈纹组合装饰。

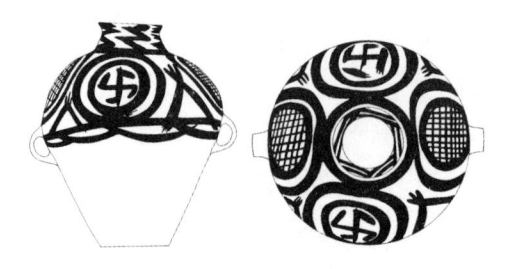

图 3-78 彩陶壶

尺寸：壶高34厘米，口径10厘米，腹径28.7厘米，底径10.4厘米①
装饰部位：腹部外彩
出土地：青海乐都柳湾（M1298∶6）

---

① 参见中国青海柳湾彩陶博物馆、中国社会科学院考古研究所《青海柳湾彩陶选粹》，上海古籍出版社2014年版，第175页。

·108·

第三章　青海、宁夏地区出土（采集）半山马厂彩陶蛙人纹图像

类型：马厂类型

蛙人纹使用黑色单彩绘制。在4大圆圈纹的间隙绘倒"V"状折肢纹，折角处有芒纹。

图 3-79　彩陶壶

尺寸：壶高30.3厘米，口径10.2厘米，腹径28.4厘米，底径11.2厘米①
装饰部位：腹部外彩
出土地：青海乐都柳湾（M1373:38）
类型：马厂类型

蛙人纹使用黑色单彩绘制。绘匍匐状四肢，折角处有芒纹。

图 3-80　彩陶壶

尺寸：壶高33厘米，口径10.2厘米，底径9.5厘米②
装饰部位：腹部外彩
出土地：青海乐都柳湾（M1399）
类型：马厂类型

蛙人纹使用黑色单彩绘制。围绕上下弧线分割好的器腹绘制折线纹一圈，折线纹构成的上下两排交错的三角内，下排分别填充3排逐渐缩小的折线纹，上排分别正对每个折角处由所对应的弧线伸出直臂式蛙人纹。

---

① 中国青海柳湾彩陶博物馆、中国社会科学院考古研究所：《青海柳湾彩陶选粹》，上海古籍出版社2014年版，第180页。
② 参见张朋川《中国彩陶图谱》，文物出版社1990年版，第535页。

资料篇

图 3-81 彩陶壶

尺寸：壶高 25.2 厘米，口径 8.5 厘米，腹径 23.8 厘米，底径 8.9 厘米①

装饰部位：腹部外彩

出土地：青海乐都柳湾（M1433:9）

类型：马厂类型

蛙人纹使用黑色单彩绘制。在大圆圈纹内部绘 3 个大小不一、方向不一的"V"形折肢纹，折角处有芒纹。在 2 个大圆圈纹之间绘倒"V"形折肢纹，折角处有芒纹。

图 3-82 彩陶壶

尺寸：壶高 30.6 厘米，口径 9.8 厘米，腹径 24.6 厘米，底径 9.7 厘米②

装饰部位：腹部外彩

出土地：青海乐都柳湾（M1437:31）

类型：马厂类型

蛙人纹使用黑色单彩绘制。绘有躯干和葡萄状四肢，躯干有下延，关节处有芒纹。与大圆圈纹组合装饰。

图 3-83 彩陶罐

---

① 参见中国青海柳湾彩陶博物馆、中国社会科学院考古研究所《青海柳湾彩陶选粹》，上海古籍出版社 2014 年版，第 184 页。

② 参见中国青海柳湾彩陶博物馆、中国社会科学院考古研究所《青海柳湾彩陶选粹》，上海古籍出版社 2014 年版，第 187 页。

第三章　青海、宁夏地区出土（采集）半山马厂彩陶蛙人纹图像

尺寸：罐高2.5厘米，口径8厘米，底径9.8厘米①

装饰部位：腹部外彩

出土地：青海乐都柳湾（M1473）

类型：马厂类型

蛙人纹使用黑色单彩绘制。在罐颈部至腹部的弧线纹之间绘制上下交错的"V"形和倒"V"形折肢纹，折角处有芒纹，内部填饰三角纹。

图 3-84　彩陶壶

尺寸：壶高29.3厘米，口径11.8厘米，底径11.2厘米②

装饰部位：腹部外彩

出土地：青海乐都柳湾（M1507:48）

类型：马厂类型

蛙人纹使用黑色单彩绘制。围绕上下弧线分割好的器腹绘制上下交错的"V"形折肢纹，折角处有芒纹，芒纹细密整齐。

图 3-85　彩陶壶

尺寸：壶高36.4厘米，口径15.4厘米，腹径33.9厘米，底径10.5厘米③

装饰部位：腹部外彩

出土地：青海乐都柳湾（M1670:1）

类型：马厂类型

蛙人纹使用黑红复彩绘制。绘有躯干和葡匐状四肢，躯干下延，关节处有芒纹。与大圆圈纹组合装饰。

---

① 参见张朋川《中国彩陶图谱》，文物出版社1990年版，第536页。

② 参见张朋川《中国彩陶图谱》，文物出版社1990年版，第535页。

③ 参见中国青海柳湾彩陶博物馆、中国社会科学院考古研究所《青海柳湾彩陶选粹》，上海古籍出版社2014年版，第202页。

资料篇

图 3-86 彩陶壶

尺寸：壶高 32.9 厘米，口径 9.7 厘米，腹径 30.1 厘米，底径 10.9 厘米①
装饰部位：腹部外彩
出土地：青海乐都柳湾（M1723:12）
类型：马厂类型

蛙人纹使用黑色单彩绘制。绘有躯干和葡萄状四肢，关节处有芒纹。与大圆圈纹组合装饰。

图 3-87 彩陶壶

尺寸：壶高 33.9 厘米，口径 11.3 厘米，腹径 26.1 厘米，底径 10 厘米②
装饰部位：腹部外彩
出土地：青海乐都柳湾（M1730:9）
类型：马厂类型

蛙人纹使用黑色单彩绘制。绘有躯干和葡萄状四肢，关节处有芒纹。与大圆圈纹组合装饰。

图 3-88 彩陶壶

---

① 参见中国青海柳湾彩陶博物馆、中国社会科学院考古研究所《青海柳湾彩陶选粹》，上海古籍出版社 2014 年版，第 209 页。

② 参见中国青海柳湾彩陶博物馆、中国社会科学院考古研究所《青海柳湾彩陶选粹》，上海古籍出版社 2014 年版，第 229 页。

第三章 青海、宁夏地区出土（采集）半山马厂彩陶蛙人纹图像

尺寸：壶高 28 厘米①
装饰部位：腹部外彩
出土地：青海乐都柳湾
类型：马厂类型

绘有躯干和直立状六肢，六肢间的空隙填饰点状纹。与大圆圈纹组合装饰。

图 3-89　彩陶壶

尺寸：壶高 28 厘米②
装饰部位：腹部外彩
出土地：青海乐都柳湾
类型：马厂类型

绘有躯干和葡匐状两肢，躯干和肢体的末端有芒纹。与大圆圈纹组合装饰。

图 3-90　彩陶壶

尺寸：壶高 33.4 厘米③
装饰部位：腹部外彩
出土地：青海乐都柳湾
类型：马厂类型

绘有头部、躯干和直立状两肢。与大圆圈纹组合装饰。

---

① 程征、钱志强：《黄河彩陶》，台北南天书局 1994 年版，第 251 页。
② 程征、钱志强：《黄河彩陶》，台北南天书局 1994 年版，第 318 页。
③ 程征、钱志强：《黄河彩陶》，台北南天书局 1994 年版，第 335 页。

资料篇

图 3-91 蛙人纹

尺寸：不详
装饰部位：腹部外彩
出土地：青海乐都柳湾
类型：马厂类型

蛙人纹为"V"形，折角处有芒纹，两个"V"形蛙人纹与由大"X"形纹和折线纹组合成的几何图形组合。与大圆圈纹组合装饰。

图 3-92 彩陶壶

尺寸：壶高 39 厘米①
装饰部位：腹部外彩
出土地：青海湟中
类型：马厂类型

绘有躯干和匍匐状四肢，关节处有芒纹。与大圆圈纹组合装饰。

图 3-93 彩陶钵

尺寸：不详

---

① 程征、钱志强：《黄河彩陶》，台北南天书局 1994 年版，第 330 页。

第三章 青海、宁夏地区出土（采集）半山马厂彩陶蛙人纹图像

装饰部位：腹壁内彩
出土地：宁夏瓦罐嘴
类型：半山类型

绘有头部、躯干和葡萄状四肢。不同于其他纹饰仅用1条与四肢相同分量的直线表示躯干，该纹饰还使用了代表肋骨的5条横线。躯干有下延，肢端有代表指爪的芒纹。与曲线纹组合装饰。

图 3-94 彩陶壶

尺寸：不详
装饰部位：腹部外彩
出土地：不详
类型：半山类型

绘有头部、躯干和鱼刺状肢体。与葫芦纹组合装饰。

研究篇

第四章　半山马厂彩陶蛙人纹的图像构成与组合

第一节　半山马厂彩陶蛙人纹主体形象的图像构成

彩陶蛙人纹虽然仅见于半山马厂时期，但出现了很多形式。从在彩陶上的装饰位置来看，蛙人纹有内彩和外彩两种，外彩又分腹部外彩和领部外彩两种。从纹饰的图像构成来看，有头、躯干、四肢构成的全体样式，有头、躯干和两肢构成的样式，有躯干和四肢或六肢或八肢构成的样式，有2条、3条或4条带芒纹的折线构成的样式，有只有1条带有芒纹的折线样式，也有各种几何形状的样式，本节就以这六种样式为框架分析半山马厂彩陶蛙人纹的图像构成。

本书共收集245例①半山马厂彩陶蛙人纹，图2-72、2-140、2-142、2-143、3-5、3-23目前无法获知纹饰的全貌，本章分析的对象为这6例纹饰以外的239例。为叙述简便，本书以书中图号代指各彩陶蛙人绘饰。

一　全体样式

全体样式的蛙人纹由头、躯干、肢体组成，全体样式的纹饰目前收集有26例，分别为图2-1、2-4（两例蛙人纹皆为这一样式）、2-5、

---

① 图2-2、2-4、2-34、2-38、3-36所示彩陶器均饰2组蛙人纹，因此各算2例。

研究篇

2-6、2-7、2-9、2-10、2-12、2-15、2-22、2-24、2-34、2-35、2-109、2-110、2-127、2-133、3-6、3-9、3-36、3-48、3-49、3-61、3-93、3-94。有24例为外彩纹饰，其中20例绘于常见彩陶壶样式的外腹部，1例绘于长颈小口彩陶壶的外腹部（图2-15），2例绘于偏口壶的外腹部（图2-34、3-9），1例绘于彩陶罐的外腹部（图2-12），2例绘于盆钵类敞口容器的内壁（图2-35、3-93）。

通过这26例全体样式的蛙人纹图像可以发现，全体样式蛙人纹头部的外部造型虽然皆为圆形，内部装饰却形式多样。据目前收集资料所见，全体样式蛙人纹头部的构成形式可以分为10种（图4-1）：

1. 用圆圈表示，因为绘制方式的不同，有些表现为一个单色圆圈，有些表现为两个同心圆相套，有些表现为四个同心圆相套，共同特点是圆圈纹内部没有其他纹饰。目前收集的图例中共有8例为这一形式，分别是图2-12、2-15、2-34、2-127、2-133、3-36、3-48、3-93。

2. 圆圈加圆心的1个点。因为绘制方式的不同，有些表现为一个单色圆圈内有一点或一个小圆，有些表现为两个同心圆相套，内圆中间有一点或一个小圆。共同特点都是圆圈内用一个小圆点作装饰。如图2-6的蛙人纹，在橙红色底上，一个赭红色大圆套一个黑色同心圆，两个圆中间还留有一个陶底色的圈。目前所收集的图例中共有8例为这一形式，分别是图2-4、2-6、2-7、2-9、2-109、2-110、3-94，其中图2-4的2种纹饰头部皆为这一形式。

3. 2个同心圆相套，内圆有3个点。如图2-22的蛙人纹，黑色勾边，赭红色圆套黑色圆，黑色圆留有3个陶底色小圈，上面2个，下面1个，呈等腰三角形分布。图2-22、3-9共2例蛙人纹的头部是这一形式。

4. 2个同心圆相套，内圆上有4个均匀的点。目前收集的图例中有图2-5和图3-61共2例纹饰的头部为这一形式。图2-5绘于彩陶壶的外腹部，用黑色圈边，赭红圆套1个黑色同心圆，黑色圆圈上留有4个陶底色小点；图3-61绘于彩陶壶的外腹部，2个黑色同心圆中间留

第四章 半山马厂彩陶蛙人纹的图像构成与组合

有陶底色的一圈，内圆上留有 4 个陶底色小圈。

5. 2 个同心圆相套，内圆上有多个点均匀排列。目前收集的图例中只有图 2-24 这 1 例纹饰的头部为这一形式，绘于彩陶壶外腹部，头部用黑色圈边，赭红色圆圈套黑色圆圈，黑色圆圈上面均匀排列着 8 个留出的陶底色点。

6. 2 个同心圆相套，内圆又由圆心、2 个同心圆及 2 个同心圆之间的一圈小圆点构成。黑色勾边的外围有 1 圈放射状线。在目前收集的图例中，只有图 2-10 的头部是这一形式，头部的外围是呈放射状的黑色勾边，勾边内为赭红色圆套黑色圆，黑色圆上留出 1 个更小的陶底色同心圆，在陶底色小圆上，圆心处有 1 个稍大的黑点，黑点的四周又围绕 1 圈小黑点。

7. 2 个同心圆相套，内圆为网格状。目前所收集的图例中只有图 2-1 为这一形式，黑色粗边，赭红色圆圈套陶底色圆，内圆全部用黑色线画满网格。

8. 2 个同心圆相套，内圆饰编织纹，在目前所收集的图例中只有图 2-35 为这一形式，整个内壁由 1 个蛙人纹满饰，蛙人纹头部用黑红复彩绘制外圈，内部用黑彩绘制编织纹。

9. 2 个同心圆相套，内圆饰波浪纹。在目前所收集的图例中，只有图 3-6 是这一形式，绘于青海民和阳山出土的 1 件彩陶壶的外腹部。

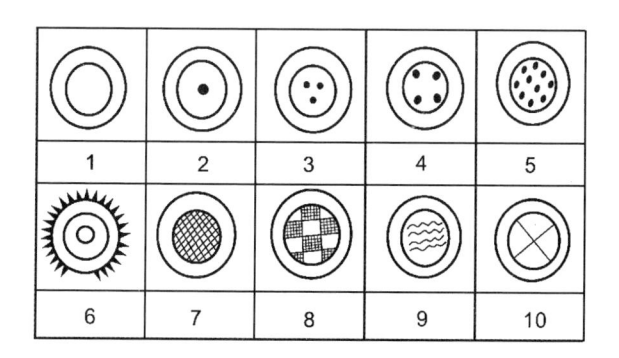

图 4-1 全体样式的蛙人纹头部构成图

10. 2个同心圆相套，内圆饰"X"状纹，在目前所收集的图例中，只有图3-49为这一形式，同心圆的外圈较粗，内圈较细，内圈饰"X"状纹。

全体样式的蛙人纹躯体可以分为14种（图4-2）：

1. 四肢作匍匐状，躯干用一条粗线表示，前肢和后肢皆为2节，后肢与躯干的连接呈倒抛物线状，倒抛物线的形状类似于蛙类的臀部。在目前所收集的图例中，图2-109为这一形式。

2. 四肢作匍匐状，躯干和四肢都用一条粗线表示，或有黑色圈边。前肢和后肢皆为2节。在目前所收集的图例中，有3例纹饰为这一形式，分别是图2-4、图2-6和图3-9。图2-4由赭红色躯干和四肢构成，用黑色圈边。图2-6用黑红复彩绘制。图3-9壶的造型呈鸭形，因此纹饰相当于绘制在鸭的背部和腹部至颈部的两个区域，虽然无法像常见的圆形壶那样对称装饰，但两个纹饰的形式、大小、绘制方法基本相同，纹饰用黑线勾边，内填赭红色。

3. 四肢作匍匐状，躯干和四肢用一条粗线表示，躯干有下延，前肢和后肢皆为2节。目前所收集图例中有图2-34、2-110、2-133共3例纹饰为这一形式。

4. 四肢作匍匐状，躯干和四肢用一条粗线表示，躯干有下延，右前肢2节，左前肢和后肢皆3节。在目前收集的图例中只有图2-9为这一形式，绘制在发现于甘肃临夏广河地巴坪的1件半山类型彩陶壶的外腹部。

5. 四肢作匍匐状，四肢和躯干用一条粗线表示，前肢在肢端处一分为三。目前发现的图例中只有1例该纹饰形式，为图2-4。

6. 肢体和躯干用一条粗线表示，躯干有下延，一边两肢，另一边三肢。目前发现的图例中只有图2-127为这一形式。

7. 四肢作匍匐状，躯干和四肢用一条粗线表示，躯干有下延，前肢和后肢皆为2节，肢端有芒纹。目前所收集的图例中有图2-5、2-15、2-24共3例纹饰为这一形式。

8. 四肢作匍匐状，躯干和四肢用一条粗线表示，躯干有下延，前

第四章　半山马厂彩陶蛙人纹的图像构成与组合

肢2节，后肢3节或3节以上，肢端和关节处有芒纹。目前所收集的图例中，图2-1、2-10、2-22、3-6、3-49、3-61共6例纹饰为这一形式。

9. 六肢作匍匐状，躯干和六肢用一条粗线表示，躯干有下延，肢端有芒纹。目前所收集的图例中只有图3-36为这一形式。

10. 躯干用一条粗线表示，肢体为很多条细线，呈鱼刺状，躯干有下延。目前所收集的图例中只有图3-94为这一形式。

11. 四肢作直立上举状，躯干和四肢用一条粗线表示，前肢和后肢皆为单节。目前所收集的图例中仅有图2-7为这一形式。

12. 四肢作匍匐状，躯干由1条类似椎骨的线和5条类似肋骨的线相交构成，整个纹饰状如骷髅。目前所收集的图例中，只有图3-93为这一形式。

13. 四肢作匍匐状，躯干和四肢都由3条细线构成，前肢和后肢皆为2节，躯干有下延，下延的末端有1个和头部完全相同的圆圈纹。在目前所收集的图例中，只有图3-48为这一形式。

14. 四肢作直立状，躯干和四肢用一条粗线表示，躯干有下延。目前所收集的图例中有图2-12、2-35共2例纹饰为这一形式。

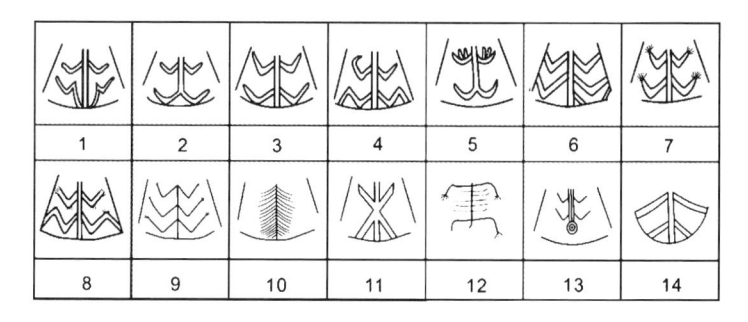

图4-2　全体样式的蛙人纹躯体构成图

二　只有头部和前肢的样式

在目前收集的图例中，只有头部和前肢的蛙人纹有10例，分别为图2-32、2-33、2-37、2-38、2-124、2-125、2-132、3-16、3-41、3-

90。其中外彩纹饰7例，内彩纹饰3例。这类纹饰样式的外彩形式和内彩形式在比例上相差很大，内彩形式的蛙人纹与外彩形式相比皆头部很大，躯体很小。此类蛙人纹的头部形象可分为7种（图4-3）：

1. 由1个中间空白的圆圈构成，目前所收集的图例中，仅图3-90为这一形式，绘于彩陶壶的外腹部。

2. 由2个同心圆相套构成，内圆的装饰为2圈细线同心圆套1个点状圆心。目前所收集的图例中，仅有图2-125为这一形式，绘于彩陶壶的外腹部，黑线圈边，赭红色圆套陶器底色圆，内圆用黑线绘出2个同心圆套1个黑色圆心，圆心点较大。

3. 由2个同心圆相套构成，内圆通体饰网格纹。目前所收集的图例中，有图2-32、2-33、3-41共3例纹饰为这一形式。

4. 由2个同心圆相套构成，内圆通体饰编织纹。目前所收集的图例中，有图2-37、2-38共2例纹饰为这一形式，图2-37绘于彩陶盆的内壁，黑线圈边，赭红色圆圈套黑色圆圈，内圆用留白的办法，形成黑色和陶器底色相间的编织纹。

5. 由2个同心圆相套构成，内圆通体饰线、点隔行相间的纹饰。目前所收集的图例中，仅有图3-16为这一形式，绘于彩陶盆的内壁。黑色圆圈套陶器底色圆圈，内圆饰黑色线、点隔行相间的纹饰。

6. 由2个同心圆相套构成，躯干的上延线将其从中间分开。目前所收集的图例中，仅有图2-132为这一形式。

7. 由2个同心圆相套构成，内圆用"十"字分割，中间的相交处为黑彩，其余空白。"十"字以外的其他区域饰网纹。目前所收集的图例中，只有图2-124为这一形式。

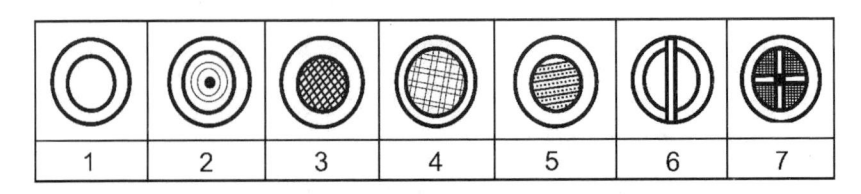

图4-3 只有头部和前肢的蛙人纹头部构成图

第四章　半山马厂彩陶蛙人纹的图像构成与组合

只有头部和前肢的蛙人纹躯体形象可以分为5种（图4-4）：

1. 两肢为2节，躯干及两肢皆由粗线绘制而成，肢端有芒纹，目前收集的图例中有图2-32、2-37、3-16共3例纹饰为这一形式。

2. 两肢为2节，躯干及两肢皆由粗线绘制而成，肢端无芒纹，目前收集的图例中有图2-33、2-132共2例纹饰为这一形式。

3. 两肢为3节，躯干及两肢皆由粗线绘制而成，关节处有芒纹，目前收集的图例中，只有图2-125为这一形式。

4. 两肢为2节，躯干及两肢皆为3条细线绘制而成，目前收集的图例中，只有图3-41为这一形式。

5. 两肢为单节，目前收集的图例中，图2-38、2-124、3-90共3例纹饰为这一形式。

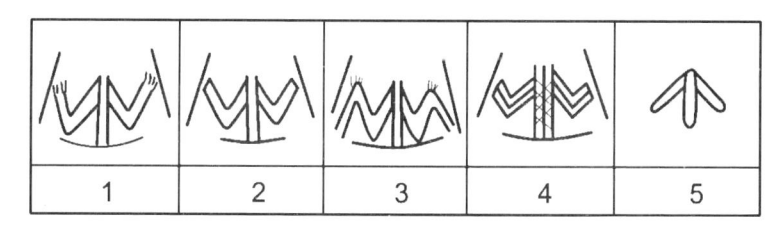

图4-4　只有头部和前肢的蛙人纹躯体构成图

三　省略头部保留躯干和四肢、六肢或八肢的样式

在目前收集的图例中，省略头部保留四肢或四肢以上躯体的纹饰样式共有124例，分别为图2-8、2-11、2-17、2-23、2-25、2-26、2-27、2-30、2-34、2-36、2-41、2-42、2-45、2-47、2-48、2-49、2-50、2-51、2-52、2-54、2-55、2-58、2-60、2-61、2-65、2-66、2-67、2-68、2-70、2-71、2-74、2-75、2-76、2-77、2-78、2-82、2-84、2-86、2-90、2-91、2-93、2-94、2-95、2-96、2-97、2-98、2-99、2-100、2-101、2-102、2-103、2-104、2-105、2-107、2-108、2-114、2-116、2-117、2-118、2-119、2-120、2-121、2-122、2-123、2-128、2-129、2-130、2-131、2-135、2-136、2-137、2-138、

· 125 ·

2-139、2-144、2-145、3-1、3-2、3-4、3-7、3-8、3-10、3-11、3-12、3-15、3-17、3-19、3-20、3-22、3-24、3-29、3-30、3-31、3-34、3-37、3-40、3-42、3-43、3-44、3-45、3-47、3-51、3-53、3-54、3-55、3-56、3-57、3-59、3-62、3-64、3-65、3-66、3-67、3-69、3-70、3-71、3-73、3-74、3-77、3-82、3-85、3-86、3-87、3-88、3-92。除图2-45无法确定全貌外，其他123例纹饰可以分为18种（图4-5）：

1. 四肢和躯干用粗线表示，呈直立状，前肢和后肢皆为单节。目前所收集的图例中有图2-128和图2-144共2例为这一形式。这一形式又可以分为2类：躯干无下延，图2-128；躯干有下延，图2-144。

2. 四肢和躯干用粗线表示，前肢和后肢皆为2节。目前所收集的图例中有图2-34、2-131、3-11和图3-74共4例为这一形式。又可以分为3类：躯干有下延，四肢作匍匐状，图2-34、3-11；躯干有下延，后肢为匍匐至直立之间的动作，图2-131；躯干无下延，尾部呈三角状，图3-74。

3. 四肢和躯干用粗线表示，作匍匐状，前肢为2节，后肢为多节。目前所收集的图例中有8例为这一形式，分别为图2-48、2-58、2-61、2-94、2-105、2-114、3-53、3-57。又可以分为2类：躯干有下延，图2-61、2-105、2-114；躯干无下延，图2-48、2-58、2-94、3-53、3-57。

4. 四肢作匍匐状，前肢和后肢皆为多节。目前所收集的图例中有图2-51、2-66、2-95、2-96、3-51共5例为这一形式。又可以分为2类：躯干有下延，图2-51、2-66、2-95、3-51；躯干无下延，尾部呈三角状，图2-96。

5. 四肢为多节，后肢的一边保留半抛物线样式，另一边则已简化。目前所收集的图例中，只有图2-8为这一形式。

6. 六肢，躯干和六肢用粗线表示，躯干有下延。目前所收集的图例中，有图2-104和图3-88共2例为这一形式。又可以分为2类：六肢为双节，图2-104；六肢为单节，图3-88。

第四章　半山马厂彩陶蛙人纹的图像构成与组合

7. 躯干和四肢用粗线表示，前肢为两节，后肢为 2—4 节不等，肢端或关节处有芒纹。目前所收集的图例中有 77 例为这一形式，分别是图 2 – 11、2 – 23、2 – 25、2 – 36、2 – 41、2 – 47、2 – 49、2 – 50、2 – 52、2 – 54、2 – 60、2 – 65、2 – 67、2 – 68、2 – 70、2 – 71、2 – 75、2 – 76、2 – 78、2 – 82、2 – 86、2 – 90、2 – 91、2 – 93、2 – 98、2 – 99、2 – 100、2 – 101、2 – 102、2 – 103、2 – 107、2 – 108、2 – 116、2 – 117、2 – 118、2 – 119、2 – 120、2 – 121、2 – 122、2 – 123、2 – 129、2 – 130、2 – 135、2 – 136、2 – 137、2 – 138、2 – 139、2 – 145、3 – 1、3 – 2、3 – 4、3 – 7、3 – 8、3 – 15、3 – 17、3 – 19、3 – 20、3 – 22、3 – 24、3 – 29、3 – 30、3 – 34、3 – 37、3 – 40、3 – 44、3 – 45、3 – 54、3 – 55、3 – 59、3 – 64、3 – 65、3 – 67、3 – 82、3 – 85、3 – 86、3 – 87、3 – 92。又可以分为 3 类：躯干有下延，图 2 – 11、2 – 23、2 – 25、2 – 36、2 – 41、2 – 50、2 – 60、2 – 90、2 – 98、2 – 100、2 – 101、2 – 108、2 – 116、2 – 117、2 – 118、2 – 121、2 – 122、2 – 135、2 – 136、2 – 137、2 – 138、2 – 139、2 – 145、3 – 1、3 – 2、3 – 4、3 – 7、3 – 8、3 – 17、3 – 19、3 – 20、3 – 34、3 – 40、3 – 67、3 – 82、3 – 85、3 – 92；躯干无下延，尾部呈三角状，图 2 – 47、2 – 49、2 – 52、2 – 54、2 – 65、2 – 67、2 – 68、2 – 70、2 – 71、2 – 75、2 – 78、2 – 82、2 – 86、2 – 91、2 – 93、2 – 99、2 – 102、2 – 103、2 – 107、2 – 119、2 – 120、2 – 123、2 – 129、2 – 130、3 – 15、3 – 22、3 – 24、3 – 29、3 – 30、3 – 37、3 – 44、3 – 45、3 – 54、3 – 55、3 – 59、3 – 64、3 – 65、3 – 86、3 – 87；躯干从一侧看有下延，从另一侧看无下延，图 2 – 76，绘于彩陶壶的外腹部。躯干从左侧看有下延，从右侧看无下延。

8. 四肢和躯干用粗线表示，躯干有下延，左前肢为 2 节，右前肢为单节，后肢皆为 3 节，关节处有芒纹。目前所收集的图例中，只有图 3 – 73 为这一形式。

9. 六肢，躯干和六肢用粗线表示，躯干有下延，前肢和中肢皆为 2 节，后肢为单节，前肢和中肢的关节处有芒纹。目前所收集的图例中，有图 3 – 56 和图 3 – 77 共 2 例为这一形式。

10. 躯干用两条竖线加中间的网格纹组合而成，四肢用粗线表示，前肢2节，后肢4节，关节处有芒纹。在目前所收集的图例中，有图2-77、3-66共2例是这一形式。

11. 六肢，六肢和躯干用粗线表示，前肢为2节，中肢和后肢为2—4节不等，关节处有芒纹。目前所收集的图例中有图3-31、3-71共2例为这一形式。

12. 八肢，八肢和躯干用粗线表示，躯干无下延，尾部由后肢组成三角形，状如躯体，或一侧无下延，一侧有下延。前肢为2节，后三肢皆为4节，关节处有芒纹，目前所收集的图例中有图3-69、3-70为这一形式。

13. 四肢呈匍匐状，四肢和躯干用2条、3条或4条线组成。目前所收集的图例中，图3-10、3-12、3-47共3例为这一形式。可以分为2类：躯干有下延，图3-10、3-12；躯干无下延，图3-47。

14. 五肢，躯干两侧的肢体走向为平行方向，一侧三肢，另一侧两肢。目前所收集的图例中只有图3-42为这一形式。

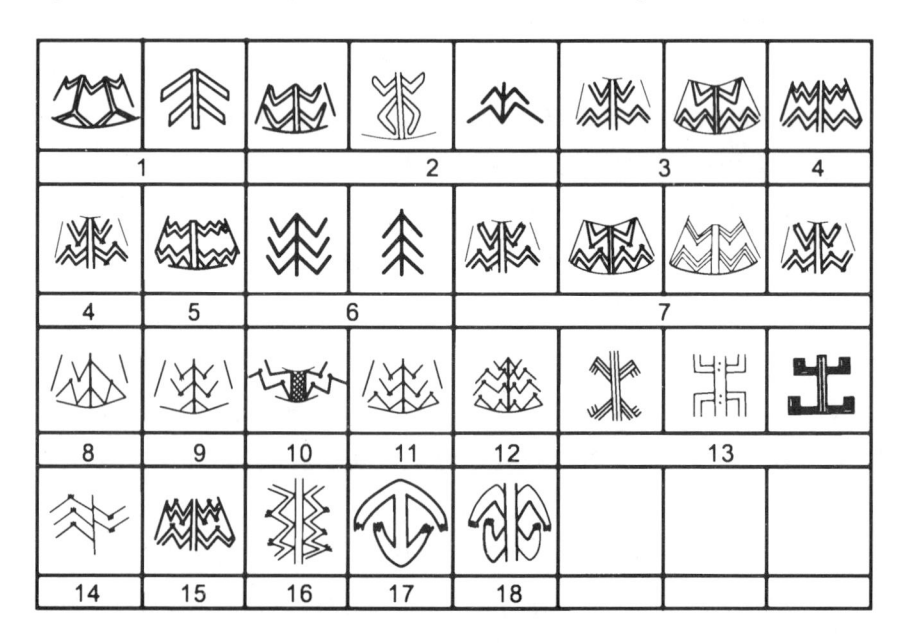

图4-5 省略头部只保留肢体的蛙人纹构成图

第四章 半山马厂彩陶蛙人纹的图像构成与组合

15. 躯干和四肢用粗线表示，前肢和后肢皆为三折或三折以上，关节处有芒纹。目前收集的图例中有图2-26、2-42、2-55、2-74、2-84、2-97、3-43共7例为这一形式。可以分为2类：躯干有下延，图2-26、2-84、3-43；躯干无下延，图2-42、2-55、2-74、2-97。

16. 将匍匐状四肢横置后，前肢和后肢分列于躯干两侧，关节处有芒纹，目前所收集的图例中，只有图3-62为这一形式。

17. 绘有躯干和四肢，四肢由躯干的两端相对伸出，肢端有芒纹。目前所收集的图例中，有图2-17和2-27共2例为这一形式。

18. 有四肢和躯干，2对肢体呈相对状，像2个蛙人纹头对头，肢端有芒纹，目前所收集的图例中，只有图2-30为这一形式。

四 只有一段躯干和两肢的样式

只有一段躯干和两肢的样式共有10例，分别为图2-16、2-18、2-28、2-38、2-89、2-113、2-115、3-18、3-27、3-72。可以分为8种（图4-6），其中7例绘于壶类器物的外腹部，3例绘于盆类器物的内壁。

1. 躯干和肢体用粗线表示，在躯干的顶端绘匍匐状两肢，两肢分2节。在目前所收集的图例中，只有图3-27为这一形式。

2. 在躯干的顶端绘直立状两肢，两肢为单节。在目前所收集的图例中，仅有图2-38为这一形式。

3. 在躯干的中间位置绘匍匐状两肢，两肢分3节或3节以上。目前所收集的图例中，只有图3-72为这一形式。

4. 在躯干的顶端绘匍匐状两肢，两肢分3节或3节以上。目前所收集的图例中，只有图2-89为这一形式。

5. 在躯干的顶端绘匍匐状两肢，两肢分2节，关节或肢端处有芒纹。在目前所收集的图例中，有图2-18和图3-18共2例为这一形式。

6. 在躯干的顶端绘匍匐状两肢，两肢分3节，关节处有芒纹。在目前所收集的图例中，有图2-113、2-115共2例纹饰为这一形式。

研究篇

7. 在躯干的中间绘匍匐状两肢，两肢分2节，关节和肢端有芒纹。在目前所收集的图例中，仅有图2-28为这一形式。

8. 在躯干的顶端绘匍匐状两肢，两肢分2节，关节、肢端和两肢与躯干的交界处皆有芒纹，在两肢的关节处分别生出一节肢端有芒纹的肢体。在目前所收集的图例中，只有图2-16为这一形式。

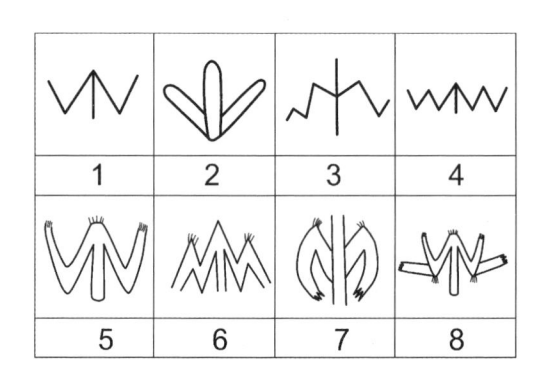

图4-6 只有一段躯干和两肢的蛙人纹构成图

五 省略头部和躯干只保留肢体的样式

省略头部和躯干只保留肢体的样式有32例，分别为图2-21、2-40、2-43、2-46、2-53、2-59、2-63、2-64、2-73、2-79、2-83、2-88、2-112、2-141、3-21、3-25、3-26、3-28、3-32、3-33、3-35、3-38、3-39、3-50、3-52、3-60、3-63、3-68、3-75、3-76、3-79、3-83。目前只见壶、罐等器型的外彩，未见有盆、碗等器型的内彩。可以分为5种。（图4-7）

1. 四肢，省略头部和躯干后，匍匐状的四肢像上下两条折线纹，关节处有芒纹。目前收集的图例中，共有20例为这一形式。分别为图2-40、2-43、2-46、2-53、2-59、2-63、2-64、2-73、2-79、2-83、2-88、3-21、3-25、3-32、3-33、3-38、3-39、3-68、3-76、3-79。

2. 五肢或以上，省略头部和躯干后，匍匐状的肢体就像多条平行

第四章　半山马厂彩陶蛙人纹的图像构成与组合

的折线纹，关节处有芒纹，如图2-21，2个面的纹饰皆为省略头部和肢体的六肢纹饰，在绘制上稍有不同，一面所饰纹饰最下面二肢左右各有3折，另一面所饰纹饰最下面二肢左右各有1折，转折处绘芒纹。图2-112则以填饰的圆圈纹为界，一侧为二肢，另一侧为三肢，个别转折处绘芒纹。目前收集的图例中有3例为这一形式，分别为图2-21、2-112、3-50。

3. 二肢，省略头部和躯干后，仅剩1条转折处有芒纹的折线纹。目前所收集的图例中，只有图2-141是这一形式，是巴尔姆格伦在《甘肃半山及马厂随葬陶器》一书中发表的1件彩陶壶腹部所饰纹饰。

4. 是第一种纹饰更加规整化的装饰形式，均匀地绘制上下二层连续折线纹，转折处绘芒纹，上下两层折线纹之间的距离也稍微拉开。如图3-83，在上下交错的两层折线纹的上部和下部还分别填饰三角纹。目前收集的图例中共有5例为这一形式，分别为图3-28、3-35、3-52、3-60、3-83。

5. 是第三种纹饰更加规整化的装饰形式，均匀地绘制一层连续折线纹，转折处绘芒纹。如图3-26，在连续折线纹的基础上，上面的折角绘芒纹。目前收集的图例中，共有3例为这一形式，分别为图3-26、3-63、3-75。

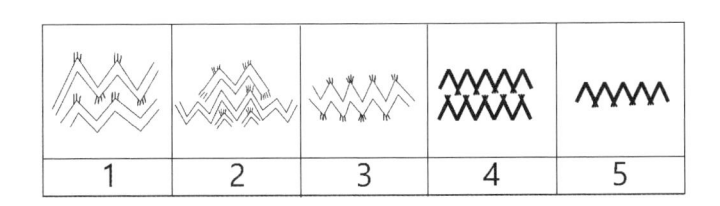

图4-7　省略头部和躯干只保留肢体的蛙人纹构成图

六　折肢的样式

目前所收集的图例中，折肢样式的蛙人纹共有37例，分别为图2-2（2例纹饰皆为折肢样式）、2-3、2-13、2-14、2-19、2-20、2-29、2-31、2-39、2-44、2-56、2-57、2-62、2-69、2-80、

◆ 研究篇 ◆

2-81、2-85、2-87、2-92、2-106、2-111、2-126、2-134、2-146、3-3、3-13、3-14、3-36、3-46、3-58、3-78、3-80、3-81、3-84、3-89、3-91。这类蛙人纹由前面几种的肢体变化而来，且有一些变体的形式。可以分为14种（图4-8）。

1. 呈"山"字状肢体，目前所收集的图例中，只有图2-31是这一形式，黑红复彩的"山"字形折肢蛙人纹占据整个彩陶盆的内壁。

2. 折肢状纹饰随意在器物的内壁组合，肢体为3段。目前所收集的图例中，只有图2-29为这一形式。

3. 将四个单折肢体附着在"十"字形纹上，填补每个扇形的空隙处。目前所收集的图例中只有图2-13为这一形式，绘于彩陶碗内壁，用"十"字将整个内壁四等分，在"十"字纹上又生出4个单节肢体，肢端有芒纹。

4. "V"形肢体，关节和肢端绘有芒纹。在目前所收集的图例中共有16例这一形式，分别为图2-2、2-19、2-62、2-69、2-80、2-81、2-92、2-106、2-126、2-146、3-3、3-58、3-78、3-81、3-84、3-91。又可以分为4类："V"形不规整，保留肢体的样子，并在关节处和肢端绘芒纹，图2-2、2-19、2-126、2-146、3-78；"V"形规整，上下均匀，在关节处绘芒纹，图2-62、2-69、2-80、2-81、2-106、3-3、3-58、3-91；"V"形较随意，是在前一形式基础上的更加随意的画法，关节处有芒纹，图3-81；"V"形规整，芒纹均匀而细密，图3-84。

5. "S"形肢体，关节处有芒纹，目前收集的图例中，只有图2-20是这一形式，绘于彩陶壶的外腹部，在壶腹部的圆圈内，用"S"形蛙人纹将圆平分，在弧或折留出的空隙里各有1个点。

6. 涡状肢体，关节处变圆润，关节和肢端有芒纹。目前收集的图例中有图2-2和图2-111共2例为这一形式，图2-2绘于彩陶罐的领部，涡状肢体蛙人纹环绕领部，肢端有芒纹，关节虽然已经几乎无法辨认，但关节处仍保留有芒纹；图2-111绘于彩陶罐的外腹部，每组纹饰由2个涡状肢体相交组成。

第四章 半山马厂彩陶蛙人纹的图像构成与组合

7. 只有肢体的末段，肢端有芒纹。目前收集的图例中共有8例这一形式，分别为图2-14、2-39、2-44、2-56、2-57、2-85、2-87、3-80。皆为这一形式与折线纹组合装饰。另外，图2-62是这一形式与"V"形折肢蛙人纹组合装饰。

8. 肢体折成回纹样式，但并不规整，肢端和关节处有芒纹。目前所收集的图例中只有图3-36为这一形式。

9. 肢体的两端从不同的方向往中间卷为"S"状的旋涡纹，目前收集到的图例中只有图2-3为这一形式。

10. 两条弧线相交，相交处有芒纹。目前收集的图例中只有图3-46为这一形式。

11. 三肢相交，肢端有芒纹，目前收集的图例中，只有图3-89是这一形式，绘于彩陶壶的外腹部，形状似3条肢体相交，其中2条合成不规则的半圆状，第三条将半圆平分，3条肢体的末端皆绘芒纹。

12. 两肢相交为"X"状，4个末端均有芒纹。目前收集的图例中，只有图2-134为这一形式。

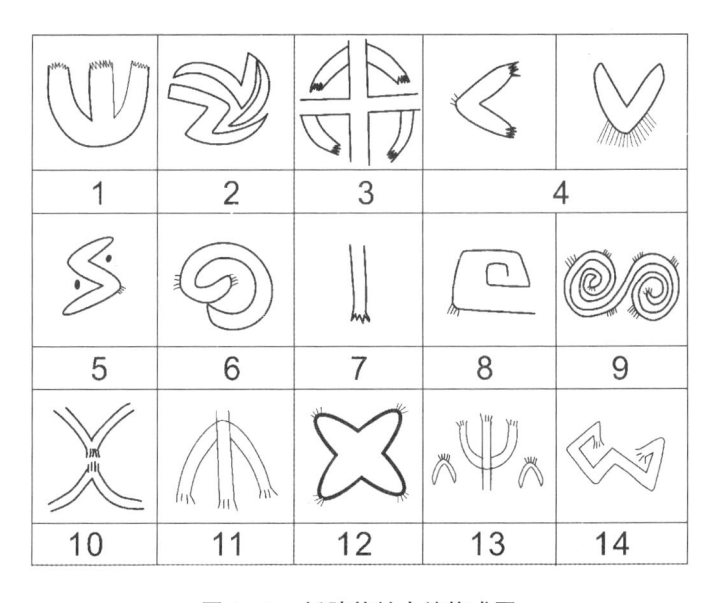

图4-8 折肢状蛙人纹构成图

13. 三肢相交，肢端有芒纹，其中两侧的肢体根部相连，呈弧形，中间的肢体根部穿过弧形，有下延。在下延线的两侧各绘一个倒"V"形纹饰，折角处有芒纹，目前收集的图例中，只有图3-13为这一形式。

14. 折为方形或三角形，两端有芒纹，目前收集的图例中只有图3-14为这一形式。

第二节 半山马厂彩陶蛙人纹组合纹饰的图像构成

半山马厂彩陶蛙人纹不仅自身形象多变，造型多样，而且常以组合的形式出现，单独绘制在一个装饰区域的蛙人纹虽然也有，但是数量很少，多数是几个蛙人纹组合或蛙人纹与其他纹饰组合，构成彩陶上一条装饰带或一个装饰区域的纹饰。本节仅分析目前所收集图例中蛙人纹所在装饰区域的组合纹饰构成，比如蛙人纹绘于彩陶壶的外腹部，仅涉及其外腹部的组合纹饰，颈部纹饰则不涉及，腹部与颈部分割的弧线纹，腹部装饰区域最下面的弧线纹、垂幛纹等皆不涉及；如果蛙人纹绘于彩陶盆的内壁，则仅涉及内壁纹饰，彩陶盆外壁的纹饰不涉及。

一 对称组合纹饰

大部分半山马厂彩陶蛙人纹都装饰于壶、罐、瓶、瓮等器物的外腹部，并与蛙人纹或者其他纹饰呈两两相对状组合分布。这种分布形式的蛙人纹，将蛙人纹所在的面看作正面，彩陶器背面的纹饰为其对称组合纹饰。盆碗类内彩纹饰也有在器腹内壁区域对称分布的，与蛙人纹相对的纹饰即其对称组合纹饰。本书所收集的图例中，有73件彩陶器可以明确蛙人纹对称组合纹饰的面貌。分别是图2-4、2-6、2-12、2-16、2-17、2-21、2-24、2-32、2-34、2-36、2-38、2-45、2-47、2-48、2-49、2-50、2-51、2-52、2-53、2-54、2-55、2-56、2-59、2-60、2-62、2-63、2-64、2-65、2-66、2-67、

第四章 半山马厂彩陶蛙人纹的图像构成与组合

2-68、2-69、2-70、2-73、2-74、2-75、2-76、2-77、2-78、2-79、2-82、2-83、2-86、2-87、2-89、2-90、2-91、2-93、2-94、2-95、2-97、2-98、2-99、2-100、2-102、2-103、2-105、2-108、3-2、3-9、3-10、3-11、3-12、3-13、3-14、3-15、3-17、3-36、3-41、3-49、3-90、3-91、3-93。

另外刘溥编《青海彩陶纹饰》一书中还发表有42件可以得知其对称组合纹饰面貌的蛙人纹彩陶与这73件器物均不同（因为无法确定这些彩陶是否与本文所收集的240件彩陶重复，所以未收录入本书图例）。见于本书所收集图例的对称组合纹饰图像的比例不是很高，本节将《青海彩陶纹饰》一书中的这42件彩陶纹饰（图4-9至图4-50）一起进行分析。

（一）基本相同的对称组合

在本书所收集的73件蛙人纹对称组合纹饰的彩陶中，有62件彩陶所绘蛙人纹的对称组合纹饰也是蛙人纹，且对称组合纹饰基本相同。分别是图2-16、2-21、2-24、2-36、2-38、2-47、2-48、2-49、2-50、2-51、2-52、2-53、2-54、2-55、2-56、2-59、2-60、2-63、2-64、2-65、2-66、2-67、2-68、2-69、2-70、2-73、2-74、2-75、2-76、2-77、2-78、2-79、2-82、2-83、2-86、2-87、2-89、2-90、2-91、2-93、2-94、2-95、2-97、2-98、2-99、2-100、2-102、2-103、2-105、2-108、3-2、3-9、3-11、3-12、3-13、3-14、3-15、3-36、3-41、3-49、3-90、3-91。

《青海彩陶纹饰》的42件彩陶中，有38件彩陶所绘蛙人纹的对称组合纹饰也是蛙人纹，并且二者基本相同。分别是图4-9、4-10、4-12、4-13、4-14、4-15、4-16、4-17、4-18、4-19、4-20、4-21、4-22、4-23、4-24、4-25、4-26、4-27、4-28、4-30、4-31、4-32、4-33、4-34、4-35、4-37、4-38、4-39、4-40、4-41、4-42、4-43、4-44、4-45、4-46、4-47、4-49、4-50。

研究篇

图 4-9　青海乐都柳湾出土马厂类型彩陶壶外彩蛙人纹对称组合图

图 4-10　青海乐都柳湾出土马厂类型彩陶壶外彩蛙人纹对称组合图

图 4-11　青海民和新民出土马厂类型彩陶瓮外彩蛙人纹对称组合图

第四章 半山马厂彩陶蛙人纹的图像构成与组合

图4-12 青海乐都柳湾出土马厂类型彩陶壶蛙人纹对称组合图

图4-13 青海乐都柳湾出土马厂类型彩陶壶外彩蛙人纹对称组合图

图4-14 青海民和新民出土马厂类型彩陶壶外彩蛙人纹对称组合图

图4-15 青海民和新民出土马厂类型彩陶壶外彩蛙人纹对称组合图

图4-16 青海乐都柳湾出土马厂类型彩陶壶外彩蛙人纹对称组合图

图4-17 青海乐都柳湾出土马厂类型彩陶壶外彩蛙人纹对称组合图

图4-18 青海乐都柳湾出土马厂类型彩陶壶外彩蛙人纹对称组合图

图4-19 青海乐都柳湾出土马厂类型彩陶壶外彩蛙人纹对称组合图

第四章　半山马厂彩陶蛙人纹的图像构成与组合

图 4-20　青海乐都柳湾出土马厂类型彩陶壶外彩蛙人纹对称组合图

图 4-21　青海乐都柳湾出土马厂类型彩陶壶外彩蛙人纹对称组合图

图 4-22　青海乐都柳湾出土马厂类型彩陶壶外彩蛙人纹对称组合图

图 4-23　青海乐都柳湾出土马厂类型彩陶壶外彩蛙人纹对称组合图

◈◈ 研究篇 ◈◈

图 4-24　青海乐都柳湾出土马厂类型彩陶壶外彩蛙人纹对称组合图

图 4-25　青海乐都柳湾出土马厂类型彩陶壶外彩蛙人纹对称组合图

图 4-26　青海乐都柳湾出土马厂类型彩陶壶外彩蛙人纹对称组合图

图 4-27　青海乐都柳湾出土马厂类型彩陶壶外彩蛙人纹对称组合图

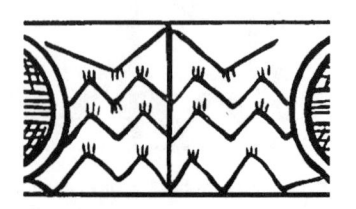

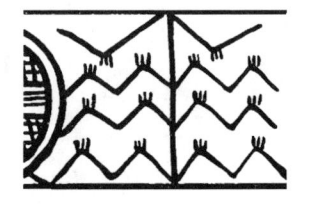

图 4-28　青海乐都柳湾出土马厂类型彩陶壶外彩蛙人纹对称组合图

第四章 半山马厂彩陶蛙人纹的图像构成与组合

图4-29 青海乐都柳湾出土马厂类型彩陶壶外彩蛙人纹对称组合图

图4-30 青海乐都柳湾出土马厂类型彩陶壶外彩蛙人纹对称组合图

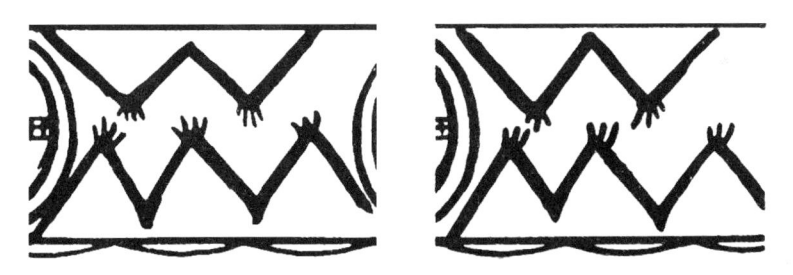

图4-31 青海乐都柳湾出土马厂类型彩陶壶外彩蛙人纹对称组合图

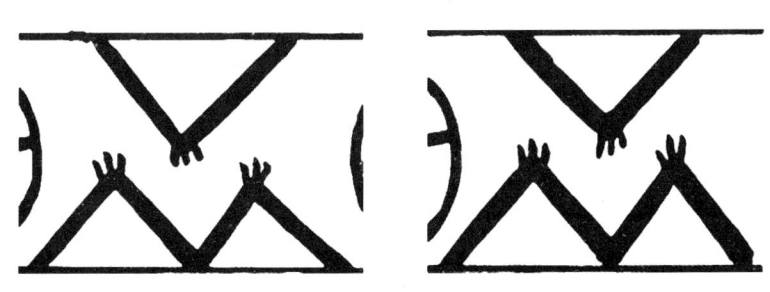

图4-32 青海乐都柳湾出土马厂类型彩陶壶外彩蛙人纹对称组合图

◈◈ 研究篇 ◈◈

图4-33 青海乐都柳湾出土马厂类型彩陶壶外彩蛙人纹对称组合图

图4-34 青海乐都柳湾出土马厂类型彩陶壶外彩蛙人纹对称组合图

图4-35 青海乐都柳湾出土马厂类型彩陶壶外彩蛙人纹对称组合图

图4-36 青海乐都柳湾出土马厂类型彩陶壶外彩蛙人纹对称组合图

第四章 半山马厂彩陶蛙人纹的图像构成与组合

图4-37 青海乐都柳湾出土马厂类型彩陶壶外彩蛙人纹对称组合图

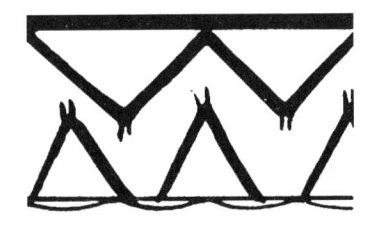

图4-38 青海乐都柳湾出土马厂类型彩陶壶外彩蛙人纹对称组合图

图4-39 青海乐都柳湾出土马厂类型彩陶壶外彩蛙人纹对称组合图

图4-40 青海乐都柳湾出土马厂类型彩陶壶外彩蛙人纹对称组合图

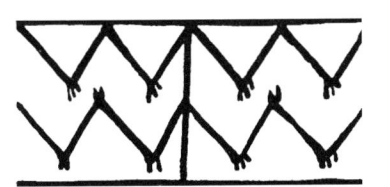

图4-41 青海乐都柳湾出土马厂类型彩陶壶外彩蛙人纹对称组合图

· 143 ·

◇◇ 研究篇 ◇◇

图4-42 青海乐都柳湾出土马厂类型彩陶壶外彩蛙人纹对称组合图

图4-43 青海乐都柳湾出土马厂类型彩陶壶外彩蛙人纹对称组合图

图4-44 青海乐都柳湾出土马厂类型彩陶壶外彩蛙人纹对称组合图

第四章　半山马厂彩陶蛙人纹的图像构成与组合

图4-45　青海乐都柳湾出土马厂类型彩陶壶外彩蛙人纹对称组合图

图4-46　青海乐都柳湾出土马厂类型彩陶壶外彩蛙人纹对称组合图

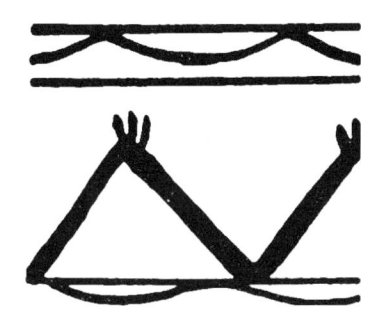

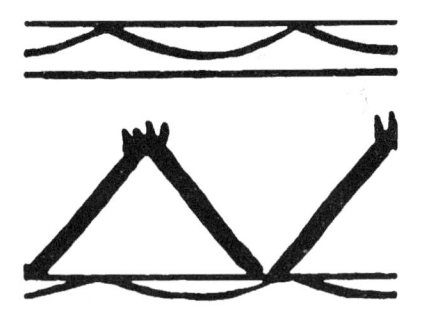

图4-47　青海乐都柳湾出土马厂类型彩陶壶外彩蛙人纹对称组合图

图4-48　青海乐都柳湾出土马厂类型彩陶壶外彩蛙人纹对称组合图

◈ 研究篇 ◈

图 4-49　青海乐都柳湾出土马厂类型彩陶壶外彩蛙人纹对称组合图

图 4-50　青海民和边墙出土马厂类型彩陶壶外彩蛙人纹对称组合图

上述 100 件彩陶所饰蛙人纹的对称组合纹饰皆相同或相似。

（二）不同类型蛙人纹的对称组合

本书所收集图例的 3 件彩陶图 2-4、2-45、2-62 和《青海彩陶纹饰》所发表图例的 1 件彩陶（图 4-29）的对称组合纹饰虽为蛙人纹，但 2 个对称纹饰的构成形式不同，为不同形式的蛙人纹对称组合。

图 2-4 在彩陶壶的外腹部绘两两相对的 4 个全体样式的蛙人纹，头部皆为圆圈加圆心 1 个点的形式。其中 3 个蛙人纹的躯体造型为四肢作匍匐状，躯干用一条粗线表示，前肢和后肢皆为 2 节的形式；1 个蛙人纹的躯体造型为四肢作匍匐状，四肢和躯干用一条粗线表示，前肢在肢端处一分为三的形式。图 2-45 在彩陶壶的外腹部绘两两相对的 4 个蛙人纹，其中 1 个为省略头部保留躯干和四肢的样式，另外 3 个为折肢的样式。图 2-62 在彩陶壶的外腹部绘折肢样式的蛙人纹与大圆圈纹两两相对组合的纹饰，其中一面的蛙人纹为"V"形折肢纹的组合，另一面则为"V"形折肢纹和末端肢体纹的组合。图 4-29 在彩陶壶的外腹

第四章　半山马厂彩陶蛙人纹的图像构成与组合

部绘省略头部保留躯体样式的蛙人纹和大圆圈纹两两相对组合的纹饰，其中一面的蛙人纹为躯干和四肢用粗线表示，前肢为 2 节，后肢为 3 节的形式，另一面的蛙人纹为六肢和躯干用粗线表示，前肢和中肢为 2 节，后肢为 3 节，前肢和中肢的关节处有芒纹的形式，两面纹饰都填饰似双眼的圆圈纹。

（三）蛙人纹与其他纹饰的对称组合

在本书所收集的 73 件蛙人纹对称组合纹饰的彩陶中，图 2-6、2-12、2-32、2-34、3-17、3-93 共 6 件彩陶上与蛙人纹对称的纹饰是其他纹饰。图 2-6 蛙人纹的对称组合纹饰为 1 个"X"形和 4 个"V"形组合而成的纹饰。图 2-12 在蛙人纹的对称位置所绘纹饰为犬纹。图 2-32 在蛙人纹的对称位置所绘纹饰为大圆圈纹。图 2-34 虽然在彩陶壶上绘制了 2 个蛙人纹，但并不是对称出现的，2 个蛙人纹的对称位置皆为棋盘网格纹。图 3-17 在蛙人纹的对称位置为塑绘结合的人形纹。图 3-93 在蛙人纹的对称位置为成组的曲线纹。

《青海彩陶纹饰》所发表图例中有 3 件彩陶与蛙人纹对称的纹饰为其他纹饰，分别为图 4-11、4-36、4-48。图 4-11 腹部一圈绘 4 个大圆圈纹和 1 个蛙人纹。图 4-36 在彩陶壶的外腹部绘 4 个大圆圈纹和 2 个折肢样式的蛙人纹，其中 3 个大圆圈纹的内饰也是折肢样式的蛙人纹，另外 1 个大圆圈纹的内饰则为线、面组合的纹饰。图 4-48 在蛙人纹的对称位置绘制折线纹。

二　相邻组合纹饰的图像构成

绘制蛙人纹的半山马厂彩陶有些是绕器物的腹部或者领部一周绘制蛙人纹，也有很多是与其他纹饰组合装饰的，在与其他纹饰组合装饰的布局中，最常见的是蛙人纹与蛙人纹为对称的一对，2 个蛙人纹分别与其他 2 个相似的纹饰相邻，成两两对称式。本节对蛙人纹相邻组合纹饰的图像构成进行分析。本书所收集的 240 件彩陶中，有 33 件彩陶无法确定与蛙人纹相邻是否有纹饰或者是什么纹饰，分别为图 2-8、2-33、2-41、2-43、2-46、2-58、2-61、2-71、2-84、2-88、

· 147 ·

2-96、2-107、2-112、2-114、2-118、2-120、2-121、2-123、2-130、2-134、2-136、3-27、3-30、3-34、3-45、3-50、3-51、3-52、3-54、3-60、3-71、3-72、3-73。图2-12蛙人纹和其对称的犬纹之间没有绘制其他纹饰，而是保持陶器的底色。图2-13、2-17、2-18、2-27、2-28、2-29、2-30、2-31、2-35、2-37、3-16这11件陶器的纹饰都是盆碗类内彩，且蛙人纹占满了整个内壁，没有组合纹饰。本部分就对除去这45件之外的195件彩陶进行相邻组合纹饰的图像构成分析。

（一）蛙人纹

蛙人纹绕器物一圈是半山马厂彩陶常见的一种纹饰组合方式，在上述195件彩陶中，有64件彩陶所绘蛙人纹的相邻纹饰依然是蛙人纹，分别是图2-2、2-3、2-14、2-19、2-20、2-34、2-38、2-39、2-42、2-44、2-45、2-47、2-49、2-54、2-56、2-57、2-67、2-68、2-73、2-74、2-75、2-78、2-80、2-81、2-82、2-85、2-86、2-87、2-89、2-90、2-91、2-99、2-103、2-111、2-124、2-126、2-127、2-128、2-141、2-144、2-146、3-2、3-3、3-10、3-11、3-12、3-14、3-15、3-21、3-26、3-28、3-35、3-36、3-47、3-62、3-63、3-68、3-75、3-79、3-80、3-81、3-83、3-84、3-89。

这64件彩陶上的蛙人纹大多是同一形式，有些是绕器物1周绘制，也有一些是4个蛙人纹两两相对，或者2个蛙人纹中间不再绘其他纹饰。其中有一类蛙人纹为大圆圈纹的内饰，从整体来看是大圆圈纹与大圆圈纹相邻、相对，形成四大圆圈纹的布局，但是因为内部纹饰皆为蛙人纹，本节也将其作为相邻纹饰为蛙人纹对待，包括图2-20、3-2、3-62、3-81、3-89，其中图3-89既有在大圆圈纹之外的蛙人纹样式，也有在大圆圈纹之内的蛙人纹样式，既有两个同在大圆圈纹之内的蛙人纹样式的相邻组合，也有蛙人纹与大圆圈纹（填饰纹饰不是蛙人纹）的相邻组合。

还有少量纹饰是不同形式蛙人纹相邻的情况，图2-34在鸟形壶的

第四章 半山马厂彩陶蛙人纹的图像构成与组合

外腹部,以棋盘编织纹为底纹,绘 2 个相邻的蛙人纹,其中 1 个为全体样式,另 1 个为省略头部保留四肢的样式;图 2-38 在彩陶盆的内壁 1 圈绘 4 个蛙人纹,形成对称的 2 组纹饰,相邻的 2 个纹饰为保留头部和两肢的样式与只有一段躯干和两肢的样式;图 2-45 在彩陶壶的外腹部绘 1 个省略头部只保留四肢样式的蛙人纹和 3 组折肢样式的蛙人纹,其中有 2 个折肢样式的蛙人纹与省略头部只保留四肢样式的蛙人纹相邻;图 3-36 在彩陶壶的外腹部绘全体样式的蛙人纹和折肢样式的蛙人纹两两相对的 2 组纹饰,为全体样式和折肢样式的蛙人纹相邻。

(二)大圆圈纹

大圆圈纹与蛙人纹是半山马厂彩陶最常见的纹饰,这两种纹饰的组合也很常见,在所要分析的 195 件彩陶中,有 114 件所绘蛙人纹与大圆圈纹相邻组合,分别是图 2-1、2-5、2-10、2-11、2-16、2-21、2-22、2-23、2-24、2-25、2-26、2-32、2-36、2-40、2-48、2-50、2-51、2-52、2-53、2-55、2-59、2-60、2-62、2-63、2-64、2-65、2-66、2-69、2-70、2-76、2-79、2-83、2-92、2-93、2-94、2-95、2-97、2-98、2-100、2-101、2-102、2-104、2-108、2-110、2-113、2-115、2-116、2-117、2-119、2-122、2-125、2-129、2-137、2-138、2-139、2-140、2-142、2-143、2-145、3-1、3-4、3-5、3-6、3-7、3-8、3-13、3-17、3-18、3-19、3-20、3-22、3-23、3-24、3-25、3-29、3-31、3-32、3-33、3-37、3-38、3-39、3-40、3-41、3-42、3-43、3-44、3-46、3-49、3-53、3-55、3-56、3-57、3-58、3-59、3-61、3-64、3-65、3-66、3-67、3-69、3-70、3-72、3-74、3-76、3-77、3-78、3-82、3-85、3-86、3-87、3-88、3-90、3-91、3-92。大圆圈纹为半山马厂彩陶最为常见的纹饰之一,其内部的填饰纹饰多种多样,因为这 114 件彩陶中的一些只能确定其为蛙人纹与大圆圈纹的相邻组合纹饰构成方式,大圆圈纹内部的纹饰面貌无法全部获得,故本节就不再具体分析与蛙人纹相邻组合的大圆圈纹的内部填饰纹饰,但从能够得到全貌的一些彩陶看,与蛙人纹相

邻组合的大圆圈纹内部填饰纹饰造型多样。

（三）其他纹饰

除了以上两种纹饰组合构成方式，剩余的17件彩陶上的蛙人纹相邻组合纹饰依然比较多样，只是数量较少。

1. 葫芦纹

目前收集的图例中，葫芦纹与蛙人纹相邻组合的陶器有图2－6、2－7、2－9、2－131、3－94共5件，葫芦纹的内部皆为网格纹。

2. 水泡纹

图2－4的蛙人纹与蛙人纹之间饰4个有规律排列的水泡纹，水泡纹用圆圈里面加1个点绘制而成。

3. 网格宽带纹

图2－15、2－106、2－135共3件彩陶用网格宽带纹斜行分割器腹，与蛙人纹形成相邻组合关系。

4. "X"形纹

图2－76和图2－105共2件彩陶用2条竖线加中间的"X"形纹与蛙人纹作为相邻组合纹饰，"X"形纹仅一个，为瘦长型。

5. 涡纹

图2－109与蛙人纹相邻的是半山马厂彩陶纹饰常见的旋涡状涡纹。

6. "人"字纹

图2－132在2个蛙人纹之间用"人"字形纹间隔。

7. 蛇纹

图2－133在2个蛙人纹之间用蛇纹间隔。

8. 水波纹

图3－9在2个蛙人纹的后肢周围绘制水波纹，蛙人纹似在游泳。

9. 不规则同心圆相套形成的纹饰

图3－48在2个蛙人纹之间绘2个很大的类三角形的多重同心圆。

10. 斜线纹

图3－93彩陶盆的内部用实线分为2个部分，在绘制蛙人纹的部分用斜线纹与蛙人纹相邻组合。

第四章 半山马厂彩陶蛙人纹的图像构成与组合

三 填饰纹饰分类

除了对称纹饰和相邻组合纹饰，有些蛙人纹的周边还会有填饰纹饰。这些纹饰或者很小，散落在蛙人纹的空隙处；或者与蛙人纹共同组成一个新的纹饰样式。在本书所收集的240件彩陶中，有40件彩陶的蛙人纹有填饰纹饰，分别为图2-6、2-9、2-12、2-20、2-21、2-24、2-36、2-39、2-44、2-46、2-53、2-56、2-57、2-69、2-80、2-81、2-85、2-87、2-92、2-106、2-108、2-109、2-110、2-111、2-112、2-121、2-122、2-128、2-134、3-1、3-15、3-27、3-31、3-49、3-58、3-60、3-80、3-83、3-88、3-91。可以分为4种。

（一）颗粒纹

在蛙人纹的周围填饰颗粒纹，是研究者关注最多的一类，目前收集的图例中有9例，分别为图2-6、2-9、2-108、2-109、2-110、2-122、2-128、3-1、3-49。

（二）折线纹

折线纹和颗粒纹的填饰方式有所不同，折线纹一般填饰于造型较为简单的折肢蛙人纹之间，与蛙人纹组合成一种新的纹饰样式，这种填饰方式在目前所收集的资料中有15例，分别为图2-39、2-44、2-46、2-56、2-57、2-69、2-80、2-81、2-85、2-87、2-92、2-106、3-58、3-60、3-80。

（三）点状纹

点状纹在蛙人纹的填饰纹饰中虽然出现频率不高，但使用方法比较灵活，有时候是1—2个点，有时候是一大片点，目前收集的图例中用点状纹做填饰纹饰的有6例，分别为图2-20、2-21、2-121、2-134、3-27、3-88。

（四）其他纹饰

除了上述三种纹饰，其他填饰纹饰出现的频率都不高，但体现了半山马厂彩陶蛙人纹填饰纹饰样式的多样。

研究篇

1. "X"形纹

目前收集的图例中使用"X"形纹填饰的有2例，分别为图2-12、3-91。

2. 水珠纹

图2-24在蛙人纹和大圆圈之间绘有从大到小的3个圆圈，形似水珠。

3. 直臂蛙人纹

图2-53用1根非常细的直臂式蛙人纹作为填饰。

4. 网格三角纹

图2-92蛙人纹除将折线纹作为填饰纹饰外，还与网格三角纹错落排列。

5. "口"形纹

图2-106蛙人纹除将折线纹作为填饰纹饰外，还在"V"形蛙人纹的中间填饰"口"形纹。

6. 飞虫纹

图2-36和3-15蛙人纹的填饰纹饰形似飞虫，本书称其为飞虫纹。

7. 小圆圈纹

图2-111蛙人纹为2个螺旋状相交的样式，在尾部填饰1个小圆圈纹。

8. 目纹

图2-112和图3-31蛙人纹的中间或者上方填饰形似眼睛的圆圈纹，本书称其为目纹。

9. 三角形纹

图3-83的填饰纹饰为三角形纹。

第五章　半山马厂彩陶蛙人纹的文化内涵

制陶术是人类非常重要的一项发明，随着陶器制作技术的发展，人们能够制作的陶器造型增多，彩绘产生，然后纹饰绘制水平逐步提高，陶器的使用范围也不断扩展。林少雄在其《人文晨曦：中国彩陶的文化读解》一书中指出，"从当时的社会发展看，陶器贯穿于当时的巫术、宗教、祭祀、战争、饮食、音乐、舞蹈、墓葬、渔猎、纺织、手工艺生产等社会生活的各个层面"①。在没有文字的史前时期，图像便成为我们了解先民文化的重要窗口，目前所发现的史前时期的图像中，彩陶纹饰是其中数量最多的类型之一，诸位前辈学者的研究已经指出彩陶纹饰对我们了解史前历史与文化的重要性，如王仁湘在《甘青地区新石器时代彩陶图案母题研究》一文中曾说："彩陶图案并不是陶工随心所欲的臆造和简单的摹写，它具有深刻的历史背景。"② 我们现在通过考古工作所获得的史前彩陶纹饰反映出了他们所产生时代的历史和文化，但图像不同于文字，其内涵在流传的过程中可能会被传承，也可能会被改变，我们只能通过多学科的研究成果，通过后世的记载和民间流传下来的图像、神话、历史故事等进行推敲，在推敲过程中，有些观点是可以找到很多佐证的，有些则需要寻找更多的证据来证明，有些我们可能已经无从得知。这种不确定性是彩陶纹饰解读的特点、困境，同时也成为彩陶纹饰能够吸引更多的人探索更多的解读方式的原因之一，由此产生

---

① 林少雄：《人纹晨曦：中国彩陶的文化读解》，上海文化出版社2001年版，第78页。
② 王仁湘：《甘青地区新石器时代彩陶图案母题研究》，载中国考古学研究论集编委会《中国考古学研究论集——纪念夏鼐先生考古五十周年》，三秦出版社1987年版，第200页。

的多元解读也给当代艺术创作提供了多角度的借鉴可能。

半山马厂彩陶蛙人纹是半山马厂时期的历史和文化的反映，图像构成形式多样，是被众多学者关注的史前彩陶纹饰之一，学术界对该纹饰的文化内涵也有多种解读。张朋川在《中国彩陶图谱》中认为其"可能是一种具有农神性质的纹样"，因为"这种人形纹的上部和周围常画有谷或糜状的种子，因此可以理解成'人形'正在撒播谷种"[1]。王朝闻总主编，邓福星卷主编的《中国美术史·原始卷》认为这一纹饰和物候历法有关，"天文学是通过日、月、星辰的周期变化来掌握地球上相应的节气变化规律的科学，它是为满足制定历法时选择参照物的需要而产生的，那么，这些宏观对象的运动规律被揭示之前，人们一定也曾以自身周围与自然变化相对应的植物或动物作为参照物，预测过自然的变化。这种方法，就是比天文历法更古老、更原始的所谓'物候历法'。彩陶上作为象形纹饰所取材的那些动物，很可能就是远古时代被中华民族先民们作为物候历法主要参照的对象"[2]。徐建融的《彩陶纹饰与生殖崇拜》[3]、汤惠生的《青海史前彩陶纹饰的文化解读》[4]、朱尽晖的《仰韶文化蛙纹艺术图像考》[5] 等文章都将半山马厂彩陶蛙人纹归为蛙纹，并认为和生殖崇拜有关，如汤惠生的《青海史前彩陶纹饰的文化解读》一文将半山马厂彩陶蛙人纹作为马家窑文化蛙纹的代表纹饰放在文章的插图中，并从世界范围内探讨人类早期对蛙图像的描绘与生殖崇拜的关系。该文还进一步分析了中国的蛙纹和女娲崇拜的关系，"那么在我国由青蛙所象征的有关生命的文化观念，则集中通过史籍中的女娲来反映"[6]。汤惠生在另一篇论文《原始艺术中的"蹲踞式人形"研究》中则把半山马厂时期的蛙人纹放在蹲踞式人形图像的序列中进行考

---

[1] 张朋川：《中国彩陶图谱》，文物出版社1990年版，第152页。
[2] 王朝闻总主编，邓福星卷主编：《中国美术史·原始卷》，齐鲁书社、明天出版社2000年版，第113—114页。
[3] 徐建融：《彩陶纹饰与生殖崇拜》，《美术史论》1989年第4期。
[4] 汤惠生：《青海史前彩陶纹饰的文化解读》，《民族艺术》2002年第2期。
[5] 朱尽晖：《仰韶文化蛙纹艺术图像考》，《西北美术》2005年第2期。
[6] 汤惠生：《青海史前彩陶纹饰的文化解读》，《民族艺术》2002年第2期。

第五章 半山马厂彩陶蛙人纹的文化内涵

察,认为"这种象征着土地、生殖和祖先的蹲踞式人形,正是后来系统化宗教中人格神的原型或母体,同时也是后世神话中'创世纪'或'开天辟地'等文化观念的原初的具体表现"[1]。刘宝山《青海"蛙纹"溯源——论东夷族与青海蛙纹的关系》一文认为"蛙纹的产生、青海蛙纹的流行与传说时代的太昊部落及少典部落以及两者的交往、民族迁徙有着渊源关系"[2]。朱尽晖《仰韶文化蛙纹艺术图像考》一文还认为蛙人纹和古文字、古代人的文化观念有一定的联系。[3] 叶舒宪《蛙人:再生母神的象征——青海柳湾"阴阳人"彩陶壶解读》一文认为绘有蛙人纹的彩陶器是再生女神的象征器物。[4] 董文强《马家窑文化彩陶蛙纹的文化解读》一文认为"他们把人类在这一时期不能实现的精神追求都通过这种类人似神的纹饰展现在彩陶上,他们极其崇拜蛙的生殖能力,希望通过这种半蛙半人的纹饰与天地沟通,肢爪纹反映了人最具劳动能力的双手,但是这双手已被马家窑先民神人化,纹饰图案的形式不同可能是对某种精神追求的侧重"[5]。张宝静《马家窑文化彩陶蛙纹与人纹分析研究》一文将半山马厂彩陶蛙人纹归为"彩陶人纹",认为其形成的原因有"原始宗教与巫术活动""生殖崇拜""自然生活的反映"[6]等。兰凌《土家织锦"单八勾"纹饰的另一种释读》一文则通过对土家织锦的研究,认为土家织锦上的"单八勾"纹饰与半山马厂彩陶蛙人纹有关系。[7]

本章拟在前人研究的基础上,根据纹饰本身、典籍记载、民间流传故事,以及当时的社会形态,通过本书所收集的半山马厂彩陶蛙人纹图

---

[1] 汤惠生:《原始艺术中的"蹲踞式人形"研究》,《中国历史博物馆馆刊》1996年第1期。
[2] 刘宝山:《青海"蛙纹"溯源——论东夷族与青海蛙纹的关系》,《青海社会科学》1995年第5期。
[3] 参见朱尽晖《仰韶文化蛙纹艺术图像考》,《西北美术》2005年第2期。
[4] 参见叶舒宪《蛙人:再生母神的象征——青海柳湾"阴阳人"彩陶壶解读》,《民族艺术》2008年第2期。
[5] 董文强:《马家窑文化彩陶蛙纹的文化解读》,《大众考古》2018年第6期。
[6] 参见张宝静《马家窑文化彩陶蛙纹与人纹分析研究》,硕士学位论文,西北师范大学,2018年,第57—60页。
[7] 参见兰凌《土家织锦"单八勾"纹饰的另一种释读》,《装饰》2019年第12期。

◈◈ 研究篇 ◈◈

例分析其文化内涵。

第一节　半山马厂彩陶蛙人纹所具有的多种形象特征

由于没有文字辅助解释或证实，按照纹饰与自然物的相似性理解史前彩陶纹饰是学术界惯用的方法之一，如半坡彩陶鱼纹、马家窑彩陶鸟纹，都是因为纹饰和鱼或鸟的形象接近而得名。而且"摹仿是驻守在人类心理深层的一种机能和倾向，它通过主体的活动来实现，并体现在一定外在的物质形式上"[1]，各地的原始艺术大都有模仿自然物的现象，所以这种方法是有一定的依据的。

有说半山马厂彩陶蛙人纹表现的是蛙，有说表现的是人，通过上一章对其图像构成的分析，我们发现有些图像更像蛙，有些图像更像人，有些图像还像其他动物。本节就从蛙人纹和自然物的相似性角度进行分析，作为探讨其文化内涵的基础。

一　与蛙有关的蛙人纹

虽然半山、马厂时期的蛙人纹和仰韶文化彩陶蛙纹、马家窑类型彩陶蛙纹在造型上存在比较大的差异，但有些蛙人纹还是带有明显的蛙的特征，除了其匍匐状与蛙纹类似外，下半部分为四肢作匍匐状，前肢和后肢皆为2节的纹饰（如图2-109），后肢与躯干之间形成一个倒抛物线的弧，这个弧的形状明显和蛙类动物的臀部很接近。省略头部、躯干无下延、尾部呈三角状的几种形式的蛙人纹尾部也具有这一特征，躯干从一侧看有下延，从另一侧看无下延的纹饰又给我们提供了躯干无下延和躯干有下延两种造型特征合二为一的过程，图2-8纹饰右边已经是躯干下延的画法，而左边的倒抛物线形状依然存在，图2-76则相反，左边已经是躯干下延的画法，而右边的倒抛物线形状依然存在。

蛙在中国新石器时代至商周时期都是比较常见的艺术形象，半坡、

---

[1]　邓福星：《艺术前的艺术》，山东文艺出版社1986年版，第135页。

· 156 ·

第五章　半山马厂彩陶蛙人纹的文化内涵

庙底沟时期的圆头蛙纹自不必说，辛店、齐家时期的蛙纹又是另一种描绘方式。"蛙纹（蟾蜍纹）是中国母系氏族社会文化遗存中的第二种基本纹样。它比鱼纹出现稍晚，分布更为广泛。东起河南省渑池县著名的仰韶村，河南陕县庙底沟，中经陕西省华阴县西关堡，临潼县姜寨，西至甘肃马家窑，青海省乐都县柳湾，有众多数量的蛙纹彩陶出土。"① 蛙图像不仅在史前彩陶纹饰上比较常见，在内蒙古阴山岩画、商周青铜器纹饰、汉代画像石图像等其他艺术形式中也有对蛙的描绘。在各民族的民间艺术中也常见蛙的形象。但是半山马厂彩陶蛙人纹与这其中的很多图像差别很大，只与其中的一小部分看起来渊源比较深，所以历史上积淀下来的有关蛙所包含的文化内涵是否能够全部用来解读半山马厂彩陶蛙人纹还是需要进一步研究的，具体的区别将在第六章分析。

二　与人有关的蛙人纹

半山马厂彩陶蛙人纹中最具代表性的与人有关的纹饰就是图3-17，绘制于青海乐都柳湾出土的1件彩陶壶的外腹部，在其背面是1个人形浮雕。通过第四章对半山马厂彩陶蛙人纹对称组合纹饰图像构成的分析，大部分蛙人纹的对称组合纹饰也是蛙人纹，对称组合纹饰为其他图像的数量较少，由于该彩陶壶浮雕的一面明显是人的形象，所以推断其背面的蛙人纹也是表现人的形象的可能性比较大。对于这一问题，李智信曾有比较详细的论述：

> 马厂类型的彩绘图案几乎都是对称的，一件器物的正面与反面，侧面与另一侧面都呈对称状。正面是"蛙状"，背面也几乎都是同样的"蛙纹"；一侧是圆圈纹，另一侧也会是图案基本相同的圆圈纹。刘溥同志在《青海彩陶纹饰》中收录了近720幅马家窑文化彩陶图案，只有5幅不完全对称，其中完全不对称的仅2幅。即使是这5幅图案，也并不都是杂乱无章、毫无规律可言的，而是每

---

① 赵国华：《生殖崇拜文化论》，中国社会科学出版社1990年版，第180页。

◈◈ 研究篇 ◈◈

一幅图案内的分组样式在大致轮廓上都相近。由此看，裸体人像壶背面的"蛙纹"应该是正面人像的对称图案，应该是人纹。①

这一观点既有一定的说服力，又有反面的例证。具有说服力的一点是这件彩陶壶在泥塑人像的下面也绘有带芒纹的折肢纹，而反面的例证在本文所收集的图2-12蛙人纹的背面是一个犬纹，如果用这一逻辑推断，那蛙人纹又应该是犬纹。所以并不是所有的蛙人纹都与人形纹有关，只是其中的一部分与人形纹有关。而图2-12、2-35和图3-93明显是人形纹。其中图3-93是与人有关的蛙人纹中比较有代表性的纹饰，表现的是人的骨骼。图2-35纹饰呈人自然站立，双臂下垂状。这2例纹饰都是内彩纹饰，而保留头部和前肢的内彩蛙人纹类型也带有婴儿的特征，如图3-16。陆思贤也曾将这一造型的纹饰列为"婴儿式蛙纹"，认为他们"头部很大，身部很小，状如初生的婴儿……身部与头部相比，显得非常细小，两只肥胖的小胳膊，向上举起，酷如婴儿在翻滚哇哇哭泣"②。

另外，据李智信的文章所述，"1991年民和县博物馆的同志在民和县松树乡山架背后征集到一件泥质红陶壶，壶颈肩部已变形，腹上部用泥塑一个'蛙纹'，其形状与彩绘图案中的带头变形蛙纹相同……同时也可以说它是裸体人像壶的缩写，与裸体人像壶表现的是同样的内容，只不过在表现手法上更简单、更抽象一些"③，有力地说明蛙人纹中有一些是表现人的。

三 与蜥蜴有关的蛙人纹

图3-36是绘于彩陶壶外腹部的蛙人纹，从形态上看很像蜥蜴，从

---

① 李智信：《关于马厂类型四大圆圈纹与蛙纹的几点看法》，《考古与文物》1995年第4期。
② 陆思贤：《甘肃、青海彩陶器上的蛙纹图案研究》，《内蒙古师大学报》（哲学社会科学版）1983年第3期。
③ 李智信：《关于马厂类型四大圆圈纹与蛙纹的几点看法》，《考古与文物》1995年第4期。

第五章　半山马厂彩陶蛙人纹的文化内涵

刘溥著《青海彩陶纹饰》发表的展开图①看，该纹饰的对称组合纹饰是一个四肢纹饰，形态与蜥蜴更接近。而图3－48从形态上看同样也具有蜥蜴的特征。

另外，张朋川在《彩陶艺术三题》一文中认为，王新村收藏的1件半山类型彩陶上的蛙人纹"如从形体特征来看，被人格化的动物与蜥蜴最类似，并且可以找出人与蜥蜴合体的纹饰发展的轨迹"②。

在古代彩陶纹饰中，蜥蜴纹也是比较常见的纹饰。河南汝县洪山庙曾出土有蜥蜴纹彩陶。③"甘肃广河县辛店文化的彩陶壶和玉门火烧沟四坝文化的彩陶壶（罐）上绘画的蜥蜴图像，以及河南洛阳西干沟豫西龙山文化中的高领瓮耳上，陕县庙底沟仰韶文化陶瓮口沿上，陕西铜川市前峁史家类型陶罐口沿上和浙江余姚河姆渡文化陶器口沿上的蜥蜴塑像等"④都是其中的代表。

四　与符号有关的蛙人纹

图2－7和图2－38无论从造型看还是从绘制方式看都像符号。图2－7如果不看纹饰的头部，躯体很像符号，纹饰的形态具有抽象性，绘制则非常规整，虽然是颜料所绘，处处显得像是刻划上去的。图2－38笔势平直，用力均衡，也很像刻划符号。

在早期人类发展过程中，文字的形成是一个相当漫长的过程。中国最早成体系的汉字甲骨文距今约3400年，已经是相当成熟的文字，那么原始汉字的起源就更为久远。文字是交流的媒介，其形成和发展的形式必然和人们的日常生活密切相关，1954年河南省文化局文物工作队第一队在距郑州商城东约200米的白家庄地段内发现陶文⑤，"1973年，河北省博物馆、文物管理处在藁城台西村商代遗址的发掘中，获得了十

---

① 参见刘溥《青海彩陶纹饰》，青海人民出版社1989年版，第102页。
② 张朋川：《彩陶艺术三题》，《装饰》2005年第6期。
③ 参见谢端琚、叶万松《简论我国中西部地区彩陶》，《考古与文物》1998年第1期。
④ 李仰松：《我国谷物酿酒起源新论》，《考古》1993年第6期。
⑤ 参见河南省文化局文物工作队第一队《郑州白家庄遗址发掘简报》，《文物参考资料》1956年第4期。

研究篇

二片有刻划文字的陶器残片"①。郑州二里岗和安阳殷墟也发现过带有陶文的陶器或陶片，周代发现的陶文数量更多，说明在陶器上做标识是比较早的，这些符号是否是文字尚无法确定，但也为陶器上刻划符号的解读提供了一个思考方向。

新石器时期陶器上也发现了很多刻划或彩绘的符号，"天水西山坪出土一件陶钵，内壁用红彩画一'山'字形，它是目前所知我国最早的彩绘符号"②，在大地湾一期文化的"钵形器的内壁发现十多种彩绘符号"，在仰韶早期直口钵口沿外部的"宽带纹上还发现十多种刻划符号"③。"在半坡、姜寨、北首岭等遗址出土 270 件刻有符号的彩陶钵，共计 50 多种不同的符号。"④甘肃永靖马家湾遗址出土的"彩陶中还出现有'×''⊠''-'之类的彩绘符号"⑤。"寺洼文化遗存中发现有陶器符号则见于西和栏桥和庄浪徐家碾两处墓地……栏桥墓地出土了较多的陶器符号。符号皆刻划而成，据统计共有 42 件器物上刻有 21 种不同形式……徐家碾墓地出土的陶器中带有'⊠''十''个''仌'等形式的刻划符号。"⑥甘肃永昌鸳鸯池新石器时代墓地"在墓 69 人骨架之脚部放置一套灰色陶盅，在一小盘内盛九个很小的陶盅……盘与盅的底部内外均有不同的刻划，有'十''＜'形等"⑦。甘肃永靖莲花台黑头咀辛店文化遗址的陶器上发现有"×""二""⊓"形等符号。⑧

---

① 季云：《藁城台西商代遗址发现的陶器文字》，《文物》1974 年第 8 期。
② 谢端琚、叶万松：《简论我国中西部地区彩陶》，《考古与文物》1998 年第 1 期。
③ 甘肃省博物馆文物工作队：《甘肃秦安大地湾遗址 1978 至 1982 年发掘的主要收获》，《文物》1983 年第 11 期。
④ 谢端琚、叶万松：《简论我国中西部地区彩陶》，《考古与文物》1998 年第 1 期。
⑤ 中国科学院考古研究所甘肃工作队：《甘肃永靖马家湾新石器时代遗址的发掘》，《考古》1975 年第 2 期。
⑥ 谢端琚、瓯燕：《黄河上游史前陶器符号与图像研究》，《考古学集刊》2006 年。
⑦ 甘肃省博物馆文物工作队、武威地区文物普查队：《永昌鸳鸯池新石器时代墓地的发掘》，《考古》1974 年第 5 期。
⑧ 参见中国社会科学院考古研究所甘肃工作队《甘肃永靖莲花台辛店文化遗址》，《考古》1980 年第 4 期。

第五章　半山马厂彩陶蛙人纹的文化内涵

甘肃临夏盐场遗址辛店文化的彩陶上也发现有很多刻划符号。① 1977年9月清理的甘肃东乡崖头辛店文化墓葬中，编号为收集127号的彩陶壶和收集120号的彩陶罐"耳上有'⊠'形等纹"，出土的M2：2彩陶罐"耳上绘'⊠'形纹"②。"仅发掘的青海柳湾墓地就有679件器物上记了不同符号共计139种。"在临潼白家村也发现过"M、F、E形组合纹等诸符号"③。

彩陶和人们的生活密切相关，因此很多古文字学者从彩陶上寻找文字的端倪，认为彩陶符号可能就是原始文字的源头，郭沫若曾说："在我看来，彩陶和黑陶上的刻划，应该就是文字的原始阶段。"④

图2－38彩陶盆内壁的纹饰就是两个"个"形符号和两个加了圆形头部的"个"形符号，这种符号在大地湾一期钵内彩绘符号和仰韶早期宽带纹彩陶钵上的刻划符号中都有发现。⑤如果图2－7只看四肢就是"╳"形符号的形状。另外在青海柳湾墓地发现的"卐"字符号，也被认为和蛙人纹有一定的关系，如赵国华认为"起初是蛙肢纹变形为'雷纹'，蛙爪犹清晰地摹画出来；进一步的演化是蛙爪消失，变成单纯的'雷纹'；尔后，所谓'雷纹'开始朝着4个不同的方向勾画，开始形成'卐'纹样"⑥。

第二节　半山马厂彩陶蛙人纹的组合纹饰所具有的多种形象特征

通过第四章第二节对蛙人纹组合纹饰的图像构成分析，具有形象特

---

① 参见甘肃省文物考古研究所、甘肃省博物馆历史部《甘肃临夏盐场遗址发现的辛店文化陶器》，《考古与文物》1994年第3期。
② 甘肃省博物馆文物工作队：《甘肃东乡崖头辛店文化墓葬清理记》，《文物》1981年第4期。
③ 谢端琚、叶万松：《简论我国中西部地区彩陶》，《考古与文物》1998年第1期。
④ 郭沫若：《古代文字之辨证的发展》，《考古》1972年第3期。
⑤ 参见甘肃省博物馆文物工作队《甘肃秦安大地湾遗址1978至1982年发掘的主要收获》，《文物》1983年第11期。
⑥ 赵国华：《生殖崇拜文化论》，中国社会科学出版社1990年版，第199页。

◆◆ 研究篇 ◆◆

征且不止一次出现的纹饰有大圆圈纹、葫芦纹、颗粒纹、水纹，本节从这些组合纹饰的角度进行分析，探讨蛙人纹的文化内涵。

一 与大圆圈纹组合的蛙人纹

在本书所收集的 195 件能够获得相邻组合纹饰信息的彩陶器中，有 114 件器物上所绘蛙人纹是和大圆圈纹的组合，大圆圈纹和蛙人纹两两相对，出现在蛙人纹的两侧。除这 114 件外，图 2-20、2-134、3-2、3-62、3-81、3-89 这 6 件彩陶上所绘蛙人纹本身就是大圆圈纹的内部装饰。

大圆圈纹"源于马家窑类型晚期，在半山类型彩陶中出现率很高。主题花纹由一组圆圈构成，圆圈或大或小，疏密不一，一般 4 个一组，也有两个一组，或多达 8 个一组的"[1]。到马厂时期四大圆圈纹则成为最常见也最富代表性的纹样之一，"《青海柳湾》报告作者对柳湾墓群中的 845 座马厂类型墓葬中所出的 7500 余件彩陶的纹样进行了排比、分析，认为在 505 种单独纹样中，'圆圈纹的纹样有 414 种'"[2]。和半山马厂彩陶蛙人纹同时出现的圆圈纹，内部纹饰和单独的圆圈纹内部纹饰同样丰富，而且蛙人纹的头部纹饰也和这些圆圈纹的纹饰一样有很多变化。

二 与葫芦纹组合的蛙人纹

葫芦纹与蛙人纹组合的数量比圆圈纹要少很多，但并不是偶然现象，本书收集有 5 例蛙人纹和葫芦纹组合的纹饰。

"葫芦是我国最古老的蔬菜植物之一，在我国距今七千多年前的古代遗址中，就发现过碳化葫芦遗物。如新石器时代早期的河南新郑裴里岗遗址出土的葫芦皮，河姆渡遗址出土的葫芦籽。"[3] "一些考古学者与民俗学者研究指出：葫芦与我国众多原始文化有密切联系：'匏''瓠'

---

[1] 李水城：《半山与马厂彩陶研究》，北京大学出版社 1998 年版，第 55 页。
[2] 李智信：《关于马厂类型四大圆圈纹与蛙纹的几点看法》，《考古与文物》1995 年第 4 期。
[3] 何周德：《葫芦形器物与生育崇拜》，《考古与文物》1996 年第 3 期。

第五章 半山马厂彩陶蛙人纹的文化内涵

'壶''盉'等字，都与葫芦相关；'伏羲''女娲''盘瓠''合瓠''沙壶'这一类记载传说也常常是指的有关葫芦的事物。"① 汤云航认为："'昆吾'即'壶'，'壶'即'葫芦'……'泥土造人'神话是'葫芦生人'神话衍生的产物。《吕氏春秋·君守》云：'昆吾作陶'，高诱注：'昆吾，颛顼之后，吴回之孙，陆终之子，己姓也。'为夏伯制作陶冶埏埴为器。"② 在《诗经》中有不少和葫芦有关的诗句，如《豳风·七月》"八月断壶"③，《小雅·瓠叶》"幡幡瓠叶"④，《小雅·南有嘉鱼》"甘瓠累之"⑤，《卫风·硕人》"齿如瓠犀"⑥，说明葫芦在中国古代是非常普遍的。

葫芦形器是史前彩陶很常见的器型，根据曾凡的研究，在裴里岗文化、磁山文化、仰韶文化中都很常见。"裴里岗文化……出土的'双耳壶'，器身作球形，或椭圆形，小口，其领或高或矮，确象'其造型模仿植物葫芦瓜样式'，而且是这种文化类型中'最常见，也最有代表性的器物'。……磁山文化……所出土的'双耳壶'也与裴李岗文化相似。……仰韶文化……在其泉护村、北首岭、史家、大地湾等遗址中，都出土有大量的'葫芦瓶'。"⑦

从马家窑类型开始，彩陶上的葫芦纹饰就有很多。半山时期葫芦纹成为代表性纹饰，葫芦纹的形态是很多学者对半山时期进行分期的依据，几乎每一个半山类型墓葬中都有出土。马厂时期彩陶上的葫芦形纹仍然很多。

三 与颗粒纹组合的蛙人纹

本书所收集的图例中有 9 件彩陶上的蛙人纹填饰颗粒纹。还有 1 件

---

① 王朝闻总主编，邓福星卷主编：《中国美术史·原始卷》，齐鲁书社、明天出版社 2000 年版，第 84 页。
② 汤云航：《女娲神话考源》，《承德民族师专学报》2000 年第 8 期。
③ 程俊英：《诗经译注》，上海古籍出版社 2004 年版，第 230 页。
④ 程俊英：《诗经译注》，上海古籍出版社 2004 年版，第 401 页。
⑤ 程俊英：《诗经译注》，上海古籍出版社 2004 年版，第 268 页。
⑥ 程俊英：《诗经译注》，上海古籍出版社 2004 年版，第 88 页。
⑦ 曾凡：《关于"陶匏壶"问题》，《考古》1990 年第 9 期。

研究篇

器物（图2-126）上的蛙人纹绘于陶壶的肩部，而颗粒纹绘于陶壶的腹部，虽然不在同一个装饰区域，但是绘制于同一件器物上。颗粒纹并不是仅固定出现在蛙人纹的四周，在其他彩陶纹饰中也经常出现，但由于其形状较小，经常和别的纹饰组合出现。学者称其为"谷粒纹"①"贝纹"②"叶形纹"③。

  首先分析"谷粒纹"一说，在彩陶文化时期，人类从渔猎社会发展到农耕社会，开始定居，农作物成为他们食物的主要来源。蔡莲珍、仇士华《碳十三测定和古代食谱研究》一文分析："仰韶文化时期半坡人食谱有近一半的C_4植物成分……宝鸡北首岭出土人骨的$\delta^{13}C$值反映出C_4作物摄入量与半坡相近……龙山文化时期的武功浒西庄人摄入C_4植物量与半坡、北首岭人相近……甘肃庄浪徐家碾遗址人骨反映出相当多C_4植物成分。"④根据刘长江、孔昭宸《粟、黍籽粒的形态比较及其在考古鉴定中的意义》一文，"甘肃秦安大地湾遗址大地湾一期文化中出土的黍，是我国已发现的最早记录之一；在仰韶文化早期（6000—6500年BP）遗存中鉴定出了黍和粟以及与菜籽相似的紫苏籽的存在"⑤。到半山马厂时期，粟、稷、黍等农作物经常发现，如甘肃兰州青岗岔半山遗址"在西壁下面2号彩陶罐底部灰土中，还发现有谷物（糜子）及其草秸，可能就是当时种植的粮食作物"⑥；兰州土谷台半山、马厂文化墓地"在一罐（M6:11）内发现粟粒，呈白色"⑦；青海柳湾马厂墓葬中"在粗陶瓮内发现有粟，常置于死者头旁墓门处"⑧。安志敏在《中

---

① 陆思贤：《神话考古》，文物出版社1995年版，第21页。
② 李水城：《半山与马厂彩陶研究》，北京大学出版社1998年版，第63页。
③ 刘溥：《青海彩陶纹饰》，青海人民出版社1989年版，第93—96页。
④ 蔡莲珍、仇士华：《碳十三测定和古代食谱研究》，《考古》1984年第10期。
⑤ 刘长江、孔昭宸：《粟、黍籽粒的形态比较及其在考古鉴定中的意义》，《考古》2004年第8期。
⑥ 甘肃省博物馆：《甘肃兰州青岗岔遗址试掘简报》，《考古》1972年第3期。
⑦ 甘肃省博物馆、兰州市文化馆：《兰州土谷台半山—马厂文化墓地》，《考古学报》1983年第2期。
⑧ 青海省文物管理处考古队、北京大学历史系考古专业：《青海乐都柳湾原始社会墓葬第一次发掘的初步收获》，《文物》1976年第1期。

第五章 半山马厂彩陶蛙人纹的文化内涵

国的史前农业》一文中总结:"粟俗称小米。黄河流域新石器时代的裴李岗文化、磁山文化、仰韶文化、大汶口文化、龙山文化、马家窑文化和齐家文化中都有发现,出土地点总数达二十七处。它们往往被贮藏在窖穴或陶质容器中,多已炭化或腐朽成粉末,经形态鉴定或灰像分析可以得到确认……黍的地理分布与粟相当,在华北地区是与粟共存的一种谷物。"① 农业为人们提供了食物来源,让人类定居下来。神农氏等神话反映出人们对这些谷物的崇拜已久,更有学者认为,蛙人纹和这些纹饰的组合"可以理解成'人形'正在撒播谷种,可能是一种具有农神性质的纹样"②。把颗粒纹认为是谷粒纹有一定的合理性,但是在黄河流域发现最多的粟和黍,颗粒大都是圆形,与陶器上细长的纹饰似有不同。

"贝纹说"是因为有一些该类纹饰和海贝的形状很像,特别是有些纹饰有一道缝状的线,如同海贝的缝。马家窑墓葬中确实经常出现海贝、蚌壳等陪葬品,如青海省文物管理处考古队《青海大通县上孙家寨出土的舞蹈纹彩陶盆》一文有"该墓出土的海贝、蚌壳、骨珠等都是马家窑类型墓葬中习见的"③。辛店文化遗址也有陪葬的海贝出土,在甘肃永靖莲花台辛店文化遗址中就出土过1件海贝,"保存完好,在贝的一端穿孔"④。青海柳湾墓地已经发现骨贝和石贝,如青海省文物管理处考古队、中国科学院考古研究所青海队《青海乐都柳湾原始社会墓地反映出的主要问题》一文有"墓45出土的海贝、墓91出土石贝、墓345出土的骨贝和墓503出土的蚌壳,证明了这个基本事实的存在"⑤。这类纹饰也刚好从马家窑时期开始出现。但是,这类纹饰的外形和多种植物的叶子也很接近,而且有些纹饰的画法和马家窑时期花瓣纹的画法

---

① 安志敏:《中国的史前农业》,《考古学报》1988年第4期。
② 张朋川:《中国彩陶图谱》,文物出版社1990年版,第152页。
③ 青海省文物管理处考古队:《青海大通县上孙家寨出土的舞蹈纹彩陶盆》,《文物》1978年第3期。
④ 中国社会科学院考古研究所甘肃工作队:《甘肃永靖莲花台辛店文化遗址》,《考古》1980年第4期。
⑤ 青海省文物管理处考古队、中国科学院考古研究所青海队:《青海乐都柳湾原始社会墓地反映出的主要问题》,《考古》1976年第6期。

很像,所以贝纹"说"和"叶形纹说"都有一定的合理性。

蛙人纹和颗粒纹的组合从数量上看并非偶然现象,因此也应该作为考察其文化内涵的一个方面。

四 与水有关的蛙人纹

在本书收集的图例中,甘肃会宁牛门洞出土的1件半山类型彩陶壶的外腹部所饰蛙人纹两边各有3个水泡状的纹饰,很像蛙正在水中呼吸(图2-24)。还有1件彩陶上所绘蛙人纹的填饰纹饰为水波纹,绘于青海民和加仁庄出土的1件马厂类型彩陶偏口壶上(图3-9),蛙肢的周围有水纹状涟漪,如蛙在水中游动。陆思贤认为该纹饰与鲧禹治水神话有关,他说"有的蛙纹四肢空隙处,加水珠纹或雨点纹,则又与鲧禹治水的神话吻合"[①],这一观点论证起来比较困难,但该纹饰表现水是非常明显的。

水对人类十分重要,中国民间有很多崇拜水的习俗。"云南省万石山一带的人们,每年农历正月初一或初二、初三一清早,家家户户都拿着火把,到井边去打水。到了井边,先要点燃三炷香,一对蜡烛,然后放鞭炮,焚化纸钱……居住在陕西省镇巴县瓦石坪一带的人,每年春节正月初一,家家户户提上灯笼,打着火把,带上香烛、纸帛到池塘、井边去挑水;生活在西藏、四川、青海、甘肃、云南省区的藏民,以藏历年为一年中最隆重的节日,有好些与水有关的习俗……云南大理的白族人崇拜水,视水为吉祥……贵州境内的布依族也崇拜水……广西壮族人,视水为吉祥。"[②] 原始先民都是傍水而居,说明人类很早就认识到水的重要。

洪水又有可能给人类带来灾难,中国很早就有"大禹治水"的传说,青海民和喇家史前遗址"3号和4号房址,室内都保存有因灾难死亡的人类遗骸。其中在F3内发现一对母子,而F4内则有多达14具人骨。其后,又在东边紧邻的Ⅳ区内清理出7号房址,室内也发现4个个

---

① 陆思贤:《神话考古》,文物出版社1995年版,第146页。
② 杨俊峰:《图腾崇拜文化》,大众文艺出版社2000年版,第37—42页。

第五章　半山马厂彩陶蛙人纹的文化内涵

体的人骨遗骸。在这些房址内保存下来的灾难现场，给人以强烈的震撼，显示出距今4000年前后的齐家文化时期这里曾经发生过重大灾变"①。这是洪水在考古中最早的发现。原始人那种既依赖水又恐惧水的心理，很可能对水产生一种特殊的感情。

另外，满族的"萨满神词说：宇宙开辟之初，一片汪洋。洪荒之中漫没着黑色的激流，或者'滚动着蔚蓝色的波涛'，生命从这里开始。天宫最高的女神阿布凯赫赫，巡游在这混茫的黑风浊浪中，让大海生出水泡。这水泡像蛤蟆子，越生越多，越生越大，无数水泡聚到一起，成为很大的球体，在水上漂来漂去。不知经过多长时间的孕育，从球体中蹦出了六个宁古（巨人），六个谙达（朋友），这便是满族诸神之祖"②。也许绘于甘肃会宁牛门洞出土的半山类型彩陶壶外腹部的蛙人纹两侧的水泡（图2－24）正是这种象征生命来源的蛤蟆子状的水泡，在马家窑时期的圆头蛙纹的腹部所画的代表蛤蟆子的大点和这里的水泡形状类似。

第三节　蛙人纹与半山马厂时期社会的精神文明

一　生殖崇拜的体现

"人类自身的生产和扩大再生产即种的繁殖，是远古原始社会发展的决定性因素"③，原始先民误以为生殖是和某种事物有关的，于是产生了"履大人迹生子""服鸟卵生子"之类的感生神话。而原始时期生产力低下，生活条件差，人口成活率偏低，生殖繁衍是非常重大的事情，所以原始人很容易对生殖能力比较强的动物或植物产生崇拜，认为这样可以增强人类的繁殖能力。蛙多子，是生殖能力比较强的动物，春

---

① 中国社会科学院考古研究所、青海省文物考古研究所：《青海民和喇家史前遗址的发掘》，《考古》2002年第7期。
② 汪玢玲：《论满族水神及洪水神话》，载唐戈《满—通古斯语言与文学宗教研究》，民族出版社2008年版，第316页。
③ 李泽厚：《美的历程》，天津社会科学出版社2006年版，第30页。

研究篇

天池塘里成群的蝌蚪也可以很明显地将蛙的这一特点表现出来，蛙自然也就成为生命繁衍的象征。蛙的鼓腹又和孕妇鼓起的腹部很像，更容易让人产生生殖的联想，于是蛙成为生殖崇拜的对象。

所以带有蛙形象特征的蛙人纹有可能与生殖崇拜有关。"由于上古始民或原始部落不懂得人类的生殖现象，误以为本氏族部落的产生与某些实物有关。所以便以为本氏族的繁衍与某些实物存在血缘关系，这些实物就是该部族人的图腾。"[1] 很多部落都选择生殖能力较强的动物或植物作为图腾，或者说生殖崇拜慢慢发展出图腾崇拜。原始彩陶图案往往被认为和图腾崇拜有很大关系，半坡时期的先民因为其彩陶上多鱼纹被推测为是以鱼为图腾的部族，而我国东部和南方先民则因为彩陶上的鸟纹饰或鸟形陶器被推测为是以鸟为图腾的部族。蛙人纹在甘肃青海地区彩陶纹饰中大量出现，很有可能也是该地某一部落的图腾。有学者认为"'孕'字古文从'肉'从'黾'……又从'女'从'黾'……'黾'为蛙类，当可无疑"[2]。汤云航《女娲神话考源》一文对以蛙为图腾标志的少数民族做了梳理，"普米族称蛙为'波底阿扣'，普米语'波底'为'蛙'，'阿扣'为'舅''波底阿扣'意为'蛙舅'。他们严禁捕捉蛙类动物，见到外族人亦严词制止。有时锄地遇到青蛙，也要用板锄轻轻铲起放置地头，并恭敬地说：'波底阿扣，请居上位。'壮族的瓯部落也以青蛙为图腾，后衍为全民族的图腾。壮族的蚂拐节实际是以图腾为牺牲的祭祀仪式。壮语'蚂拐'意即青蛙，蚂拐节分找蚂拐、孝蚂拐、葬蚂拐三个阶段，可能是图腾圣餐仪式发展演变的结果。满族中也有所谓'蛙母'神话，至今在满族中尚有崇拜'蛙母'的习俗"[3]。严汝娴、宋兆麟在《永宁纳西族的母系制》一书中写道："另一个女神，是木里县屋脚村供奉的'巴丁拉木'。'巴丁'系普米族语，意为青蛙，象征龙。"[4]。由

---

[1] 于文杰：《艺术发生学》，上海人民出版社1995年版，第62页。
[2] 刘志基：《汉字文化纵论》，广西教育出版社1996年版，第25页。
[3] 汤云航：《女娲神话考源》，《承德民族师专学报》2002年第3期。
[4] 严汝娴、宋兆麟：《永宁纳西族的母系制》，云南人民出版社1983年版，第199页。

第五章　半山马厂彩陶蛙人纹的文化内涵

此推测，蛙人纹也有可能因为生殖崇拜而成为一个群体的图腾，但是否为半山马厂时期某一个群体的图腾还需要更多的材料去论证。

二　祖先崇拜的体现

于文杰说："祖先崇拜是基于早期人类灵魂不灭和图腾崇拜意识产生的一种崇拜形式，这种崇拜，把人的心理寄托从对象世界转向人类自己，一方面，人类崇拜自己的先辈；另一方面，人类开始产生崇拜自己的心理。"①

在原始社会，人的生老病死还是一个无法解释的现象，人类的产生更是一个谜，而这些正是人类共同关注的问题。西方上帝创造亚当、夏娃的传说，中国女娲造人的传说，都是出于早期人类对自身起源问题的思考。从中国古代神话看，大都有一个神化的祖先，这个祖先最多的说法就是女娲，古代典籍记载中女娲造人大概有几种说法：

> 俗说天地开辟，未有人民，女娲抟黄土作人，剧务，力不暇供，乃引绳于絙泥中，举以为人。
> ——《太平御览》卷七八引《风俗通》
>
> 昔宇宙初开之时，只有女娲兄妹二人在昆仑山，而天下未有人民。议以为夫妻，又自羞耻。兄即与其妹上昆仑山，咒曰："天若遣我兄妹二人为夫妻，而烟悉合；若不，使烟散。"于烟即合，其妹即来就兄。
> ——《独异志》卷下②

《楚辞·天问》中也有："登立为帝，孰道尚之？女娲有体，孰制匠之？"意为："女娲登位为帝，是什么道理人们尊奉她？女娲是化育万物之体，她又是谁制造出来的？"③

---

① 于文杰：《艺术发生学》，上海人民出版社 1995 年版，第 68 页。
② 汤云航：《女娲神话考源》，《承德民族师专学报》2000 年第 8 期。
③ 姜亮夫：《屈原赋今译》，北京出版社 1987 年版，第 102 页。

研究篇

"蛙"和"娲"同音，很多学者认为"娲"和"蛙"有很大关系，或者说"娲"就是"蛙"。如杨堃"认为女娲氏的由来，原是一个通名而非专名，是指生育人类的原始祖母而言。其所以名之为娲者，是由于婴儿的叫声。而婴儿的叫声又和蛙的叫声相同，故认为蛙是和婴儿和全氏族同体，所以，这一氏族叫蛙氏族，蛙便是这一氏族的图腾。这位女氏族长便被后人尊称为女娲氏"[①]。赵国华说："远古人类以蟾蜍象征女性生殖器子宫（肚子），尔后发展出以蟾蜍象征女性的意义，遂有嫦娥、女娲的出现。"[②] 何星亮说："在我看来，娲即蛙当属无疑义。而女与雌义同，所谓女娲其实就是'雌蛙'，大概雌蛙原是某氏族部落的图腾，后来图腾演化为神，雌蛙也演变成女娲。"[③] 从原始崇拜的发展来看，应该是蛙图腾人格化的过程，或者说是祖先神化、图腾化的过程，于是"蛙"和"女娲"有了千丝万缕的联系，体现在半山马厂彩陶蛙人纹上就是融合成了一个似蛙又似人的形象。青海乐都柳湾出土彩陶壶上的人形浮雕（图3-17），就有学者认为是女娲。

关于人类起源的问题，中国神话传说中还有一个说法，那就是"葫芦生人"，《诗经·大雅·绵》有"绵绵瓜瓞，民之初生"[④] 之语。本书所收集的5例以葫芦做临近组合纹饰的蛙人纹都是在2个葫芦之间有1个蛙人纹，很可能和"葫芦生人"的说法有关系。闻一多在《伏羲考》中总结了人类流传下来的神话中关于造人素材的6种形式："一、男女从葫芦中出；二、男女坐瓜花中，结实后，二人包在瓜中；三、造就人种放在鼓内；四、瓜子变男，瓜瓤变女；五、切瓜成片，瓜片变人；六、播种瓜子，瓜子变人。"经过对这6种形式的分析认为："全部造人素材的问题，便是造人素材与葫芦的关系问题。"[⑤] 关于葫芦的传说

[①] 杨堃：《女娲考——论中国古代的母性崇拜与图腾》，载杨堃《杨堃氏族研究文集》，民族出版社1991年版，第502页。

[②] 赵国华：《生殖崇拜文化论》，中国社会科学出版社1990年版，第209页。

[③] 何星亮：《中国图腾文化》，转引自汤云航《女娲神话考源》，《承德民族师专学报》2000年第8期。

[④] 程俊英：《诗经译注》，上海古籍出版社2004年版，第413页。

[⑤] 闻一多：《伏羲考》，载闻一多《神话与诗》，武汉大学出版社2009年版，第45页。

第五章　半山马厂彩陶蛙人纹的文化内涵

还和洪水有关，传说洪水来时，伏羲、女娲是躲在葫芦里才得以生存的。《水经注·渭水》载："瓦亭水又西南出显亲峡。石宕水注之，水出北山，山上有女娲祠。"①"瓦亭水即今葫芦河。这又与女娲和葫芦传说吻合。"②闻一多还认为伏羲、女娲就是葫芦，他说："我试探的结果，'伏羲''女娲'果然就是葫芦。"③云南"哀牢山区的彝族有供奉'祖灵葫芦'的习俗"④。"生活在湖南、湖北、四川和贵州四省相连地带的土家人，他们崇拜葫芦，相信人类是由葫芦再造的……因此土家族至今崇拜葫芦，把葫芦供奉在神龛上。"⑤

无论蛙人纹能否和女娲相联系，从其与人形纹相关的纹饰来看，所具有的祖先崇拜的文化内涵是有一定可能的。

三　自然崇拜的体现

"自然崇拜，主要是指人类对日月星辰、山川湖泊、风雨雷电等自然现象的崇拜，即把自然物和自然力看作有生命、意志和伟大力量的对象而加以崇拜。"⑥原始人日出而作，日落而息，对昼夜更替的自然现象没有科学的解释，自然会对日月星辰等天体产生崇拜，从至今流传的很多民间传说中，还可以看出一些端倪。

日月星辰作为原始彩陶纹饰也是很早就有的。1972—1975年河南郑州大河村曾出土有"太阳纹、月亮纹……星座纹"⑦的彩陶。甘肃永靖莲花台瓦渣咀辛店文化遗址出土的陶器上发现有太阳纹，"在瓦渣咀的彩陶罐上还发现有光芒四射的太阳纹，这大概是当时人们对太阳这种自然界现象的真实写照，也是对太阳崇拜的一种思想意识的反映"⑧。

---

① （北魏）郦道元：《水经注疏》，江苏古籍出版社1989年点校版，第1487页。
② 林少雄：《人文晨曦：中国彩陶的文化读解》，上海文化出版社2001年版，第151页。
③ 闻一多：《伏羲考》，载闻一多《神话与诗》，武汉大学出版社2009年版，第46页。
④ 白兴发：《彝族文化史》，云南出版社2002年版，第95页。
⑤ 杨俊峰：《图腾崇拜文化》，大众文化出版社2000年版，第8页。
⑥ 于文杰：《艺术发生学》，上海人民出版社1995年版，第58页。
⑦ 李昌韬：《大河村新石器时代彩陶上的天文图像》，《文物》1983年第8期。
⑧ 中国社会科学院考古研究所甘肃工作队：《甘肃永靖莲花台辛店文化遗址》，《考古》1980年第4期。

研究篇

"公元前168年埋在地下的长沙马王堆三号汉墓帛书中就有二十九幅图,画着各种形状的彗星。……和云、气(包括蜃气、晕和虹)、月掩星、恒星等排在一起的,共约二百五十幅图,全长1.5米。"[1] 1985年冬和1965年夏,在杭州施家山南坡和杭州玉皇山下分别发掘了死于952年的五代吴越文穆王钱元瓘次妃吴汉月和死于940年的钱元瓘的墓,"两座墓的后室顶部都有石刻星象图,原石不仅加工细致,星象位置也相当准确"[2]。可见人类对日月星辰的注意已久。

对日月星辰的崇拜中,最深的莫过于对太阳和月亮的崇拜。"古代神话传说,羲和为太阳御者,驾驭由六条龙拉的日车,白天行于天上,夜晚宿于虞渊,日车入虞渊即黄昏,出虞渊则破晓。"[3] 传说中华民族的祖先之一炎帝被称为太阳神。我们的祖先认为日中有踆鸟,《山海经·大荒东经》:"一日方至,一日方出,皆载于乌。"[4] 在汉代画像石、画像砖上也经常出现"伏羲捧日"的图像,日中一般都有一鸟。

蛙在中国古代是和月亮崇拜有关的。有谚曰:"鸡叫太阳蛙叫月。"中国民间流传的嫦娥奔月的故事中,嫦娥到月亮上变成一只蟾蜍,《淮南子·览冥训》:"譬若羿请不死之药于西王母,姮娥窃以奔月。"[5] 在河南"南阳汉画像石中有不少金乌、蟾蜍和日月合璧的图像"[6]。中国古代典籍中,有很多对月亮中蛙的描写。《楚辞·天问》有:"夜光何德,死则又育?厥利维何,而顾菟在腹?"[7] 《淮南子·精神训》有:"日中有踆乌,而月中有蟾蜍。"[8]于是蛙成为月亮的代表,汉代画像石中,很多女娲捧月的图像中都有蛙的形象。

本书所收集的图例中,圆圈纹在半山马厂彩陶蛙人纹的相邻组合纹

---

[1] 席泽宗:《马王堆汉墓帛书中的彗星图》,《文物》1978年第2期。
[2] 伊世同:《最古的石刻星图——杭州吴越墓石刻星图评介》,《考古》1975年第3期。
[3] 杨俊峰:《图腾崇拜文化》,大众文艺出版社2000年版,第19页。
[4] (清)婺源汪绂:《山海经存》,杭州古籍书店1984年版,卷之八,大荒东经第十四,四页左。
[5] 赵宗乙:《淮南子译注》,孟庆祥等译注,黑龙江人民出版社2003年版,第318页。
[6] 周到:《南阳汉画象石中的几幅天象图》,《考古》1975年第1期。
[7] 金开诚、高路明选注:《屈原选集》,人民文学出版社1998年版,第98页。
[8] 周志颖:《〈天问〉"顾菟在腹"考》,《西安航空学院学报》2019年第4期。

饰中占绝大多数。有学者认为半山马厂时期的大圆圈纹是以马家窑时期的鸟纹为纹饰母题的,如果从这一角度看,再取蛙人纹中蛙的特征,象征太阳的鸟纹变体纹饰和象征月亮的蛙纹变体纹饰结合,那么这一组合则是日月崇拜相结合的结果,是自然崇拜的体现。

第四节 蛙人纹与半山马厂时期人类的日常生活

一 与原始历法的关系

在半山马厂彩陶蛙人纹的分类中,我们已经指出,考古发现粟等农作物是半山马厂时期先民的主要食物来源,那么他们赖以生存的原始农耕,必然直接受植物春华秋实规律的制约,原始人也必然对气候予以关注,所以历法是农业社会必须慢慢掌握的知识。很多学者推测在历法出现以前,有一个物候历法阶段,就像上文引用王朝闻总主编、邓福星卷主编《中国美术史·原始卷》中的"以自身周围与自然变化相对应的植物或动物作为参照物,预测过自然的变化"[①]。中华文明的发源地黄河流域四季分明,半山、马厂类型所处的地理位置更是如此,四季更替的现象必然引起先民的注意。一般来说,四季交替比较明显的地方,季节性出现的动物也很明显,古代人很注意观察这些现象,如辛弃疾的诗句:"稻花乡里说丰年,听取蛙声一片。"中国也有用布谷鸟掌握农时的做法。在贵州布依古代岩画中还有物候历法图像,如开阳县的"画马岩"、关岭县的牛角井岩画、长顺县的付家院红洞岩画、六支花洞岩画、花江的马岩画、贞县的"七马图"岩画等。[②]

蛙的出现是非常有季节性的。蛙属于冬眠类动物,天气寒冷的时候,它们蛰伏起来,直到第二年春天天气变暖才出来。青蛙的生活习性与农作物及植物的萧条、发芽、繁殖等差不多都保持同一步骤。特别是在多雨季节,总能有阵阵蛙声充斥于耳。原始人在长期的农耕探索过程

[①] 王朝闻总主编,邓福星卷主编:《中国美术史·原始卷》,齐鲁书社、明天出版社2000年版,第114页。

[②] 参见黎汝标《布依族天文历法探究》,《贵州民族研究》1993年第3期。

▩ 研究篇 ▩

中，必然要借助蛙等有季节性标示的动物来辨别农时。也有学者认为："原始人对气候转换及青蛙生活的内在规律所知甚少，同时他们又把自身的情感、意志等外推，以为青蛙亦是像人一样有感情和意志的，便错误地认为：正是因青蛙的活动才带来了季节的变化、植物的衰荣、雷雨的来临。"①而且从农业和采集的角度看，人们一般更注重春天，植物开始成长，又有了食物来源，蛙作为北方最常见的冬眠类动物，春季天气变暖时出现。蛙类被作为物候参照物是极有可能的，彩陶纹饰中对蛙的表现和原始历法有一定关系也是很有可能的。

二　对文字探索的体现

前文所述图 2-7 和图 2-38 的蛙人纹都具有符号的抽象性和规整性。有学者认为仰韶文化的彩陶纹饰孕育了汉字的萌芽，许多图案已经具有了汉字的意义，"我们不能像看待已经'经历了两三千年的发展'的甲骨文那样去看待这种原始文字。它们带有一定的任意性，在形体大小上也缺乏规范，其中一些字已经走上了汉字发展的道路，但也有些尚带有浓厚的图画性质。尽管如此，这种文字已经实现了文字本身的意义"②。也有学者认为"图形文字出现于史前晚期，大约在公元前 2800 年左右，此前的一些符号……还不能证明这就是文字或图形文字"，但也认为"史前诸多的图像可视为青铜器图形文字的渊源。例如河姆渡文化陶钵上的猪，仰韶文化的彩绘陶瓮上的带柄斧，大汶口文化的山形图形文字，良渚文化玉器上的立鸟，等等，都可在铜器铭文里找到相似的图形文字"③。

古代关于文字产生的记载与传说有："伏羲氏画卦而作'龙书'，神农氏因嘉禾而作'穗书'，黄帝见景云而作'云书'，沮诵、仓颉观鸟兽之迹而作'古文'，少昊氏作'鸾凤书'，高阳氏作'蝌蚪纹'，高

---

① 李湜：《彩陶蛙纹演变机制初探》，《美术史论》1989 年第 1 期。
② 张在明、刘夫德：《仰韶文化中的几个字》，《文博》1987 年第 6 期。
③ 杨晓能：《商周青铜器纹饰和图形文字的含义及功能》，《文物》2005 年第 6 期。

辛氏作'仙人书',帝尧得神龟而作'龟书'。"① 而被学者们认为是和文字产生有关的八卦的产生则是"古者庖羲氏之王天下也,仰则观法于天,俯则观法于地,视鸟兽之文与地之宜,近取诸身,远取诸物,于是始作八卦"②。根据这些传说和记载,再加上汉字的象形性,文字的形成应该是经历过图画阶段的。苏佟天在论述中直接提出彩陶纹饰即是最早的象形文字的观点:"彩陶装饰纹样中之鸟纹、蛙纹、鱼纹、花叶纹、人形纹、云雷纹、波浪纹、漩涡纹、圆圈纹、圆点纹、三角形纹、棱形纹、方格形纹、锯齿形纹等不就是'鸾凤书''穗书''蝌蚪文''仙人书'和'古文'吗?"③ 古文字的形成是一个长期的过程,中国的象形文字和图画应该有着密切的关系,在彩陶纹饰从宽带纹一直发展到表现植物、动物、人等复杂的形象时,象形文字也就产生了。有学者认为"大地湾一期的彩绘符号和大地湾仰韶早期及半坡、姜寨等遗址的刻划符号非常接近,两者当有承袭关系。这类符号是这一广大地区的氏族居民共同使用并经过长期发展而形成的属于指事系统的符号"④。说明古文字的形成在彩陶时期开始出现是有可能的。

第五节 蛙人纹与黄河流域的民间剪纸

自1921年以来,越来越多的史前遗存被考古学家发现,被埋藏在地下几千年的原始彩陶和玉器被成批量地发掘出来,吸引着众多的考古学家、历史学家和美术史论家。他们用各种研究方法去探索其中的奥妙。尤其是史前彩陶和玉器上很多精美、神秘的纹饰,更让人对其内涵非常好奇。

学术界的另一块宝藏——民间艺术也同样吸引了众多学者,很多人

---

① 苏佟天:《汉字与彩陶八卦》,《美术史论》1989年第1期。
② 郭彧译注:《周易》,中华书局2006年版,第380页。
③ 苏佟天:《汉字与彩陶八卦》,《美术史论》1989年版,第80—89页。
④ 甘肃省博物馆文物工作队:《甘肃秦安大地湾遗址1978至1982年发掘的主要收获》,《文物》1983年第11期。

◈◈ 研究篇 ◈◈

深入民间，对当地的民间艺术进行调查，发掘了很多以前不被学术界所知的，带有地域性和丰富的社会内涵的民间艺术形式。史前艺术与民间艺术在图像上的相似性很快引起了关注，本节从这一角度分析半山马厂彩陶蛙人纹的文化内涵。

一 民间艺术中带有原始性思维的题材

民间艺术形式多样，分布面和受众广，和很多民俗活动都有密切的联系，甚至有一些民间艺术纹样和史前彩陶上的纹饰有相似性。在各民间艺术门类中都不乏能够与史前艺术相印证的图像，如民间艺术中经常出现的鱼、蛙、葫芦等，在史前彩陶上也经常出现。而最具代表性和最引人注目的是陕北和甘肃民间剪纸中的抓髻娃娃和五道娃娃。

陕北地区位于黄河流域的黄土高原中部，在这一地区发现比较早的遗存有仰韶文化和龙山文化遗存，近年来石峁遗址等商代以前城址的发现与发掘，更是为我们了解商代以前的历史提供了重要的资料。随着时代的变迁，这里成了一个比较闭塞的地方，很多民俗活动被保留了下来，成为我们发现带有原始性思维的民间艺术作品比较有代表性的地区之一，有一些题材和考古发现的史前艺术作品有着很强的相似性。

在民间被视为保护神和繁衍之神的抓髻娃娃（图5-1），流传范围广、使用面宽，被认为是当地民众心中的保护神。而这一纹样和半山马厂时期的蛙人纹形象在造型上有相似之处。

图5-1 抓髻娃娃

第五章　半山马厂彩陶蛙人纹的文化内涵

"陇东西峰有一种招魂送病纸人，叫'五道娃娃'，这是一种巫道活动剪纸。"[①] 这种巫术性活动，是民间一种世代相传的但是带有私密性的活动，由于纸人不具有观赏性，它的造型、色彩受时尚影响便会小一些，在传承中被改变的可能性相对来说也要小一些。而恰好是这样的一个剪纸纹样，和马家窑时期的舞蹈纹彩陶盆上的纹饰有惊人的相似之处（图5-2）。靳之林认为这种拉手娃娃是陕北流行的抓髻娃娃的一种，"黄河中上游青海大通上孙家寨出土的5000年前马家窑文化彩陶盆上5个手拉手的所谓'舞蹈娃娃'彩绘符号，在5000年后的今天，在这里的民艺巫俗剪纸中，依然被作为招魂辟邪的抓髻娃娃生命之神'五道娃娃'（东西南北中五方神），活跃在农村社会生活之中"[②]。

舞蹈纹彩陶盆（马家窑文化马家窑类型）

马家窑文化彩陶盆上的舞蹈纹

五道娃娃（陕西神木剪纸）

五道娃娃（甘肃西峰剪纸）

图5-2　舞蹈纹与拉手娃娃比较图

二　民间艺术考察用于史前艺术研究的可能性

史前是一个没有文字记载的时代，面对发掘出来的那些已经不完整的先民遗骸，打制或者磨制的石器工具，造型、纹饰精美的彩陶和玉器等遗物，我们只能推测，而没有文字资料去印证。虽然我们对发掘出土

---

① 靳之林：《抓髻娃娃与人类群体的原始观念》，广西师范大学出版社2001年版，第18页。
② 靳之林：《论中国民间美术》，《美术研究》2003年第3期。

研究篇

的史前彩陶、玉器等从器型到纹饰都进行了尝试性的探索，也得出了很多结论，但是很多问题仍然像是一个个谜团。

民间艺术作为一种集体的艺术，同时也带有集体的意识沉淀，它们往往融于当地的民俗，在其中扮演着一部分作用，而这种民俗都是祖辈相传的，虽然每一时期都有所增加或减简，载体也有可能发生变化，但仍有很多远古的东西能够从中保留下来。这些被保留下来的古老思维形式，就有可能对我们理解考古发掘的大量史前艺术品有很大帮助。这种方法与很多学者运用民族学材料研究原始思维有着相似之处，朱狄曾说："由于在解释史前艺术的动机方面显然存在着困难，因此把史前文化现象与现代原始部族的文化现象作出比较是完全必要的，这种比较在西方人类学中有一个专门的术语，称之为'人种并行论'。它的主要内容就是通过对现代原始部族的思维结构、文化模式、宗教信仰的研究作为一个参照体系来与史前文化作比较研究。"[①] 那么现有的民间艺术中传承下来的人类早期的思维模式，除了可以作比较研究外，还可以作为其传承形式，对其发展进行研究。

已经有很多文章或者专著把民间艺术中的形象和史前艺术中的画面联系起来，其中大多是以此来论述民间艺术的悠久历史，把民间艺术考察的成果用于史前艺术研究的文章或专著相比较来说还是很少的。

这一方面是因为史前艺术的研究是随着现代考古学的兴起而兴起的，从研究之始就有相对科学的考古发掘资料，很多学者不愿意在这一基础上使用不能确定的民间艺术资料。另一方面，早期的民间艺术调查成果中如同考古发掘报告般严谨的资料相对较少，有些只见作品，不见作者，有些则只采访了作者本人，没有对当地的民俗进行调查，很多考察类似于民间艺术家传记，强调其个人成就而忽视了集体的力量。而工业化进程的加速又使现在的"活化石"越来越少，甚至很多民间艺术家也不能非常准确地说出他们的作品在传统民俗中的用途，甚至有些人为了商业利益，不说其用途。

---

① 朱狄：《原始文化研究》，生活·读书·新知三联书店1988年版，第783页。

第五章 半山马厂彩陶蛙人纹的文化内涵

所幸抓髻娃娃的考察与研究是比较早的,尤其是靳之林很早就开始关注这一剪纸样式。半山马厂彩陶蛙人纹与分布于黄河流域的民间剪纸抓髻娃娃在形象上的相似,也已经引起了学术界的关注,如靳之林认为"黄河流域民间剪纸中的生育之神抓髻娃娃,就是仰韶文化马厂类型彩陶的,就是半坡类型彩陶的图腾蛙"①。半山马厂彩陶具体的文化内涵,一直是学术界争论的焦点,在它是人与是蛙的两种观点中,争论的关键点在于这一纹饰在当时的具体文化内涵,将半山马厂彩陶蛙人纹与黄土高原民间抓髻娃娃剪纸进行比较,对进一步讨论半山马厂彩陶蛙人纹的文化内涵可能有一定的启发。

三 半山马厂彩陶蛙人纹与抓髻娃娃剪纸

半山马厂彩陶蛙人纹在形象上可以分为很多形式。有偏重于表现蛙的蛙人纹,有偏重于表现人的蛙人纹,有偏重于表现蜥蜴的蛙人纹,有形似符号的蛙人纹。其组合纹饰有大圆圈纹、葫芦纹、谷粒纹、水纹、圆点纹等不同的形式。这一纹饰可能存在生殖崇拜的痕迹,也可能存在祖先崇拜的痕迹,还可能体现着一定程度的自然崇拜。

抓髻娃娃剪纸的典型样式是作蹲踞状的娃娃双手上举,头部或饰双鸡,当地民众普遍视抓髻娃娃为保护神,出现在很多场合,用途广泛。靳之林把抓髻娃娃分为保护神抓髻娃娃、繁衍之神抓髻娃娃、祖先神与图腾神结合的抓髻娃娃。除了典型样式的抓髻娃娃剪纸,他认为从盛唐开始即已有记载的招魂剪纸与现在流行于黄河流域的招魂娃娃,以及用于乞求天晴的扫天婆剪纸,都算作抓髻娃娃的一类。

除了娃娃本身在形式上的分类,与抓髻娃娃组合出现的纹饰也有很多类型,有与莲花、笙、葫芦、金瓜、石榴、水瓶、单虎或双虎、双鱼、双狗、双马、猴吃桃组合的抓髻娃娃。② 还有与双猪组合的抓髻

---

① 靳之林:《抓髻娃娃与人类群体的原始观念》,广西师范大学出版社2001年版,第139页。

② 参见靳之林《抓髻娃娃与人类群体的原始观念》,广西师范大学出版社2001年版,第1—134页。

◈ 研究篇 ◈

娃娃。

半山马厂彩陶蛙人纹和黄河流域的抓髻娃娃剪纸，首先在纹饰的形象上有很大程度的相似，都是作蹲踞状的形象，只是前者出现在半山马厂时期的彩陶上，后者出现在民间流传的剪纸纹样中。两者除了形象上的相似，还有诸多相似之处。半山马厂彩陶蛙人纹有很多形态，除了标准的带有头部和躯体的纹饰外，还有省略头部、后肢、折肢等形式；抓髻娃娃剪纸也有很多形态，有的作蹲踞状，有的作站立、双手上举状，有的作拉手状，等等。半山马厂彩陶蛙人纹有神人组合的特点，尤其是偏重于表现蜥蜴等形象的蛙人纹，抓髻娃娃剪纸也有人面兽身，表现神人组合的一类。蛙人纹与谷粒、葫芦、水等组合出现，代表不同的含义，抓髻娃娃也与很多吉祥纹样组合出现。在纹饰的内涵上，研究二者的学者都从图腾崇拜、祖先崇拜等角度去解释。

四 半山马厂彩陶蛙人纹具体文化内涵试析

虽然通过对半山马厂彩陶蛙人纹本身的分类与形象分析，我们已经发现其所体现的图腾崇拜、祖先崇拜、自然崇拜等诸多文化内涵，但其具体的文化内涵或者其用途还不是非常明了。结合上述甘肃、陕北地区乃至整个黄河流域目前仍有地区流行的抓髻娃娃剪纸，我们发现半山马厂彩陶蛙人纹的具体内涵与抓髻娃娃剪纸有相似之处。剪纸作为民间艺术，有着祖辈相传的特点，从中寻找原始性的思维与在文字记载以前出现的一些带有神秘性的纹饰进行类比，给原始纹饰的解读带来更多的可能性与突破性。

通过上文对半山马厂彩陶蛙人纹与黄河流域抓髻娃娃剪纸的比较可以推测，半山马厂彩陶蛙人纹很可能与抓髻娃娃剪纸一样，是半山马厂时期先民认为具有一定的神力、用途广泛、具有多种文化内涵的崇拜物。就如同抓髻娃娃剪纸的不同形态会被用于不同的情形一样，不同纹饰构成方式和不同纹饰组合构成方式的蛙人纹除了具有时间先后的不同外，很可能还具有不同的用途。

第六章　半山马厂彩陶蛙人纹的艺术源流

第一节　半山马厂彩陶蛙人纹的形成

虽然半山马厂时期的蛙人纹已经大量出土，但该纹饰目前尚无统一的称谓，安特生在《甘肃考古记》中称其为"人形纹"①，巴尔姆格伦用"拟人纹（anthropomorphic patterns）"②形容该纹饰。很多中国学者则称其为蛙纹，如李湜在《彩陶蛙纹演变机制初探》中认为半山、马厂期的蛙人纹是带有明显抽象性、象征性的蛙纹，其原因是蛙由半坡期人们操纵自然程序的手段，转而变为被人膜拜的神灵象征，他列举了两个因素：一是传统的因袭，二是宗教神秘性的渗入。他用第一个因素解释为什么是蛙的形象："青蛙的形象早已深入人心。"用第二个因素来解释图案抽象化的原因："人们不再是原封不动地、照相般地再现现实世界中的事物了，而是在表现客观事物时掺杂着极浓的主观色彩，他们笔下的蛙纹是经过宗教崇拜意识的变形，把客观物抽象化、主观化之后再反映在陶质物质上。"③

对中国史前彩陶研究具有代表性的学者张朋川则称其为"神人

---

① 安特生：《甘肃考古记》（地质专报甲种第五号），乐森璕译，中华民国十四年六月农商部地质调查所印行，第九版。
② Nlmgren：*KanSu mortuary urns of the PanShan and MaChang groups*，《中国古生物志》丁种三号第一册（英文），北平研究院地学研究所，实业地质调查所1934年印，第189页。
③ 参见李湜《彩陶蛙纹演变机制初探》，《美术史论》1989年第1期。

◈◈ 研究篇 ◈◈

纹",并且在《彩陶艺术三题》一文中专门探讨了该纹饰的命名问题:"从马家窑类型、半山和马厂类型完整的神人纹来看,有一些基本不变的特点:上肢和下肢差不多长,都向上举伸;身子是长条状,没有臀部,且身子越过骨盆而向下延伸,更像与身子相连的长尾;大多数神人纹的头部不画五官,在圆形的头部中饰几何形纹样;蛙无颈,身子上小下大,呈三角形,并且无尾;一般图案中蛙纹的身子多作圆形或三角形,不用条形来表现。"①

专门探讨蛙人纹称谓问题的文章还有邱立新的《彩陶蛙纹、神人纹歧异评考》和胡其伟的《青海"蛙纹"彩陶的称谓问题》,但直到现在也没有对此纹饰的统一称谓,而且此纹饰的命名又出现了新的名词,"拟蛙纹""变体蛙纹""蛙形纹饰""人体纹""人蛙纹""蛙人纹""折肢纹"等都曾被用来称呼这一纹饰。

从称谓的多样可以看出半山马厂彩陶蛙人纹的形成问题尚未解决,本章在上述学者研究的基础上,进一步分析半山马厂彩陶蛙人纹形成的渊源。

一 半山马厂彩陶蛙人纹与蛙纹的渊源

通过上述现有研究成果中有关该纹饰的命名问题可知,虽然名称很多,但每一个名称都来自对其造型特征的概括,持蛙纹说的学者更是将其与马家窑类型彩陶的蛙纹及仰韶文化彩陶上的蛙纹相联系。沿着同样的思路,通过对半山马厂彩陶蛙人纹与马家窑类型彩陶蛙纹、仰韶文化彩陶蛙纹造型特征的分析,可以进一步探讨半山马厂彩陶蛙人纹的形成与马家窑类型彩陶蛙纹及仰韶文化彩陶蛙纹在造型上可能存在的关系。

在目前所见的出版物中,有3件马家窑类型彩陶上的蛙纹非常引人注目,论者也多以此纹饰为代表论述马家窑类型彩陶蛙纹的特征。1件是现藏于远东古物博物馆,出土于甘肃省临洮县马家窑的彩陶钵,其内部绘蛙鱼合体的纹饰(图6-1)。这一纹饰中蛙的腹部被夸张成圆形,

---

① 张朋川:《彩陶艺术三题》,《装饰》2005年第6期。

第六章 半山马厂彩陶蛙人纹的艺术源流

四肢用弧线绘出，躯体的一端是蛙的头部，两只圆鼓鼓的大眼睛炯炯有神，而另一端是鱼的头部，只绘出了侧面的一只眼睛，因为纹饰有蛙的四肢，一般被认为是蛙纹，仔细观察，也可以看成是鱼蛙合体纹。也有学者称其为鼋纹，躯体是一个夸张化了的圆腹，接近于正圆，内部饰网格纹饰，和圆圆的盆底相得益彰，在圆圈相对的两侧绘蛙类的四肢，另两侧绘双目的蛙头和单目的鱼头。整个纹饰和所在的器型结合紧密，布局疏密得当，纹饰的前肢和后肢呈相反的方向。

图 6 - 1　彩陶钵

另一件常被论者作为例证讨论的是出土于甘肃省兰州市雁儿湾的 1 个彩陶碗，也是在内壁绘鼓腹蛙纹，鼓腹的绘制与马家窑出土的蛙鱼合体纹相似，也是十字交叉内饰的圆圈，圆圈的一端是 2 只圆圆的眼睛为主体的蛙的头部，另一端是 3 条弧线组成的蛙的尾部。前肢和后肢分别朝向相对的方向（图 6 - 2）。该图与图 6 - 1 相比，绘制上稍显简略，比如象征腹部的圆圈纹的十字装饰，没有图 6 - 1 那么均匀，空隙处的装饰没有图 6 - 1 那么精致，但在构成形式上与图 6 - 1 基本相同。

图 6 - 2　彩陶碗

◈◈ 研究篇 ◈◈

还有 1 件是现藏于远东古物博物馆的彩陶壶，这件彩陶壶的腹部是省略了头部的蛙纹（图 6-3），该纹饰四肢向内弯曲，肢端有芒纹，与图 6-1、6-2 的突出圆腹相反，该蛙纹的腹部四边皆呈凹形，从外形上看极似一只跳跃起来的青蛙，体态轻盈。

图 6-3　彩陶壶

通过对以上 3 个纹饰进行比较，它们明显可以分为 2 种形式。一种突出了蛙的腹部，一种突出了蛙的四肢。图 6-1、6-2 明显是突出腹部的，他们的腹部不仅是圆形的，而且接近于正圆，网格装饰线绘制精细，这足以说明对圆腹的重视。相比较而言，蛙的四肢在图 6-1、6-2 中装饰性特征要多一些，从头到尾粗细一样，且非常流畅的线条使整个纹饰显得匀称、优美，但四肢根本无法支撑这个圆鼓鼓的躯体，而且围绕在四肢周围的装饰点和线更是凸显了其装饰性特征。

图 6-3 则明显是突出了蛙的四肢，四肢呈跳跃状，省略头部，腹部呈凹形，如果不是肢端的指爪状纹饰甚至难以确定这是蛙纹。纹饰的重点不再是蛙纹的腹部，因为凹下去的腹部很容易被忽视，整个纹饰以跳跃感取胜，人们看到这个纹饰的时候首先关注的是运动感，是四肢。

目前发现的仰韶文化彩陶蛙纹在形态上同样有突出腹部特征和突出四肢特征 2 种形式。陕西临潼姜寨出土的 1 件蛙纹彩陶盆（图 6-4），蛙作爬行状，背上有很多圆点，似为蟾蜍背上的肉刺，还有两幅上下相对的鱼纹，鱼作半月形，背上有鳍。盆为平底，蛙纹和鱼纹绘制在彩陶盆内壁的弧度处。甘肃秦安大地湾也出土了 1 件蛙纹彩陶盆（图 6-5），彩陶盆为圆底，蛙纹布满整个彩陶盆的内壁，蛙头部为桃形，绘黑

· 184 ·

第六章　半山马厂彩陶蛙人纹的艺术源流

彩，留2个圆点作眼睛，四肢缩小，腹部夸大并用网格纹装饰。除了这两件外，还发现了1件用戳刺的圆点组成蛙纹形状的陶器残片。这3例纹饰都是夸张蛙的腹部的蛙纹形象。从图6-5看，在仰韶文化时期，用网格纹装饰蛙纹腹部的方式就已经存在，而通过图6-4我们可以确定突出腹部的这种蛙纹明显是表现了现实世界中的蟾蜍形象，不仅四肢描绘出了蟾蜍在爬行时的状态，四肢朝向相同的方向，从关节处还能感受到在用力爬行，而且连蟾蜍背上的肉刺也不厌其烦地做了细致的描绘。这种纹饰应该是马家窑类型彩陶纹饰中强调圆腹的蛙纹的母题。

图6-4　彩陶盆 　　　图6-5　彩陶盆

在陕西汉中发现的1块仰韶文化彩陶残片上，绘制了另外1种蛙纹（图6-6），该纹饰明显呈跳跃状，背上用细长的黑线做间隔，空间处用圆点装饰，头部和前肢已残，但前肢的肢端处的指爪依然存在。从外形上看，这一纹饰明显是现实世界中的青蛙形象，背部瘦长，后肢粗壮有力，从图像上看，该纹饰强调了青蛙的跳跃能力，有一跃而起的动势。这种纹饰应该是马家窑类型彩陶纹饰中强调四肢的蛙纹的母题。

图6-6　彩陶片

◈◈ 研究篇 ◈◈

通过分析可知，在仰韶文化时期，突出圆腹特征的蛙纹经历了由极尽所能地描绘蟾蜍的外形特征、背部特征及运动特征到将纹饰背部的肉刺改变为表现圆腹的网状纹，将爬行状态的四肢改变为突出圆腹而弱化四肢。

与仰韶文化彩陶蛙纹相比，突出腹部的马家窑类型彩陶蛙纹继承了仰韶文化已经开始使用的网纹装饰蛙纹的腹部，而在头部的绘制上有所变化，从图6-4、6-5和图6-1的比较来看，图6-1的头部明显比图6-4的装饰性强，而图6-5则像是一个过渡阶段，脱离了极尽真实地描绘，但还没探索到能够与腹部相得益彰的形式。马家窑类型时期突出圆腹的蛙纹在纹饰四肢的方向上也做了调整，图6-4的蛙纹四肢是朝向同一个方向的，而图6-1、6-2的蛙纹前肢和后肢是朝向相反的方向的，而且在绘制上由稍显用力的线条变为优美匀称的弧线。

从这一类蛙纹的发展方向来看，肢体越来越弱化，腹部越来越突出，而半山马厂时期彩陶蛙人纹虽然有很多种变化，但突出圆腹特征的资料还未发现。这一类蛙纹很难与半山马厂时期的彩陶蛙人纹产生直接的联系。所以四肢作匍匐状，前肢和后肢皆为2节，后肢与躯干的连接呈倒抛物线状造型的半山马厂彩陶蛙人纹与马家窑类型强调四肢的蛙纹以及仰韶文化描绘的青蛙形象存在联系的可能性更大。

二 半山马厂彩陶蛙人纹与人形纹饰的渊源

在原始彩陶纹饰中，对人自身的描绘是常见的，半坡时期的人面鱼纹、青海大通县出土的马家窑类型舞蹈纹彩陶盆都是我们非常熟悉的。

人形彩绘和雕塑在我国分布范围很广，"目前发现最早的是在河南密县莪沟北岗裴李岗文化遗址出土的陶塑人头，黄河中上游的陕西宝鸡北首岭下层类型也出土过一件陶塑人体像，浙江海宁彭城发现的马家浜文化人面纹刻划陶片是我国南方发现最早的一件人面纹艺术品"[①]。另

---

① 张广立、赵信、王仁湘：《黄河中上游地区出土的史前人形彩绘与陶塑初释》，《考古与文物》1983年第3期。

第六章　半山马厂彩陶蛙人纹的艺术源流

外甘肃永昌鸳鸯池新石器时代墓地出土了 1 件石雕人头像和 1 件人面纹陶器圆钮，石雕人头像"在 51 号墓内，位于人骨左上臂。石质为白云石"，人面纹陶器圆钮出土于 M99，"圆钮似人头形，钮之正面雕成人面，面上深刻两眼和两鼻孔，鼻下有口，鼻脊稍突，面部填绘黑色竖道，颈上绘同心圆 2 个"[①]。甘肃甘谷县礼辛镇马家窑文化遗址出土了 1 件人面饰彩陶壶，采用雕塑与绘画相结合的艺术手法，塑出双耳及鼻，再用黑彩绘上眼睛和口。[②] 甘肃天水师赵村史前遗址发现了 1 件半山类型彩陶罐，"其中彩陶罐器腹中部有一突起人面雕塑，五官俱全"[③]。甘肃临夏市文物管理所收集到 1 件马厂类型彩陶人头像，"这件人头像为圆雕，原系某种彩陶器的顶部。泥质橙黄陶。残高 7.5、宽 6.5 厘米。人头脸部平面呈菱形，鼻系堆塑而成，刻出两个鼻孔，眼和嘴浅刻而成，脸两侧有捏塑成的扁平状耳，耳上有穿孔，是垂系饰物的。用深褐色彩绘出眉、眼眶、唇，面颊还画有两道竖线纹，鼻下画两道短竖线表示鼻准。额顶以上绘线纹表示头发，头发由中间向两边披分，呈八字形分垂于脑后。颈部微收，肩部绘一圈宽带纹"[④]。

人头形器口彩陶瓶也有多处发现，秦安县寺嘴大队发现 1 件人头形器口红陶瓶，"此瓶的器口为陶塑人头，雕塑手法比较简朴，造型单纯。人头顶上亦有一孔，额上部有堆起的横置泥条，以示额上有一排短发。眼睛亦为雕空的小圆孔，但在眼圆孔外堆加一圈凸起的泥条，使眼睛在脸部显得突出。鼻子塑法较简单，无弹孔，塑成微向上翘的三角体的鼻子。嘴亦是向里刻成凹洞，呈微张状。两耳也各有垂系饰物的耳孔"[⑤]。秦安县邵店大地湾仰韶文化遗址出土 1 件人头形器口彩陶瓶，"瓶的器口做成圆雕的人头像，人头的形象塑造得细致生动，头发的发式刻划得

[①] 甘肃省博物馆文物工作队、武威地区文物普查队：《永昌鸳鸯池新石器时代墓地的发掘》，《考古》1974 年第 5 期。
[②] 佚名：《甘肃甘谷县礼辛镇遗址出土人面饰彩陶壶》，《考古与文物》1991 年第 2 期。
[③] 中国社会科学院考古研究所甘青工作队：《甘肃天水师赵村史前文化遗址发掘》，《考古》1990 年第 7 期。
[④] 临夏市文物管理所、张晓波：《临夏发现彩陶人头像》，《文物》1993 年第 5 期。
[⑤] 张朋川：《甘肃出土的几件仰韶文化人像陶塑》，《文物》1979 年第 11 期。

◆ 研究篇 ◆

很具体，头的左右和后部都是披发，前额上也垂着一排整齐的短发。鼻呈蒜头形，眼和鼻都雕空成洞孔，因而显得目光深邃，并且鼻翼有生气地鼓起，呈现着勇敢而坚毅的表情。嘴微张着，似正言语，人像的神气为之倍增。两耳皆有一小穿孔（一耳微残），当亦是垂系饰物的耳孔。顶部有一圆孔，当有一定的实用意义"①。甘南藏族自治州卓尼县木耳乡冰厓村附近出土 1 件人头形器口彩陶瓶，"人面采用刻、塑相结合的方法制作。器口剔刻成蓖纹状垂发，并绘黑彩。眉骨平直而隆起，鼻为三角倒锥形。两眼镂刻作向下弯的月牙形，口用同样手法处理，只是向上弯曲。五官布置比较集中。两耳戮压成两个连接的凹坑，位置略嫌远于面部。彩陶瓶面型塑造似为一丰满秀丽的少女"②。

有学者统计，我国新石器时代人形彩绘与陶塑发现最多的地区就是黄河中上游地区，集中在渭河、洮河、大夏河和湟水流域。③ 而这一带正是半山、马厂彩陶文化的分布区。

在上述史前人形彩绘与陶塑中与半山马厂彩陶蛙人纹相同点最多的应属半坡彩陶人面鱼纹。第一，半山马厂彩陶蛙人纹大量出现于半山马厂时期的彩陶上，在马家窑时期却未见一例，以致有学者认为，马家窑和半山之间有一个文化断层。④ 而半坡彩陶上的人面鱼纹也仅见于半坡类型彩陶，虽然半坡彩陶鱼纹的发现数量没有那么多，半坡彩陶的总出土数量也无法与半山马厂彩陶的总出土数量相比。第二，半山马厂彩陶蛙人纹综合了人的某些特征和蛙等生物形象的特征，半坡彩陶鱼纹也是人面和鱼共同组合而成的纹饰，只是半山马厂彩陶蛙人纹比半坡彩陶鱼纹的手法更综合。第三，半山马厂彩陶蛙人纹形象变化多端，这一点在第四章的分类中足以看出。半坡彩陶鱼纹也有多种变化，有些纹饰的人面眼睛紧闭，有些纹饰的人面则眼睛圆睁，有些纹饰耳部和口部的双鱼

---

① 张朋川：《甘肃出土的几件仰韶文化人像陶塑》，《文物》1979 年第 11 期。
② 甘南藏族自治州博物馆、李振翼：《甘南出土的人头形器口彩陶瓶》，《文物》1995 年第 5 期。
③ 参见张广立、赵信、王仁湘《黄河中上游地区出土的史前人形彩绘与陶塑初释》，《考古与文物》1983 年第 3 期。
④ 参见严文明《甘肃彩陶源流》，《文物》1978 年第 10 期。

第六章 半山马厂彩陶蛙人纹的艺术源流

在绘制时对鱼的特征做了细致描绘,有些纹饰则仅用弧线代替。第四,半山马厂彩陶蛙人纹既绘制在器物的外壁也绘制在器物的内壁,而且会根据内壁和外壁空间的不同而对纹饰做出适当调整,半坡彩陶鱼纹也发现有内彩和外彩两种,因为外壁空间的限制,而将内彩纹饰头顶似旗子的三角形省略。所以在讨论半山马厂彩陶蛙人纹的形成渊源问题上,我们不能忽视其与半坡人面鱼纹共同具有的这些特征。

三 半山马厂彩陶蛙人纹的组合性特征

从第四章对蛙人纹的分类看,有些纹饰具有蛙的特征、有些纹饰人的特征更为明显、有些纹饰神态更像蜥蜴等形象。而凡是有头的蛙人纹,其头部都是圆形的,这一特点决定了即使是形态最像蛙类的蛙人纹也不只具有蛙的形象特征。蛙人纹与人面鱼纹的相同点也揭示我们,该纹饰的形成可能和人面鱼纹的形成有一定的相似性,人面鱼纹很直观地让我们看到人形纹饰和其他纹饰组合的过程,半山马厂彩陶蛙人纹的多种形象特征很有可能也是纹饰组合的结果,只是组合的形象更多,综合性更强。

这种组合纹饰的形成可能和图腾崇拜的发展有关,也可能与不同人群的交融有一定的关系。从社会发展来看,半山马厂时期已经处于原始社会后期。鸳鸯池、土谷台等墓地的葬式都反映出当时的"社会已经脱离了母系,而进入到了父系的阶段"[1],柳湾墓地甚至有殉葬的现象,青海省文物管理处、中国科学院考古研究所青海队《青海乐都柳湾原始社会墓地反映出的主要问题》一文有"以上两墓,各3具人骨,中间两具,一女一男,均作侧身屈肢,墓327更甚。她(他)们被置于墓室正中,似为墓主人近身奴仆,从随葬器物看,属于他(她)们的仅几件劳动生活工具而已。观其死后态势,有可能一个是捆绑致死后殉葬的,一个则可能是被迫生殉的"[2]的记述。在父权制确立的同时,人的信仰

---

[1] 吴汝祚:《甘肃鸳鸯池和土谷台两墓地的初步剖析》,《考古》1990年第1期。
[2] 青海省文物管理处、中国科学院考古研究所青海队:《青海乐都柳湾原始社会墓地反映出的主要问题》,《考古》1976年第6期。

◈ 研究篇 ◈

也由图腾崇拜向祖先崇拜发展。从图腾崇拜发展到祖先崇拜，一方面是图腾人格化，另一方面是祖先图腾化，在这个图腾人格化的过程中，蛙纹等图腾纹饰可能会被赋予人的含义，于是有了圆形的头部，从半坡人面纹开始，人的头部就用圆圈来表示。同样为了得到氏族成员的认同，祖先图腾化也是一个必然的手段。孙其刚也认为该纹饰是人头蛙身的合体纹饰。[①] 蛙人纹所具有的多种形象特点则可能和当时人群间的交流与融合有关。

在古代纹饰中，有很多以人面为主的神灵图像，或人面兽身，或人面鸟身，或人面植物身，或人面与兽面合而为一。商周青铜器上有人兽母题的组合[②]，商周青铜器上的兽面纹已经是很成熟的多种纹饰的组合。中华民族的"龙"图腾，也是由禽、兽、虫等各种氏族图腾综合演化而来，在山西吉县柿子滩龙纹岩画中，龙就已经可以天上飞、水中游、地上跑，形成多源复合神灵。[③] 说明多种纹饰组合成一种纹饰在我国古代纹饰发展过程中是常见的，蛙人纹在形成、发展过程中的组合性也应是这样。

第二节　半山马厂彩陶蛙人纹的发展演变

王辉在《20世纪甘肃考古的回顾与展望》一文总结，经过将近一个世纪的考古发掘，在临洮马家窑、武山石岭下、天水罗家沟等遗址中发现了马家窑类型、石岭下类型、庙底沟类型之间的叠压关系；在永靖马家窑遗址发现了马厂类型的半地穴式房屋；在永昌鸳鸯池墓地发现了马厂类型墓葬打破半山类型墓葬的地层关系；在永登蒋家坪发现了马厂类型叠压马家窑类型的地层关系；康乐边家林墓地张寨遗址的调查与试掘，又为我们提供了马家窑类型向半山类型过渡的新材料。从而确定了甘肃"中部地区为庙底沟类型—石岭下类型—马家窑类型、半山类型、

[①] 参见孙其刚《阴阳人彩陶壶的萨满教寓意》，《文物天地》1991年第3期。
[②] 参见徐良高《商周青铜器"人兽母题"纹饰考释》，《考古》1991年第5期。
[③] 参见干振玮《龙纹图像的考古学依据》，《北方文物》1995年第4期。

第六章 半山马厂彩陶蛙人纹的艺术源流

马厂类型—齐家文化—寺洼文化、辛店文化的序列；陇东地区为大地湾一期遗存—半坡类型—庙底沟类型—石岭下类型—"常山下层"类型遗存；河西走廊地区史前文化的发展谱系为马家窑类型—半山类型—马厂类型—四坝文化及河西走廊东段的马厂类型—沙井文化的序列；陇南地区的文化发展序列为大地湾一期遗存—半坡类型—庙底沟类型—石岭下类型—马家窑类型—齐家文化—寺洼文化的发展序列"①。这些文化序列的确定为分析蛙人纹的发展演变提供了基础，很多学者都对半山马厂彩陶蛙人纹的发展演变进行了非常有意义的探究。张朋川、祈庆富、邱立新、李湜、林少雄等学者都在著述中讨论了蛙人纹的发展演变问题，有些论文还列出了比较直观的发展演变图。这些研究的重点虽然有差异，比如张朋川在《半山马厂彩陶上的神人纹》一文中分析了该纹饰"从具象纹样演变为抽象纹样的"过程②，李湜在《彩陶蛙纹演变机制初探》一文中的蛙纹演变图表则分析了从仰韶文化彩陶蛙纹到辛店文化彩陶蛙纹的演变过程③，但蛙人纹从整体到部分的演变过程是大家一致认可的，也是考古发现已经证实了的。从本书所收集的图例来看，半山类型彩陶蛙人纹以全体样式为主，只有少量省略头部或省略后肢的形式，未见省略头部和躯干只保留肢体的形式和折肢的形式也说明了这一点。这一演变过程也符合李泽厚曾说的："陶器纹饰的演化是一个非常复杂而困难的科学问题，尚需深入探索……但是，由写实的、生动的、多样化的动物形象演化而成抽象的、符号的、规范化的几何纹饰这一总的趋向和规律，作为科学假说，已有成立的足够证据。"④

在上述学者对半山马厂彩陶蛙人纹所做工作的基础上，针对本书所收集资料，本节通过对土谷台、下海石和柳湾3处墓地出土蛙人纹的分析，试得出一些与发展演变相关的具体信息。

---

① 王辉：《20世纪甘肃考古的回顾与展望》，《考古》2003年第6期。
② 张朋川：《半山马厂彩陶上的神人纹》，《中国艺术》第5集，人民美术出版社。
③ 参见李湜《彩陶蛙纹演变机制初探》，《美术史论》1989年第1期。
④ 李泽厚：《美的历程》，文物出版社1981年版，第25页。

一 土谷台墓地的发展阶段

从墓葬的分期看，土谷台墓地是半山类型和马厂类型共存的墓葬，并且是"发现同墓伴出两者典型器物的墓葬"[1]，是半山向马厂过渡时期的墓地。本书共收集到6件（图2-33至图2-38）土谷台墓地发现的绘有蛙人纹的彩陶，其中有2件常见的彩陶壶，1件鸟形偏口彩陶壶，3件彩陶盆。从装饰位置看，既有外腹部，又有内壁。从蛙人纹的主体形象看，有全体形态的造型，有省略后肢，保留头部、躯干和前肢的造型，有省略头部只保留躯体的造型，还有只有一段躯干和两肢的造型。

吴汝祚在《甘肃鸳鸯池和土谷台两墓地的初步剖析》一文中指出，与土谷台墓地基本处于同一时期的鸳鸯池墓地没有发现绘制蛙人纹的陶器，"有以四个大圆圈纹内饰菱形纹等，而未见人形纹（也有称为蛙形纹）"[2]。这一点对分析蛙人纹在较早期的发展演变是非常有意义的，在早于这两处遗址的地巴坪遗址中是有蛙人纹的，本文收集有1例（图2-6）。这说明蛙人纹是在部分半山类型兴起的。

本书所收集的土谷台墓地出土的8例（其中图2-34和图2-38分别算2例）蛙人纹，有3例绘于半山类型的陶器上，其中1例全体样式的蛙人纹（图2-35），绘于M53出土的1件无耳盆的内壁，是1个直立、双臂下垂的形象，也是最具有人形纹特征的几个纹饰之一。另2例绘于编号为M31:1的鸟形偏口壶的外腹部，是1个全体样式和1个省略头部只保留躯体的样式共绘于1件器物的彩陶器，也是所收集图例中纹饰不呈对称布局的几个彩陶器之一。有5例绘于马厂类型的陶器上，其中两例绘于彩陶壶的外腹部，图2-33是省略后肢保留头部和前肢的样式，头部由2个同心圆相套构成，内圆饰网格纹，两肢为2节，图2-36是省略头部保留躯干和肢体的样式，前肢为2节，后肢为4节，躯

---

[1] 甘肃省博物馆、兰州市文化馆：《兰州土谷台半山—马厂文化墓地》，《考古学报》1983年第2期。

[2] 吴汝祚：《甘肃鸳鸯池和土谷台两墓地的初步剖析》，《考古》1990年第1期。

第六章 半山马厂彩陶蛙人纹的艺术源流

干有下延;另外3例绘于彩陶盆的内壁,图2-37是只有头部和前肢的样式,头部由2个同心圆相套构成,内圆通体饰网格纹,两肢为2节,肢端有芒纹;图2-38绘有两种形式的蛙人纹,一种是只有头部和前肢的样式,头部与图2-37相同,两肢为单节,另一种是只有一段躯干和两肢的样式,两肢为2节。

如果将所收集的土谷台墓地蛙人纹和下海石墓地蛙人纹相比较,土谷台墓地的蛙人纹似乎处于一种变动期,尽管只收集到6件器物,但从全体形态到只有一段躯干和两肢的形式,变化之大一目了然。虽然有学者认为"土谷台'马厂早期'器物根本不是从土谷台'半山晚期'器物发展而来的,这两者应是同时期而不同系统的两种东西,各自有自己的发展线索可寻"①,但仅从图2-35和图2-38两件器物所绘纹饰也能看出这种变化。图2-35展示了从全体形态到省略头部只保留躯体的形态的变化,而图2-38则展示了从只有头部和前肢的样式到只有一段躯干和两肢的样式的变化。

由土谷台墓地可知,蛙人纹在半山类型的部分区域兴起后,发展至半山晚期、马厂早期阶段,纹饰产生了非常大的变化。

二 下海石墓地的发展阶段

本书所收集资料中土谷台墓地和下海石墓地是距离相对较近、发表资料相对详细的两个墓地。本书共收集到下海石墓地66件(图2-41至图2-106)绘有蛙人纹的彩陶,这66件彩陶中有65件是常见的彩陶壶,另1件是常见的彩陶罐。《兰州红古下海石——新石器时代遗址发掘报告》附表六"下海石墓葬出口器物登记表"所记录的其他蛙人纹(该书称作"变体蛙纹""蛙爪纹")彩陶皆为彩陶壶,从装饰位置看全部都是腹部外彩。从蛙人纹的主体形象看有省略头部只保留躯体的造型,有省略头部和躯干只保留肢体的造型,有折肢的造型。

下海石墓地发掘的绝大多数都是马厂时期墓葬,"属于马厂类型中、

---

① 青海省文物考古研究所:《民和阳山》,文物出版社1990年版,第148页。

晚期阶段的一类遗存"[①]。与土谷台墓地相比较可以得出结论，全体样式和省略后肢保留头部和前肢的样式在马厂类型中晚期的部分墓葬中已经完全看不到了。下海石墓地也出土有很多彩陶盆，但是目前发表的资料中未见绘于彩陶盆上的蛙人纹。说明内彩蛙人纹在马厂中晚期的部分墓葬已不再出现。另外，两者都比较常见的省略头部只保留躯体的形式显然是流传时间最长的一种。

下海石墓地的蛙人纹呈现出与土谷台墓地蛙人纹相反的状态，虽然数量多，但相对稳定。66件绘蛙人纹的彩陶中，有43件绘省略头部只保留躯体的蛙人纹，1件绘有一段躯干和二肢的蛙人纹，9件绘省略头部和躯干只保留肢体的蛙人纹，11件绘折肢蛙人纹，1件同时绘省略头部只保留躯体和省略头部和躯干只保留肢体两种形式的蛙人纹，1件同时绘省略头部和躯干只保留肢体和折肢两种形式的蛙人纹。所见蛙人纹以省略头部只保留躯体的样式为绝大多数，折肢纹饰的样式较为单一，只有"V"形肢体和末端肢体两种。

三　柳湾墓地的发展阶段

本书共收集柳湾墓地76件（图3-17至图3-92）绘有蛙人纹的彩陶，皆为马厂时期的遗存。柳湾墓地是一个半山马厂时期的大型原始社会墓地，通过这个墓地蛙人纹的特征分析可以让我们进一步了解蛙人纹的演变。

本书收集的柳湾墓地彩陶蛙人纹包含了第四章分类的全部大类，全体形态的造型有4例，省略后肢保留头部和前肢的造型有2例，这6例纹饰与下海石墓地的不同，因为下海石墓地只出土了马厂中、晚期的器物，可以推测在柳湾墓地马厂早期的器物中出现了这2种形式的蛙人纹。这个数量所占的比例又体现了和下海石遗址同样的信息，马厂中晚期全体形态和省略后肢保留头部和前肢2种形式的蛙人纹数量已经很少

[①] 赵建龙、杨惠福、谢焱：《兰州红古下海石——新石器时代遗址发掘报告》，科学出版社2008年版，第171页。

了,省略后肢保留头部和前肢的形式比省略头部只保留躯体的形式消失得要早。

柳湾墓地出土的省略头部只保留躯体和折肢形态 2 种形式的蛙人纹比下海石墓地出土的这 2 种形式的蛙人纹形态更为多样,体现出与下海石遗址不一样的地域性特征。

本书所收集的柳湾墓地彩陶中未发现绘制在内壁的蛙人纹,《青海彩陶纹饰》一书收录的图像中也没有绘制在内壁的蛙人纹。与下海石遗址一样,柳湾墓地也出土有敞口的彩陶盆,彩陶盆内壁也有彩绘,只是没有蛙人纹的形象。

除了上述特征,柳湾墓地和下海石墓地还有一个共同点,本书收集的全体形态纹饰的六肢造型和省略头部只保留肢体的六肢造型全部出土于这两个墓地,其他墓地没有发现过六肢的造型,六肢的造型似蜥蜴,如果仅在马厂时期的墓葬中有发现,说明这一纹饰特征所体现的文化内涵可能是在该纹饰的不断发展中形成的。

第三节 半山马厂彩陶蛙人纹的消亡

马家窑文化发展到马厂类型末期在甘青地区便消亡了,继起的是齐家文化和四坝文化,对于马厂类型及其具有代表性的蛙人纹的去向,有很多学者做出了分析,一方面是从其他地域寻找带有马厂类型特征的文化类型,另一方面是在甘青地区继起的彩陶文化中寻找与蛙人纹等马厂类型彩陶常用纹饰特征相似的纹饰。

一 关于马厂类型去向的分析

很多学者都对马厂类型的去向做出了分析。刘学堂认为马厂类型晚期人群"踏入了河西伸向东天山的一段黑戈壁……来到哈密盆地绿洲,走进了彩陶之路的天山通道"[①]。林少雄认为"整个马家窑文化的分布

---

① 刘语堂:《彩陶与青铜的对话》,商务印书馆 2016 年版,第 46 页。

区域正是后来史书中记载的羌人的活动区域"①，又根据马家窑出土的虎面纹饰和彝族的神话论证彝族是从西北地区迁到西南地区的，那么马厂类型与羌族、彝族就有一定的关系。杨建新和马曼丽也认为马家窑文化的始民和羌人有很大的关系，"半山马厂类型出土有'披发覆面'的彩塑人头像彩陶壶，以及马家窑类型中有骨灰罐出土，这对以后活动在这一地区的羌族的形成，特别是对羌族披发、火葬等习俗的形成，显然不无影响"②。

二 马厂类型之后甘青地区的类蛙人纹图像

甘肃省东乡族自治县祁扬盐场1974年出土的1件四坝文化彩陶壶上发现了形状与蛙人纹相似的蜥蜴纹（图6-7）。1978—1980年发掘的青海民和核桃庄小旱地墓地也有2件绘有与蛙人纹有相似特征纹饰的陶器出土，一件编号为M255:1（图6-8），绘两条直线代表躯干，用更细的直线绘四肢，并且在纹饰的上方绘有太阳纹。另一件编号为M95:7（图6-9），也是用两条直线绘制躯干，用更细的线绘制肢体，与图6-8不同的是绘有六肢，不见太阳纹。发掘简报称这2件器物上的纹饰为"拟蛙纹"，并认为"虽与马厂类型的拟蛙纹有所区别，但其承接关系似乎仍可确定"③。

图6-7 彩陶罐 　　　图6-8 彩陶瓮 　　　图6-9 彩陶瓮

---

① 参见林少雄《人文晨曦：中国彩陶的文化读解》，上海文化出版社2001年版，第151—153页。
② 杨建新、马曼丽：《西北民族关系史》，民族出版社1990年版，第25页。
③ 青海省文物管理处：《青海民和核桃庄小旱地墓地发掘简报》，《考古与文物》1995年第2期。

第六章　半山马厂彩陶蛙人纹的艺术源流

三　彩陶蛙人纹在甘青地区的消亡

上述两种途径到目前为止都没有找到蛙人纹，刘学堂在《彩陶与青铜的对话》中写道："以大圆圈和人面蛙纹为主角的神话故事，被人们渐渐淡忘。只是那只被误断为人面蛙纹的蜥蜴，未随着四大圆圈沉入历史之海……成为四坝文化最为流行的象生纹样。"①"误断"两个字非常形象地陈述了彩陶蛙人纹在甘青地区的消亡。

也有学者从纹饰的简化角度分析蛙人纹的演变去向，王仁湘认为"蛙纹由写实的全体式到无头式，又到无体式，最后变到肢爪式，演变为标准的波折纹"②。林少雄在他所列的发展演变图中，列出了由蛙人纹向折线纹和回纹的演变。③

不论我们如何从后世的各种艺术形象中寻找与半山马厂彩陶蛙人纹特征相似的纹饰，都不得不承认彩陶蛙人纹在甘青地区的盛况已经不复存在。但是，蛙人纹究竟是彻底消亡还是以一种隐蔽的、局部的、弱势文化的方式存在还是值得思考的问题。

---

① 刘语堂：《彩陶与青铜的对话》，商务印书馆2016年版，第43—44页。
② 王仁湘：《甘青地区新石器时代彩陶图案母题研究》，载中国考古学研究论集编委会《中国考古学研究论集——纪念夏鼐先生考古五十周年》，三秦出版社1987年版，第194页。
③ 参见林少雄《人文晨曦：中国彩陶的文化读解》，上海文化出版社2001年版，第90页。

第七章　半山马厂彩陶蛙人纹的艺术特征

邓福星在《艺术前的艺术》中曾说："史前艺术是艺术从萌芽期向成熟期的过渡，或者说，是从非艺术向艺术的过渡，作为形成过程中艺术的独特形态，它具有既是艺术又不是艺术的双重性和由不成熟到趋于成熟的过渡性。一方面，在这些即使如石斧、陶轮、骨镞等所谓生产工具或武器中也包含着后来艺术所以成为艺术的因素和特性的进一步发展，才成就了文明人的艺术。因此，我们才把它纳入广义的艺术。但在另一方面，它们，包括那些今天看来颇具审美意义的岩画和雕刻，在当时主要是为了原始先民实用的、功利性的目的而创造产生的，而且它们也产生（或以为产生）了相应的实用效果。"[1] 程金诚在《远古神韵：中国彩陶艺术论纲》中也指出，"彩陶不同于岩画、洞窟艺术、人体装饰等史前艺术，它的一个重要特点是与先民的日常生活和日常情感有着更为密切的联系。如果说，其他史前艺术更多地追求神灵效果、巫术色彩和象征意义的话，那么，彩陶艺术则更多地接近日常生活，体现日常审美情感，虽然它也不排除象征意义"[2]。虽然原始彩陶纹饰在很大程度上是为原始人的某种目的服务而与艺术无关的，但体现出了原始先民的审美意识和艺术表现特色。更何况原始彩陶纹饰已经进入艺术发展的"第二繁荣期"，邓福星认为"也许对于某些器物上的某些纹饰来说，原始先民完全是抱着美化器皿的目的，才绘制了这些图案的"[3]。从本书收集的半山马厂彩陶蛙人纹图像来看，这一纹饰既体现了人类早期艺术形象创造的一

---

[1] 邓福星：《艺术前的艺术》，山东文艺出版社1986年版，第3页。
[2] 程金诚：《远古神韵：中国彩陶艺术论纲》，上海文化出版社2001年版，第5页。
[3] 邓福星：《艺术前的艺术》，山东文艺出版社1986年版，第82页。

第七章　半山马厂彩陶蛙人纹的艺术特征

般规律，也让我们发现实用性和功利性给予了这一纹饰在艺术上的生命力，同时一些细节也体现了在艺术形式方面的探索及在审美上的追求。

第一节　艺术形式的丰富性

一　蛙人纹形象的丰富性

通过第四章的分类，可以看出蛙人纹在形象上的丰富性，本书所收集全体样式仅26例（表7-1），其头部就可以分为10种形式，躯体可以多达14种形式，这10种形式的头部和14种形式的躯体搭配成纹饰后除图2-4的3个纹饰和图2-6是相同的形式外，其余24例各有特点。10例只有头部和前肢的样式则各有特点（表7-2）。通过艺术源流部分的分析，这2种纹饰是前期（半山至马厂前期）常见而后期（马厂中后期）不常见的纹饰，说明蛙人纹在早期阶段形象就具有丰富性。到马厂中晚期随着纹饰的简化，出现了多个纹饰为同一种形式的情况，但是除了省略头部和躯干只保留肢体的样式种类较少外，其他各种形式的种类都很多。

表7-1　　　　　　　全体样式蛙人纹的图像构成汇总表

图号	头部形式	躯体形式	图号	头部形式	躯体形式
图2-1	7	8	图2-35	8	14
图2-4	2	2	图2-109	2	1
	2	5	图2-110	2	3
图2-5	4	7	图2-127	1	6
图2-6	2	2	图2-133	1	3
图2-7	2	11	图3-6	9	8
图2-9	2	4	图3-9	3	2
图2-10	6	8	图3-36	1	9
图2-12	1	14	图3-48	1	13
图2-15	1	7	图3-49	10	8
图2-22	3	8	图3-61	4	8
图2-24	5	7	图3-93	1	12
图2-34	1	3	图3-94	2	10

研究篇

表7-2　　只有头部和前肢样式蛙人纹的图像构成汇总表

图号	头部形式	躯体形式	图号	头部形式	躯体形式
图2-32	3	1	图2-125	2	3
图2-33	3	2	图2-132	6	2
图2-37	4	1	图3-16	5	1
图2-38	4	5	图3-41	3	4
图2-124	7	5	图3-90	1	5

二　组合纹饰的丰富性

根据第四章的分类，本书所收集蛙人纹图例的相邻组合纹饰和填饰纹饰可以分为12种之多。不仅如此，大部分组合纹饰虽然是同一类，但是同类之间也具有不同的特征，比如组合纹饰中占数量最多的大圆圈纹，就可以分为很多种。

因为本书所收集资料以蛙人纹的正面照为主，能够辨别组合纹饰特征的图例不多，从《青海彩陶纹饰》所发表的青海民和地区和柳湾墓地出土蛙人纹彩陶中的33例蛙人纹与大圆圈纹组合装饰的彩陶腹部展开图看，除了3例网格纹相同之外，其他的30幅展开图中的大圆圈纹各不相似，虽然有几个纹饰之间的分割方式相似，但内部的装饰方法依然不同。他们使用了多种分割圆的方法，二等分、四等分、九宫格分、米字分、同心圆分、小方格分、棋盘格分等各种分割方式，还在每一个小单元的装饰上有所变化。

填饰纹饰也同样在同类的基础上有所变化。比如颗粒纹从一颗到多颗不等，从大到小不等，有些纹饰只在空隙处填饰一个颗粒纹，却不显突兀，有些纹饰则非常对称地画2个颗粒纹，有些又密密麻麻布满整个蛙人纹的空隙。

三　装饰位置的多样性

蛙人纹在形象和组合纹饰的多样性方面比较明显，而大部分蛙人纹

第七章 半山马厂彩陶蛙人纹的艺术特征

都装饰在彩陶壶的腹部,给人一种很固定的感觉,但如果留意他们对腹部的分割方式会发现,在这方面,依然是多样的。以下海石遗址绘有蛙人纹的彩陶壶为例,下海石遗址共发现65件绘有蛙人纹的彩陶壶,全部装饰在腹部位置,从整个彩陶装饰的分区看,可以分为5种方式。

(一)装饰面分为上、下两区,蛙人纹在下区

即整个陶器的外彩装饰面上下分为两个区域,每个区域有明显的分割,蛙人纹在下面的区域。属于这种装饰的有图2-43、2-48、2-59、2-67、2-84、2-90、2-97、2-101、2-104共9件陶器的纹饰(表7-3)。这种分区的彩陶纹饰,在蛙人纹的上面有竖波浪纹和折线纹两种。

表7-3　装饰面分上、下两区,蛙人纹在下区的下海石遗址彩陶汇总表

图号	上区装饰	图号	上区装饰
2-43	不清楚	2-90	多折波浪纹
2-48	S形波浪线	2-97	三折折线
2-59	一折折线	2-101	一折折线
2-67	二折折线	2-104	二折折线
2-84	二折折线		

(二)装饰面分为上、中、下3区,蛙人纹在中区

即整个陶器的外彩装饰分为3个区域,每个区域有明显的分割,蛙人纹装饰在中间的区域。属于这种装饰的有图2-41、2-45、2-47、2-49、2-50、2-52、2-53、2-54、2-55、2-58、2-60、2-61、2-62、2-64、2-65、2-68、2-69、2-70、2-71、2-73、2-74、2-75、2-76、2-78、2-80、2-82、2-83、2-86、2-87、2-88、2-91、2-93、2-94、2-96、2-98、2-99、2-100、2-103、2-105共39件陶器的纹饰(表7-4)。

研究篇

表7-4　装饰面分为上、中、下3区，蛙人纹在中区的下海石遗址彩陶汇总表

图号	上区装饰	下区装饰	图号	上区装饰	下区装饰
2-41	二折折线	垂幛纹	2-74	二折折线	垂幛纹
2-45	二折折线	垂幛纹	2-75	三折折线	垂幛纹
2-47	一折折线	垂幛纹	2-76	二折折线	垂幛纹
2-49	多折波浪线	垂幛纹	2-78	三折折线	垂幛纹
2-50	一折折线	垂幛纹	2-80	二折折线	垂幛纹
2-52	二折折线	垂幛纹	2-82	二折折线	垂幛纹
2-53	一折折线	垂幛纹	2-83	横向平行线	垂幛纹
2-54	多折波浪线	垂幛纹	2-86	多折波浪线	垂幛纹
2-55	二折折线	垂幛纹	2-87	二折折线	垂幛纹
2-58	模糊不清	垂幛纹	2-88	二折折线	垂幛纹
2-60	一折折线	垂幛纹	2-91	三折折线	垂幛纹
2-61	二折折线	垂幛纹	2-93	三折折线	垂幛纹
2-62	一折折线	垂幛纹	2-94	二折折线	垂幛纹
2-64	二折折线	垂幛纹	2-96	多折波浪线	垂幛纹
2-65	三折折线	垂幛纹	2-98	二折折线	垂幛纹
2-68	一折折线	垂幛纹	2-99	一折折线	垂幛纹
2-69	一折折线	垂幛纹	2-100	多折波浪线	垂幛纹
2-70	二折折线	垂幛纹	2-103	三折折线	垂幛纹
2-71	一折折线	垂幛纹	2-105	三折折线	垂幛纹
2-73	多折波浪线	垂幛纹			

（三）装饰面分为上、中、下3区，蛙人纹在3区

即整个陶器的外彩装饰分为3个区域，每个区域有明显的分割，蛙人纹在3区。属于这种装饰的有图2-42、2-44、2-72、2-77共4件陶器的纹饰（表7-5）。

第七章 半山马厂彩陶蛙人纹的艺术特征

表7-5 装饰面分为上、中、下3区，蛙人纹在3区的下海石遗址彩陶汇总表

图号	上区装饰	中区装饰
2-42	不明确	带有平行线的三角形
2-44	不明确	三折折线
2-72	四折折线	一圈圆点
2-76	三折折线	横向平行线

（四）装饰从上至下分为4区，蛙人纹在3区

即整个陶器的外彩装饰从上至下分为4个区域，每个区域有明显的分割，蛙人纹在3区。属于这种装饰的有图2-51、2-66、2-89、2-95、2-102、2-46、2-63、2-79、2-81、2-56、2-57、2-85共12件陶器的纹饰（表7-6）。

表7-6 装饰面从上至下分为4区，蛙人纹在3区的下海石遗址彩陶汇总表

器物编号	一区装饰	二区装饰	三区装饰	四区装饰
2-51	二折折线	一圈圆点	绘有躯干和肢体的蛙人纹	垂幛纹
2-66	二折波浪纹	三条一组的斜线纹		垂幛纹
2-89	一折折线	鱼鳞纹		垂幛纹
2-95	二折折线	一圈圆点		垂幛纹
2-102	二折折线	一圈方点		垂幛纹
2-46	二折折线	两圈圆点	省略头部和躯干只保留肢体的蛙人纹	垂幛纹
2-63	三折波浪线	一圈圆点		垂幛纹
2-79	二折折线	一圈圆点		垂幛纹
2-81	三折折线	一圈圆点	折肢蛙人纹	垂幛纹
2-56	二折折线	一圈圆点	折线纹与直臂式蛙人纹	垂幛纹
2-57	二折折线	棋格纹		垂幛纹
2-85	三折折线	不同走向斜线纹装饰的三角纹		垂幛纹

· 203 ·

（五）装饰从上至下分为4区，蛙人纹在中间两区

即整个陶器的外彩装饰从上至下分为4个区域，每个区域有明显的分割，蛙人纹在中间两个区。属于这种装饰的仅有1件陶器（图2-92）。

以上5种分区仅是根据下海石墓地出土蛙人纹彩陶壶。考虑到其他遗址出土彩陶蛙人纹装饰位置的多样，比如有些装饰在领部，有些装饰在内壁，其丰富性更是明显。

第二节　纹饰的图案化

一　以对称为主的构图

本书所收集的半山马厂彩陶蛙人纹有腹部外彩、领部外彩和内彩3个装饰部位。外彩纹饰多装饰在壶、罐、瓶、瓮等小口鼓腹类的器物上，内彩则多装饰在碗、盆、钵等敞口器皿的内部。蛙人纹在不同的器型上有不同的装饰方法，外彩绘在壶、罐、瓶、瓮等器物的腹部，前后2面，甚至4面都有，看上去像趴在器物上面或者环抱着器物，有些省略头部的蛙人纹给人的感觉是2个或4个蛙人纹共用器口作为头，而腹部以下基本没有什么装饰，很适合人们从斜上方观看这些器物。碗、盆、钵等器类的装饰内彩多于外彩，便于人们观看，而且头部很大的蛙人纹绘制在盆碗类器皿的内部，看上去感觉不是盆底或碗底有纹饰，而是这一形象在盆或碗的上方，看见的只是它的影像。鸭形偏口壶上则前后2面各有1个蛙人纹，2个蛙人纹躯体全是四肢作匍匐状，前肢和后肢皆为2节，躯干无下延的形式，肢体刚好是顺着器形的转折而转折，正立的蛙人纹后肢接近陶器底部，倒立的蛙人纹后肢接近陶器颈部的突起，肢体弯曲处都很缓和，和器形圆润的感觉相呼应。

从彩陶纹饰和器型的结合来看，原始人在绘制图案的时候，还是有一定的审美意识在支配，尽管有可能当时追求的不是美，而是看起来和谐、顺眼，也可以说是无意识的审美。在观看彩陶纹饰时，我们会发现彩陶纹饰在构图上是非常讲究对称的，不只是蛙人纹，大部分彩陶纹饰都是对称分布或平均分割器物表面的，即使个别很不规则的纹饰也有规

第七章 半山马厂彩陶蛙人纹的艺术特征

律可循。这种严肃、庄重的艺术风格"取决于早期较原始的数学分割"[①]，在半坡时期的彩陶纹饰绘制中即已使用，这种严肃的数学观念形成了中国彩陶纹饰工整的布局，即使从单个纹饰来看有杂乱无章或逸笔草草的情况，在三等分或四等分的布局下则显得很工整。这种形式也正是中国传统图案经常使用的形式，之后出现的二方连续、四方连续图案都是这种对称、工整的形式。

二 规整的线条

半山马厂时期，彩陶艺术已经发展了很长一段时间，原始先民在不断的经验积累中，尝试了各种不同形式的线条。半山马厂彩陶蛙人纹由于纹饰样式的限定不可能运用所有方式，但我们发现其构成方法并不由于纹饰形状的限定而单一，而是有很多风格，比较重要的有5种：一是粗线绘制，细线勾边；二是粗线勾勒；三是细线勾勒；四是三条细线组成一组；五是细线排列。

蛙人纹运用最多的是粗线构成主体，细线勾边的绘图方式。粗线条把纹饰勾勒出来后，再细心地用细线条勾边，纹饰显得规整，就像我们在画工艺图时，先用界尺勾细边，中间填墨一样，先民虽然有可能是先画中间后勾细线，细线也可以把粗细不匀的粗线的边遮住，形成粗细均匀的效果。这种构成方式在蛙人纹中又有很多变化，如图2-6、2-7等的线条就是粗细基本均匀，仅在肢端变细；而图2-127、2-128等则完全是由粗细均匀的线条构成；图2-13、3-61已经不在乎线条是不是均匀，几乎是很随意地画上去。

仅用粗线勾勒也是蛙人纹线条构成的一种方法。单线可以随意勾勒，但较早出现这种方法的纹饰大都是粗细均匀，甚至和半山时期用细线勾边的纹饰一样规整，如图2-120、2-123。所以推测这种方法最初可能是手法已经熟练的先民可以随心应手画得粗细均匀，而省去细线勾边的步骤，另一种可能就是单线勾勒的方式比较符合这一时期

---

① 钱志强：《原始彩陶纹饰的数学观念》，《美术》1986年第2期。

◈ 研究篇 ◈

先民的审美，或者出于某种目的，也有可能最初的这种形式是由与粗线相同颜色的细线勾边画出来的。不管这种方法最初是怎么形成的，发展到后期已经是随意性较强的一种勾勒方式，如图2-18，甚至出现留白现象。

比粗线勾勒更具有绘画性的是细线勾勒，图3-36、3-93就属于这一类。可以说图3-36是本书所收集图像中最活泼生动的形象，三对肢体各不相同，笨拙的躯体和爬行动物的神态肖似。而最工整的也是细线勾勒而成，如图2-15，线条均匀流畅。

半山马厂彩陶蛙人纹在造型上还有另一种线条构成方式，即如图3-41、3-45那种由三条平行线组成一根粗线的方式。这种方式如果不借助工具应该是比较难的一种构成方式，但从图3-41表现出的不规则性可以看出先民在画这种线条时并没有使用特殊工具，这种绘画工作应该是技术比较熟练的画工才能胜任的。

在半山马厂彩陶蛙人纹中还有一种比较重要的线条运用方式，用细线排列的方式构成芒纹的效果，如图3-84、3-94。

图案性最强的线条构成方式——粗线绘制，细线勾边，所占比例最多，其次在随意性最强的细线勾勒的使用上，蛙人纹往往也是非常工整的，并且细线勾勒的线条大都是同样粗细的。其他像3条细线组成1条线，或者均匀的细线排列，也都是图案化装饰的效果，所以半山马厂彩陶蛙人纹的线条总体是较为规整的。

三　圆圈纹的辅助

圆圈纹是半山马厂时期常见的图案样式，大圆圈纹和蛙人纹同为半山马厂时期最有代表性的纹饰，并且通过第四章对临近组合纹饰的分析可见，大多数蛙人纹是和大圆圈纹共同出现的。

圆圈纹因为有一个圆形的边界，不论内部纹饰如何变化，整体看上去都是规整的，偏图案化的。与大圆圈纹共同装饰的蛙人纹即使绘制不是很工整，有两个大圆圈纹的辅助也会显得更加工整一些。比如图2-1、2-5、2-10这3个彩陶壶都是蛙人纹与大圆圈纹的组合，如果去掉两

第七章 半山马厂彩陶蛙人纹的艺术特征

个大圆圈纹，换成4个蛙人纹，工整程度会明显降低。如果我们尝试着把图3-36的折肢纹换成大圆圈纹，那么整个腹部装饰的工整程度会增强很多。同时先民还尝试将蛙人纹绘制于大圆圈纹之内，在壶类陶器腹部绘4个大圆圈，在大圆圈内填以蛙人纹，最明显的例子就是图3-81和图3-89。图3-81"V"形蛙人纹的摆放方式是非常不稳定的，但是外面加上一个大圆圈纹，"V"形蛙人纹成为大圆圈纹的内部装饰，立即变得稳定。图3-89的蛙人纹图案绘制潦草，如果没有圆圈纹的辅助会变得杂乱无章。

更值得我们注意的是，在借助圆圈纹增强工整程度的同时，所表现出的对圆圈平均分割的探索，图2-134和图3-62的蛙人纹，都有直线分割的形式。图2-20则使用了近似"S"形的分割方法。

四　折线纹的辅助

用折线纹辅助增强纹饰的工整性在全体形态的蛙人纹中就有使用，如图2-15和蛙人纹共同装饰的网状宽带纹就是折线纹，蛙人纹发展到出现大量折肢样式时，折线纹开始大量使用，与圆圈纹的辅助方式不同，折线纹大都用于连续图案的绘制，先用折线纹绕器腹一圈，再将折肢状的蛙人纹绘于折线纹的空隙处。常见的是只有肢体的末端，肢端有芒纹的形式，和"V"形肢体的形式与折线纹组合出现。折线纹与"V"形折肢纹的组合也成为半山马厂彩陶蛙人纹中工整程度最高的纹饰之一。代表器物是下海石遗址出土的唯一1件绘有蛙人纹的彩陶罐（图2-106），和青海乐都柳湾M1473出土的1件彩陶罐（图3-83）。

省略头部和躯干只保留肢体的纹饰样式整体都显得非常工整，也是因为去掉头部和躯干后整个纹饰的架构就成为折线纹，只要在折线纹的基础上加上芒纹就可以了。

通过对称的构图，规整的线条，圆圈纹和折线纹的辅助，半山马厂彩陶蛙人纹具有了图案化的艺术特点。

第三节　对色彩的选择和探索

一　对黑红两色的使用

半山马厂彩陶蛙人纹的彩绘基本上由红、黑两色构成，或由红色或黑色单彩绘制。"经光谱分析，赭红彩的主要着色剂是铁，黑彩主要着色剂是铁和锰"①。根据谢端琚和叶万松的推测，赭红和黑彩的颜料可能分别采用赭石和含铁量很高的红土。目前在半山、马厂遗址发现的颜料多为赭石和红色。甘肃永昌鸳鸯池墓地发现了17件彩陶器盖，内有颜料。"均为覆碗式，红陶素面。出土时有的扣在器物口上，有的内盛红色颜料，置于地上。器盖上有高起的圆钮，钮有凹窝和平面两种。中间下凹的，钮和器形都小，多扣在器物上。M69：5，盖径6.5、高3.7厘米。平钮较矮，器形也较大，适于放置，内多有颜料。M51：7，盖径9、高4.3厘米。器盖中有十件内有红色颜料痕迹，这种器盖可能是用来调色的，有人称为颜料碟。"②兰州花寨子半山类型墓葬（M44：3）发现有一块赭石色颜料③。甘肃永靖张家咀遗址发现两个陶碟，"陶碟内尚遗有红颜料的痕迹，可见这种陶碟是磨调彩绘颜料用的"④。所以先民对色彩的选择可能受到材料的限制。

同时也有审美因素，中国彩陶纹饰中，最先出现的就是红色，老官台文化的宽带纹大多为红色。很多学者在研究中都发现，原始人对红色有一种偏爱，在山顶洞人的尸体旁就有赤铁矿石的颜色。甘肃永昌鸳鸯池墓地"很多墓中人骨架的上下肢骨，多用赭石粉末涂成红色"⑤。黑

---

①　谢端琚、叶万松：《简论我国中西部地区彩陶》，《考古与文物》1998年第1期。
②　甘肃省博物馆文物工作队、武威地区文物普查队：《甘肃永昌鸳鸯池新石器时代墓地》，《考古学报》1982年第2期。
③　参见甘肃省博物馆、兰州市文化馆、兰州市七里河区文化馆《兰州花寨子"半山类型"墓葬》，《考古学报》1980年第2期。
④　中国社会科学院考古研究所甘肃工作队：《甘肃永靖张家咀与姬家川遗址的发掘》，《考古学报》1980年第2期。
⑤　甘肃省博物馆文物工作队、武威地区文物普查队：《甘肃永昌鸳鸯池新石器时代墓地》，《考古学报》1982年第2期。

第七章　半山马厂彩陶蛙人纹的艺术特征

彩在原始彩陶纹饰中的运用也比较普遍，半坡时期的葫芦瓶经常被涂为一半黑一半保留陶底色。而且半坡彩陶鱼纹以及马家窑时期的彩陶纹饰大部分都是黑色彩绘。

半山时期蛙人纹往往是黑红复彩，但半山早期的蛙人纹却有黑色单彩。到马厂中晚期，黑红复彩又变少，大部分是黑色单彩。从黑色单彩到黑红复彩再到黑色单彩，这也许是不同时期审美意识的作用。

二　在色彩使用上的探索

包括蛙人纹在内的半山马厂时期的彩陶纹饰体现出了对色彩使用的探索，可以说是非常明显的。半山时期那种黑红复彩内缘出锯齿的纹饰曾经被安特生指为"丧纹"，并认为半山是葬地文化，直到后来中国考古工作者发现了半山时期的房子，证明半山有住址才推翻了安特生的这一观点。那么为什么当时的人要把让现代人看来心里不是很舒服的纹饰样式反复使用，成为一个时期的风格呢？从仰韶文化到马家窑文化，我们发现在史前时期将黑、红两色如此细心地搭配到一起，用黑红两色组成宽大的线条去绘制纹饰，这种探索是独一无二的，那些均匀的锯齿对绘制者来说也是极为费时费力的，但是他们不厌其烦地重复，这种对色彩搭配的不断尝试，可以说是他们在色彩上积极探索的体现。

这个时期的黑色"并非墨黑色，而是一种带红的黑色"，下海石墓地"马厂类型墓葬中出土的许多橙黄色陶器的表面多涂抹有一层紫红色陶衣，或在紫红色陶衣上再绘制黑彩花纹"[1]。柳湾墓地还有很多彩陶（如图3-26），在陶器表面先上一层红色陶衣再绘黑彩。下海石遗址的发掘者通过"墓葬中出土的一些黑灰色和红褐色陶，多是火候不均的一半黑、一半灰或一半褐、一半灰，甚至有些陶器的表面已经涂有紫红色陶衣或绘制有彩绘花纹，也被烧成黑灰色或红褐色，并使得陶衣脱落，花纹遗失"[2]的现

---

[1]　甘肃省文物考古研究所：《兰州红古下海石——新石器时代遗址发掘报告》，科学出版社2008年版，第179页。

[2]　甘肃省文物考古研究所：《兰州红古下海石——新石器时代遗址发掘报告》，科学出版社2008年版，第179页。

象得出烧制者喜欢的是红色而非黑灰色。并且他们在为了得到想要的效果而积极地探索。在柳湾墓地我们不仅发现了涂有紫红色陶衣绘黑彩的器物，还有一些陶器（如图3-36）先施白色陶衣再使用红彩绘制纹饰。

第四节 艺术风格的形成

一 表象性与表意性的结合

半山马厂彩陶蛙人纹是半山马厂时期比较少的表象类的纹饰之一，虽然在该纹饰到底是蛙是人抑或其他的问题上争议了很久，但这种争议本身正说明其表象性的艺术特征。表象是中国原始艺术造型中很重要的特点，从半坡时期的鱼纹到马家窑时期的鸟纹和蛙纹，表象性特征都非常明显。中国彩陶图案中最主要的表现对象有鱼、蛙、鸟、兽、植物、日、月、星等。

表象性特征主要来自原始人的模仿心理，史前陶器的造型很多是来源于模仿。陶器造型模仿葫芦、瓜等物，也有模仿人、鸟的造型的陶器。原始彩陶纹饰中表现生活中常见对象或者跟他们生活有密切关系的对象时自然也是出于模仿的心理。半山马厂彩陶蛙人纹让我们所能辨识出的蛙的特征、人的特征、蜥蜴的特征、颗粒纹、葫芦纹、水纹等也都是模仿的结果。

这种模仿在形似的基础上带有一些或夸张，或简略，或变形，或组合的成分，一直发展到商周青铜器纹饰那种抽象的形态都是由各种动物的局部特征摹写组合而来。在世界上很多地区也出现了同样的情况："在北美的印第安人中，艺术家虽然舍弃了我们所谓的真实外观，但却能对自然的形式保持准确的观察……在他们看来，一个鹰喙面具就能代表一只鹰。"[1]

半山马厂彩陶蛙人纹也具有表意性，通过本书第五章对纹饰内涵的

---

[1] ［英］贡布里希：《艺术的故事》，范景中译，生活·读书·新知三联书店1999年版，第49页。

第七章 半山马厂彩陶蛙人纹的艺术特征

分析可知,纹饰的实用性和功利性要远远大于纹饰的审美性。王仁湘说:"作为一种艺术图案的纹样,它的生命力主要依靠它的象征性维系,而象征性本身就应当包容着某种特定的认知体系。"[1] 半山马厂彩陶蛙人纹所具有的文化内涵正是其生命力和象征性之所在。正如李泽厚所说:"人的审美感受之所以不同于动物性的感观愉快,正在于其中包含有观念想象的成分在内。美之所以不是一般的形式,而是所谓'有意味的形式',正在于它沉淀了社会内容的自然形式。"[2] 这也正是折肢纹也被称为蛙人纹的原因,折肢纹虽然只有折肢的形式,但它身上沉淀了蛙人纹所具有的社会内容而成为"有意味的形式"。

二 艺术风格的地域性

"当陕西、晋南和中原地区进入仰韶文化晚期时,彩陶开始衰落。而在陇山和六盘山西侧的仰韶文化,则自身的特点愈益鲜明。其中向西发展的一支成为石岭下类型,自身具有鲜明的文化特征,和其他地区的仰韶文化晚期各类型有着明显的区别,从而从仰韶文化中分离出来,发展为马家窑文化。"[3] 仰韶文化彩陶在发展过程中地域逐渐扩大,到仰韶文化晚期,可以分为两支,一支向东发展,一支向西发展。向东发展的一支逐渐和由山东地区向西发展的大汶口文化相互影响,向西发展的一支就在六盘山以西的甘肃、青海、宁夏地区。

马家窑文化和其他地区的仰韶文化不同之处在于,当六盘山以东的彩陶文化逐渐衰落,素陶逐渐增多的时候,马家窑文化却由鸟纹发展到漩涡纹,而且绘制的精致程度可以和仰韶早期相媲美。马家窑文化之后的半山、马厂类型已经迈入父系氏族时期,青铜已经开始使用,相对于以前的几千年来说,这是一个生产力迅速发展的时期,六盘山以东的彩陶文化相继衰落,龙山文化扩展,对陶器器形的关注明显高于对纹饰的

---

[1] 王仁湘:《关于中国史前一个认知体系的猜想——彩陶解读之一》,载王仁湘《中国史前考古论集》,科学出版社2003年版,第463—490页。
[2] 李泽厚:《美的历程》,文物出版社1981年版,第25页。
[3] 张朋川:《中国彩陶图谱》,文物出版社1990年版,第51页。

研究篇

关注，而六盘山以西的甘肃、青海、宁夏地区，彩陶文化仍然发展着。把纹饰从黑色单彩发展到黑红复彩，又发展到黑色单彩或红色单彩，那种典型的半山彩陶纹饰，中间为一道红线，两边用黑色勾边，内缘还有锯齿，用这么复杂的工序来画一道线，和龙山文化波及地区的黑陶、素陶相比，已经是两种系统。

除了半山马厂类型带来的地域性风格，蛙人纹在甘肃、青海、宁夏的广大地区，其自身也有一定的地域性差异。

三 艺术风格的时代性

贡布里希曾说："美术的整个历程并不是一部技术熟练的进步史，而是一部观念和需求的变革史。"① 程金诚也说："我们并不否认人类艺术发展的持续性及其不断演变的进程，艺术史确实可以概括出艺术发展的规律性和线索，比如技巧的不断提高、内容的不断变化和观念的不断更新等等。但是艺术在其发展过程中，其原始起点及其最初成果，并不是如人类在物质生产生活方面那样，其原始阶段就等于落后阶段。"② 在彩陶纹饰的发展过程中，既有材料逐渐丰富、技巧不断提高的方面，也有思想因素的作用。

甘肃兰州土谷台墓地、鸳鸯池墓地和青海柳湾墓地的发掘，以丰富的资料、有力的论据证明：马厂时期已经产生私有制，发生了贫富分化现象，出现了一夫一妻制家庭和阶级的萌芽，其社会制度属于父系氏族社会。③"原始社会从进入父系氏族社会开始已经走上了下坡路"④，彩陶时代已经过了顶峰，青铜时代前夕，随着社会生产力的发展，人们的

---

① ［英］贡布里希：《艺术的故事》，范景中译，生活·读书·新知三联书店1999年版，第44页。
② 程金诚：《远古神韵：中国彩陶艺术论纲》，上海文化出版社2001年版，第6页。
③ 参见甘肃省博物馆、兰州市文化馆《兰州土谷台半山—马厂文化墓地》，《考古学报》1983年第2期；吴汝祚《甘肃鸳鸯池和土谷台两墓地的初步剖析》，《考古》1990年第1期；青海省文物管理处考古队、北京大学历史系考古专业《青海乐都柳湾原始社会墓葬第一次发掘的初步收获》，《文物》1976年第1期。
④ 青海省文物管理处考古队、北京大学历史系考古专业：《青海乐都柳湾原始社会墓葬第一次发掘的初步收获》，《文物》1976年第1期。

第七章 半山马厂彩陶蛙人纹的艺术特征

注意力可能有所转移，我们明显发现马家窑时期和半山时期的彩陶无论是在制作上还是在纹饰绘制上都比马厂时期精细很多。这种现象发生的另一个原因也可能是彩陶需求量的增大，随着社会贫富差距的明显，墓葬中随葬的彩陶增多，有时候一个墓就出土上百件，在这种情况下，难免会出现专为随葬生产的彩陶，专为随葬的彩陶只是财富的象征，再加上大批量的需求也可能导致质量的下降。以上种种原因导致了马厂时期的彩陶比半山时期的彩陶总体上来说更粗糙。半山时期的蛙人纹绘制整体上都很精细，一般是黑红复彩，内缘出锯齿，线条粗细均匀，绘制较为严谨。而发展到马厂时期，特别是马厂中晚期，大多数为黑色单彩，还有少量的红色单彩，绘制不再严谨，有一些略显粗糙，在绘制上表现出一定的随意性。

从马家窑—半山—马厂的发展序列来看，"马家窑式的彩陶纹饰是以各种各样的旋纹、水波纹为基本形，组成的图案具有和谐、稳定、舒展、轻快、细腻的基调。到半山期开始发生变化，出现了圆圈纹、葫芦纹、半弧纹，转为粗犷、奔放，动感加强。直到马厂时期出现了大圆圈纹、折线纹、蛙纹等，变得泼辣、强烈，并带有一定的神秘意味，呈现出一种动荡不安的基调"[1]。在纹饰绘制上，我们发现马家窑纹饰在形象上显得更为活泼，气氛更加轻快，装饰手法也很细腻。到半山时期纹饰显得很严谨，装饰手法变得相对工整，与马家窑相比显得有点活泼不足，而马厂时期的装饰慢慢抛弃了半山的严谨，带有一定的程式化倾向。这也正是"有意味的形式"发展的结果，半山时期把马家窑时期活泼生动的形象抽象组合后成为一种在名称上带有争议性的形象，这个形象基本上是一个完整的图案，身上凝聚着当时人赋予它的种种含义。一段时间后，当初组合进来的种种含义沉淀在这个纹饰上，人们已经不再去想它的头部代表什么、它的躯体代表什么，而是把它程式化成当初它所代表的含义的象征。当它成为一个象征的符号时，人们又想简化这个符号，取它的一部分来代替整体，于是这一部分就成为那些涵义的象

---

[1] 邓福星：《艺术前的艺术》，山东文艺出版社1987年版，第92页。

研究篇

征。被简化了的符号慢慢又被夸张、变形，最终成为"有意味的形式"，同时这个形式在后人看来具有了神秘性。总体来说，半坡时期多鱼纹，造型以直线和折线为主，庙底沟时期多花瓣纹，训练了先民对弧线的掌握，到马家窑、半山、马厂时期，彩陶纹饰中线条的手法已经非常丰富，或旋，或弧，或平行，或交叉，形式很多。本书所收集的以点状纹做填饰纹饰的图例则体现了半山马厂时期先民在绘制彩陶纹饰时对点的使用也越来越熟练，尤其是图2-121和图3-88所使用的点，已经掌握得非常熟练。

参考文献

中文著作

《不列颠百科全书》，中国大百科全书出版社1999年版。
《诗经选》，余冠英注释，人民文学出版社1979年版。
《诗经译注》，北京市中国书店1982年影印本版。
《周易》，郭彧译注，中华书局2006年版。
（北魏）郦道元：《水经注疏》，江苏古籍出版社1989年点校版。
（清）汪绂：《山海经存》，杭州古籍书店1984年版。
白兴发：《彝族文化史》，云南出版社2002年版。
程金诚：《远古神韵：中国彩陶艺术论纲》，上海文化出版社2001年版。
程征、钱志强：《黄河彩陶》，台北南天书局1994年版。
邓福星：《艺术前的艺术》，山东文艺出版社1987年版。
王朝闻总主编，邓福星卷主编：《中国美术史·原始卷》，齐鲁书社、明天出版社2000年版。
冯永谦：《中国美术分类全集·中国陶瓷全集·新石器时代》，上海人民美术出版社2000年版。
甘肃省博物馆：《甘肃彩陶》，文物出版社1978年版。
何星亮：《中国图腾文化》，中国社会科学出版社1990年版。
河南省文化局文物工作队：《郑州二里岗》，科学出版社1959年版。
姜亮夫：《屈原今译》，北京出版社1987年版。

参考文献

蒋书庆：《破译天书：远古彩陶花纹揭密》，上海文化出版社 2001 年版。

金开诚、高路明选注：《屈原选集》，人民文学出版社 1998 年版。

李水城：《半山与马厂彩陶研究》，北京大学出版社 1998 年版。

李泽厚：《美的历程》，文物出版社 1981 年版。

梁庭望：《壮族风俗志》，中央民族学院出版社 1987 年版。

林少雄：《人文晨曦：中国彩陶的文化读解》，上海文化出版社 2001 年版。

临夏回族自治州人民政府秘书处、临夏回族自治州文化出版局：《临夏彩陶》，甘肃人民美术出版社 2005 年版。

刘溥：《青海彩陶纹饰》，青海人民出版社 1989 年版。

刘锡诚：《中国原始艺术》，上海文艺出版社 1998 年版。

刘志基：《汉字文化纵论》，广西教育出版社 1996 年版。

陆思贤：《神话考古》，文物出版社 1995 年版。

青海省文物考古队：《青海彩陶》，文物出版社 1980 年版。

宋恩常编：《中国少数民族宗教》（初编），云南人民出版社 1985 年版。

苏秉绮编：《考古学文化论集》（三），文物出版社 1993 年版。

田继周：《先秦民族史》，四川民族出版社 1988 年版。

王仁湘：《中国史前考古论集》，科学出版社 2003 年版。

闻一多：《闻一多全集》，生活·读书·新知三联书店 1982 年版。

徐元诰：《国语集解》，中华书局 2002 年点校版。

严汝娴、宋兆麟：《永宁纳西族的母系制》，云南人民出版社 1983 年版。

杨建新、马曼丽：《西北民族关系史》，民族出版社 1990 年版。

杨俊峰：《图腾崇拜文化》，大众文艺出版社 2000 年版。

杨天宇：《礼记译注》，上海古籍出版社 2004 年版。

于文杰：《艺术发生学》，上海人民出版社 1995 年版。

张朋川：《黄土山下·美术考古文萃》，山东画报出版社 2006 年版。

张朋川：《中国彩陶图谱》，文物出版社 1990 年版。

赵宗艺：《淮南子译注》，黑龙江人民出版社 2003 版。

郑为：《中国彩陶艺术》，上海人民出版社1985年版。

［瑞典］安特生：《甘肃考古记》，乐森璕译，地质专报甲种第五号，中华民国十四年六月农商部地质调查所印行。

［德］恩格斯：《家庭、私有制和国家的起源》，人民出版社1972年版。

［英］贡布里希：《艺术的故事》，范景中译，生活·读书·新知三联书店1999年版。

中文论文

安志敏：《甘肃远古文化及其有关的几个问题》，《考古通讯》1956年第6期。

安志敏：《中国的史前农业》，《考古学报》1998年第4期。

蔡莲珍、仇士华：《碳十三测定和古代食谱研究》，《考古》1984年第10期。

东红：《郑州白家庄遗址发掘简报》，《文物参考资料》1956年第4期。

董文强：《马家窑文化彩陶蛙纹的文化解读》，《大众考古》2018年第6期。

干振玮：《龙纹图像的考古学依据》，《北方文物》1995年第4期。

甘南藏族自治州博物馆、李振翼：《甘南出土的人头形器口彩陶瓶》，《文物》1995年第5期。

甘肃省博物馆、兰州市文化馆、兰州市七里河区文化馆：《兰州花寨子"半山类型"墓葬》，《考古学报》1980年第2期。

甘肃省博物馆、兰州市文化馆：《兰州土谷台半山—马厂文化墓地》，《考古学报》1983年第2期。

甘肃省博物馆：《甘肃兰州青岗岔遗址试掘简报》，《考古》1972年第3期。

甘肃省博物馆文物工作队、武威地区文物普查队：《甘肃永昌鸳鸯池新石器时代墓地》，《考古学报》1982年第2期。

甘肃省博物馆文物工作队、武威地区文物普查队：《永昌鸳鸯池新石器时代墓地的发掘》，《考古》1974年第5期。

参考文献

甘肃省博物馆文物工作队：《甘肃东乡崖头辛店文化墓葬清理记》，《文物》1981年第4期。

甘肃省博物馆文物工作队：《甘肃秦安大地湾遗址1978至1982年发掘的主要收获》，《文物》1983年第11期。

甘肃省博物馆文物工作队：《广河地巴坪"半山类型"墓地》，《考古学报》1978年第2期。

甘肃省博物馆文物工作队：《兰州马家窑和马厂类型墓葬清理简报》，《文物》1975年第6期。

甘肃省文物考古研究所、甘肃省博物馆历史部：《甘肃临夏盐场遗址发现的辛店文化陶器》，《考古与文物》1994年第3期。

甘肃省文物考古研究所、蒲朝绂：《兰州市徐家山东大梁马厂类型墓葬》，《考古与文物》1995年第3期。

葛季芳：《云南出土铜葫芦笙探讨》，《考古》1987年第9期。

顾铁符：《马王堆帛书〈天文气象杂占〉内容简述》，《文物》1978年第2期。

郭沫若：《古代文字之辨证的发展》，《考古》1972年第3期。

郭颖珊：《甘青地区史前陶器上的人像研究》，硕士学位论文，兰州大学，2019年。

何周德：《葫芦形器与生殖崇拜》，《考古与文物》1996年第3期。

季云：《藁城台西商代遗址发现的陶器文字》，《文物》1974年第8期。

开封地区文官会、新郑县文官会：《河南新郑裴里岗新石器时代遗址》，《考古》1978年第2期。

开封地区文管会等：《裴里岗遗址1978年发掘简报》，《考古》1979年第3期。

兰凌：《土家织锦"单八勾"纹饰的另一种释读》，《装饰》2019年第12期。

黎汝标：《布依族天文历法探究》，《贵州民族研究》1993年第3期。

李昌韬：《大河村新石器时代彩陶上的天文图像》，《文物》1983年第8期。

李湜：《彩陶蛙纹演变机制初探》，《美术史论》1989年第1期。

李伟卿：《论铜鼓中的滇西"蛙鼓"》，《考古》1986年第7期。

李学勤：《论新出土大汶口文化陶器符号》，《文物》1987年第12期。

李仰松：《我国谷物酿酒起源新论》，《考古》1993年第6期。

李智信：《关于马厂类型四大圆圈纹与蛙纹的几点看法》，《考古与文物》1995年第4期。

临夏市文物管理所、张晓波：《临夏发现彩陶人头像》，《文物》1993年第5期。

刘宝山：《青海"蛙纹"溯源——论东夷族与青海蛙纹的关系》，《青海社会科学》1995年第5期。

刘长江、孔昭宸：《粟、黍籽粒的形态比较及其在考古鉴定中的意义》，《考古》2004年第8期。

刘溥、尚民杰：《涡纹、蛙纹浅说》，《考古与文物》1987年第6期。

陆思贤：《甘肃、青海彩陶器上的蛙纹研究》，《内蒙古师大学报》1983年第3期。

倪志云：《半山—马厂文化彩陶艺术的观念主题》，《美术研究》1989年第4期。

祁庆富：《彩陶蛙纹之谜》，《中国民族博览》1997年版。

钱志强：《半坡彩陶鱼纹艺术试论》，《朵云》1988年第3期。

钱志强：《原始彩陶纹饰的数学观念》，《美术》1986年第2期。

青海省文物管理处、中国科学院考古研究所青海队：《青海乐都柳湾原始社会墓地反映出的主要问题》，《考古》1976年第6期。

青海省文物管理处考古队、北京大学历史系考古专业：《青海乐都柳湾原始社会墓葬第一次发掘的初步收获》，《文物》1976年第1期。

青海省文物管理处考古队：《青海大通县上孙家寨出土的舞蹈纹彩陶盆》，《文物》1978年第3期。

邱立新：《彩陶蛙纹、神人纹歧义评考》，《西北民族学院学报（哲学社会科学版）》1996年第3期。

尚民杰：《柳湾彩陶符号试析》，《考古与文物》1990年第3期。

参考文献

苏佟天：《汉字与彩陶八卦》，《美术史论》1989 年第 1 期。

孙其刚：《阴阳人彩陶壶的萨满教寓意》，《文物天地》1991 年第 3 期。

汤惠生：《青海史前彩陶纹饰的文化解读》，《民族艺术》2002 年第 2 期。

汤云航：《女娲神话考源》，《承德民族师专学报》2000 年第 8 期。

汪宁生：《从原始记事到文字发明》，《考古学报》1981 年第 1 期。

汪盼玲：《论满族水神及洪水神话》，《民间文学论坛》，1986 年第 4 期。

王辉：《20 世纪甘肃考古的回顾与展望》，《考古》2003 年第 6 期。

王小庆：《论仰韶文化史家类型》，《考古学报》1993 年第 4 期。

吴汝祚：《甘肃鸳鸯池和土谷台两墓地的初步剖析》，《考古》1990 年第 1 期。

吴山：《试论我国黄河流域、长江流域和华南地区新石器时代的装饰图案》，《文物》1975 年第 5 期。

席泽宗：《马王堆汉墓帛书中的彗星图》，《文物》1978 年第 2 期。

谢端琚、叶万松：《简论我国中西部地区彩陶》，《考古与文物》1998 年第 1 期。

徐建融：《彩陶纹饰与生殖崇拜》，《美术史论》1989 年第 1 期。

徐良高：《商周青铜器"人兽母题"纹饰考释》，《考古》1991 年第 5 期。

严汝娴：《普米族的刻划符号——兼谈对仰韶文化刻划符号的看法》，《考古》1982 年第 3 期。

严文明：《甘肃彩陶源流》，《文物》1978 年第 10 期。

杨泓：《中国古文物中所见人体造型艺术》，《文物》1987 年第 1 期。

杨建芳：《略论仰韶文化和马家窑文化的社会分期》，《考古学报》1962 年第 1 期。

杨堃：《女娲考——论中国古代的母性崇拜与图腾》，《民间文学论坛》1983 年第 6 期。

杨晓能：《商周青铜器纹饰和图形文字的含义及功能》，《文物》2005 年第 6 期。

伊世同：《最古的石刻星图——杭州吴越墓石刻星图评介》，《考古》1975年第3期。

佚名：《甘肃甘谷县礼辛镇遗址出土人面饰彩陶壶》，《考古与文物》1991年第2期。

佚名：《甘肃兰州白道沟坪发掘出古代遗址和墓葬》，《文物参考资料》1955年第5期。

曾凡：《关于"陶匏壶"问题》，《考古》1990年第9期。

张保静《马家窑文化彩陶蛙纹与人纹分析研究》，硕士学位论文，西北师范大学，2018年。

张广立、赵信、王仁湘：《黄河中上游地区出土的史前人形彩绘与陶塑初释》，《考古与文物》1983年第3期。

张朋川：《彩陶艺术三题》，《装饰》2005年第6期。

张朋川：《甘肃出土的几件仰韶文化人像陶塑》，《文物》1979年第11期。

张在明、刘夫德：《仰韶文化中的几个字》，《文博》1987年第6期。

中国科学院考古研究所安阳发掘队：《1958—1959年殷墟发掘简报》，《考古》1961年第2期。

中国科学院考古研究所甘肃工作队：《甘肃永靖马家湾新石器时代遗址的发掘》，《考古》1975年第2期。

中国社会科学院考古所河南一队：《1979年裴里岗遗址发掘报告》，《考古学报》1984年第1期。

中国社会科学院考古研究所、青海省文物考古所：《青海民和喇家史前遗址的发掘》，《考古》2002年第7期。

中国社会科学院考古研究所甘青工作队：《甘肃天水师赵村史前文化遗址发掘》，《考古》1990年第7期。

中国社会科学院考古研究所甘肃工作队：《甘肃永靖莲花台辛店文化遗址》，《考古》1980年第4期。

中国社会科学院考古研究所甘肃工作队：《甘肃永靖张家咀与姬家川遗址的发掘》，《考古学报》1980年第2期。

参考文献

中国社会科学院考古研究所泾渭工作队：《甘肃庄浪县徐家碾寺洼文化墓葬发掘纪要》，《考古》1982年第6期。

中国社会科学院考古研究所实验室：《放射性碳素测定年代报告》，《考古》1978年第4期。

朱尽晖：《仰韶文化蛙纹艺术图像考》，《西北美术》2005年第2期。

朱乃诚：《中国陶器的起源》，《考古》2004年第6期。

英文著作：

Nlmgren：KanSu mortuary urns of the PanShanand MaChang groups，《中国古生物志》丁种三号第一册（英文），北平研究院地质学研究所，实业地质调查所1934年印。

文中图片来源

图 2-1 临夏回族自治州人民政府秘书处、临夏回族自治州文化出版局：《临夏彩陶》，甘肃人民美术出版社 2005 年版，第 58 页。

图 2-2 张朋川：《中国彩陶图谱·图谱篇》，文物出版社 1990 年版，图 771；王朝闻总主编，邓福星卷主编：《中国美术史·原始卷》，齐鲁书社、明天出版社 2000 年版，第 58 页。

图 2-3 张朋川：《中国彩陶图谱·图谱篇》，文物出版社 1990 年版，图 769。

图 2-4 张朋川：《中国彩陶图谱·图谱篇》，文物出版社 1990 年版，图 719；韩博文：《甘肃彩陶》，科学出版社 2008 年版，第 106 页。

图 2-5 张朋川：《中国彩陶图谱·图谱篇》，文物出版社 1990 年版，图 563。

图 2-6 张朋川：《中国彩陶图谱·图谱篇》，文物出版社 1990 年版，图 561；程征、钱志强：《黄河彩陶》，台北南天书局 1994 年版，第 319 页。

图 2-7 张朋川：《中国彩陶图谱·图谱篇》，文物出版社 1990 年版，图 562。

图 2-8 张朋川：《中国彩陶图谱·图谱篇》，文物出版社 1990 年版，图 780。

图 2-9 张朋川：《中国彩陶图谱·图谱篇》，文物出版社 1990 年版，图 606。

图 2-10 临夏回族自治州人民政府秘书处、临夏回族自治州文化出

文中图片来源

版局：《临夏彩陶》，甘肃人民美术出版社2005年版，第59页。

图2-11 临夏回族自治州人民政府秘书处、临夏回族自治州文化出版局：《临夏彩陶》，甘肃人民美术出版社2005年版，第82页。

图2-12 冯永谦：《中国美术分类全集·中国陶瓷全集·新石器时代》，上海人民美术出版社2000年版，第138页，图版106。

图2-13 张朋川：《中国彩陶图谱·图谱篇》，文物出版社1990年版，图788。

图2-14 张朋川：《中国彩陶图谱·图谱篇》，文物出版社1990年版，图787；程征、钱志强：《黄河彩陶》，台北南天书局1994年版，第338页。

图2-15 韩博文：《甘肃彩陶》，科学出版社2008年版，第93页。

图2-16 程征、钱志强：《黄河彩陶》，台北南天书局1994年版，第332页。

图2-17 张朋川：《中国彩陶图谱·图谱篇》，文物出版社1990年版，图783。

图2-18 临夏回族自治州人民政府秘书处、临夏回族自治州文化出版局：《临夏彩陶》，甘肃人民美术出版社2005年版，第62页。

图2-19 张朋川：《中国彩陶图谱·图谱篇》，文物出版社1990年版，图798。

图2-20 张朋川：《中国彩陶图谱·图谱篇》，文物出版社1990年版，图800。

图2-21 张朋川：《中国彩陶图谱·图谱篇》，文物出版社1990年版，第152页；韩博文：《甘肃彩陶》，科学出版社2008年版，第110页。

图2-22 临夏回族自治州人民政府秘书处、临夏回族自治州文化出版局：《临夏彩陶》，甘肃人民美术出版社2005年版，第73页。

图2-23 临夏回族自治州人民政府秘书处、临夏回族自治州文化出版局：《临夏彩陶》，甘肃人民美术出版社2005年版，第74页。

图2-24 张朋川：《中国彩陶图谱·图谱篇》，文物出版社1990年版，图644；程征、钱志强：《黄河彩陶》，台北南天书局1994年版，

第 321 页。

图 2-25 甘肃省文物管理委员会：《兰州新石器时代的文化遗存》，《考古学报》1957 年第 1 期，图版四，8。

图 2-26 张朋川：《中国彩陶图谱·图谱篇》，文物出版社 1990 年版，图 811。

图 2-27 张朋川：《中国彩陶图谱·图谱篇》，文物出版社 1990 年版，图 835。

图 2-28 张朋川：《中国彩陶图谱·图谱篇》，文物出版社 1990 年版，图 836。

图 2-29 张朋川：《中国彩陶图谱·图谱篇》，文物出版社 1990 年版，图 837。

图 2-30 张朋川：《中国彩陶图谱·图谱篇》，文物出版社 1990 年版，图 838。

图 2-31 张朋川：《中国彩陶图谱·图谱篇》，文物出版社 1990 年版，图 839。

图 2-32 张朋川：《中国彩陶图谱·图谱篇》，文物出版社 1990 年版，图 843；程征、钱志强：《黄河彩陶》，台北南天书局 1994 年版，第 320 页。

图 2-33 张朋川：《中国彩陶图谱·图谱篇》，文物出版社 1990 年版，图 745。

图 2-34 张朋川：《中国彩陶图谱·图谱篇》，文物出版社 1990 年版，图 690。

图 2-35 甘肃省博物馆、兰州市文化馆：《兰州土谷台半山—马厂文化墓地》，《考古学报》1983 年第 2 期，图版十八；李水城：《半山与马厂彩陶研究》，北京大学出版社 1998 年版，第 73 页。

图 2-36 韩博文：《甘肃彩陶》，科学出版社 2008 年版，第 109 页；张朋川：《中国彩陶图谱·图谱篇》，文物出版社 1990 年版，图 758。

图 2-37 甘肃省博物馆、兰州市文化馆：《兰州土谷台半山—马厂文化墓地》，《考古学报》1983 年第 2 期，图版十八；张朋川：《中国彩

文中图片来源

陶图谱·图谱篇》，文物出版社1990年版，图714。

图2-38 李水城：《半山与马厂彩陶研究》，北京大学出版社1998年版，第73页；冯永谦：《中国美术分类全集·中国陶瓷全集·新石器时代》上海人民美术出版社2000年版，第117页，图版八一。

图2-39 张朋川：《中国彩陶图谱·图谱篇》，文物出版社1990年版，图928；员安志：《兰州马家窑和马厂类型墓葬清理简报》，《文物》1975年第6期，图版4。

图2-40 张朋川：《中国彩陶图谱·图谱篇》，文物出版社1990年版，图929。

图2-41 甘肃省文物考古研究所：《甘肃海石湾下海石半山、马厂类型遗址调查简报》，《考古与文物》2004年第1期，第4页。

图2-42 赵建龙、杨惠福、谢焱：《兰州红古下海石——新石器时代遗址发掘报告》，科学出版社2008年版，第30页，图17-2；图版一一，3。

图2-43 赵建龙、杨惠福、谢焱：《兰州红古下海石——新石器时代遗址发掘报告》，科学出版社2008年版，第22页，图13-1；图版一一，1。

图2-44 赵建龙、杨惠福、谢焱：《兰州红古下海石——新石器时代遗址发掘报告》，科学出版社2008年版，第22页，图13-2；图版一一，4。

图2-45 赵建龙、杨惠福、谢焱：《兰州红古下海石——新石器时代遗址发掘报告》，科学出版社2008年版，第85页，图62-1；彩版三七，5。

图2-46 赵建龙、杨惠福、谢焱：《兰州红古下海石——新石器时代遗址发掘报告》，科学出版社2008年版，第67页，图46-1；彩版二八，5。

图2-47 赵建龙、杨惠福、谢焱：《兰州红古下海石——新石器时代遗址发掘报告》，科学出版社2008年版，第68页，图47-1；图版一七，4。

图2-48 赵建龙、杨惠福、谢焱：《兰州红古下海石——新石器时代遗址发掘报告》，科学出版社2008年版，第93页，图68-1；彩版四0,3、4。

图2-49 赵建龙、杨惠福、谢焱：《兰州红古下海石——新石器时代遗址发掘报告》，科学出版社2008年版，第91页，图67-2；彩版三九，3。

图2-50 赵建龙、杨惠福、谢焱：《兰州红古下海石——新石器时代遗址发掘报告》，科学出版社2008年版，第69页，图48-1；彩版三0,1。

图2-51 赵建龙、杨惠福、谢焱：《兰州红古下海石——新石器时代遗址发掘报告》，科学出版社2008年版，第59页，图40-1；彩版二四，5、6。

图2-52 赵建龙、杨惠福、谢焱：《兰州红古下海石——新石器时代遗址发掘报告》，科学出版社2008年版，第67页，图46-3；彩版二九，1。

图2-53 赵建龙、杨惠福、谢焱：《兰州红古下海石——新石器时代遗址发掘报告》，科学出版社2008年版，第59页，图40-2；彩版二五，1、2。

图2-54 赵建龙、杨惠福、谢焱：《兰州红古下海石——新石器时代遗址发掘报告》，科学出版社2008年版，第68页，图47-2；彩版二九，2。

图2-55 赵建龙、杨惠福、谢焱：《兰州红古下海石——新石器时代遗址发掘报告》，科学出版社2008年版，第72页，图49-1；彩版二九，3,4。

图2-56 赵建龙、杨惠福、谢焱：《兰州红古下海石——新石器时代遗址发掘报告》，科学出版社2008年版，第60页，图41-2；彩版二五，4。

图2-57 赵建龙、杨惠福、谢焱：《兰州红古下海石——新石器时代遗址发掘报告》，科学出版社2008年版，第60页，图41-3；图版

文中图片来源

一六，3。

图 2-58 赵建龙、杨惠福、谢焱：《兰州红古下海石——新石器时代遗址发掘报告》，科学出版社 2008 年版，第 68 页，图 47-4；彩版三 0，3。

图 2-59 赵建龙、杨惠福、谢焱：《兰州红古下海石——新石器时代遗址发掘报告》，科学出版社 2008 年版，第 61 页，图 42-2；彩版二六，1、2。

图 2-60 赵建龙、杨惠福、谢焱：《兰州红古下海石——新石器时代遗址发掘报告》，科学出版社 2008 年版，第 69 页，图 48-1；彩版二九，5、6。

图 2-61 赵建龙、杨惠福、谢焱：《兰州红古下海石——新石器时代遗址发掘报告》，科学出版社 2008 年版，第 60 页，图 41-5；图版一六，5。

图 2-62 赵建龙、杨惠福、谢焱：《兰州红古下海石——新石器时代遗址发掘报告》，科学出版社 2008 年版，第 72 页，图 49-2；彩版三 0，5。

图 2-63 赵建龙、杨惠福、谢焱：《兰州红古下海石——新石器时代遗址发掘报告》，科学出版社 2008 年版，第 73 页，图 50-3；彩版三一，1、2。

图 2-64 赵建龙、杨惠福、谢焱：《兰州红古下海石——新石器时代遗址发掘报告》，科学出版社 2008 年版，第 73 页，图 50-2；彩版三一，6。

图 2-65 赵建龙、杨惠福、谢焱：《兰州红古下海石——新石器时代遗址发掘报告》，科学出版社 2008 年版，第 88 页，图 64-2；彩版三八，1、2。

图 2-66 赵建龙、杨惠福、谢焱：《兰州红古下海石——新石器时代遗址发掘报告》，科学出版社 2008 年版，第 87 页，图 63-2；彩版三八，3、4。

图 2-67 赵建龙、杨惠福、谢焱：《兰州红古下海石——新石器时

代遗址发掘报告》，科学出版社 2008 年版，第 105 页，图 79 – 3；彩版四四，6。

图 2 – 68 赵建龙、杨惠福、谢焱：《兰州红古下海石——新石器时代遗址发掘报告》，科学出版社 2008 年版，第 73 页，图 51 – 1；彩版三 0，4。

图 2 – 69 赵建龙、杨惠福、谢焱：《兰州红古下海石——新石器时代遗址发掘报告》，科学出版社 2008 年版，第 87 页，图 63 – 1；图版一九，6。

图 2 – 70 赵建龙、杨惠福、谢焱：《兰州红古下海石——新石器时代遗址发掘报告》，科学出版社 2008 年版，第 73 页，图 51 – 2；彩版三一，3、4。

图 2 – 71 赵建龙、杨惠福、谢焱：《兰州红古下海石——新石器时代遗址发掘报告》，科学出版社 2008 年版，第 73 页，图 51 – 3；图版一八，2。

图 2 – 72 赵建龙、杨惠福、谢焱：《兰州红古下海石——新石器时代遗址发掘报告》，科学出版社 2008 年版，第 62 页，图 43 – 3。

图 2 – 73 赵建龙、杨惠福、谢焱：《兰州红古下海石——新石器时代遗址发掘报告》，科学出版社 2008 年版，第 62 页，图 43 – 4；彩版二七，1。

图 2 – 74 赵建龙、杨惠福、谢焱：《兰州红古下海石——新石器时代遗址发掘报告》，科学出版社 2008 年版，第 80 页，图 57 – 1；彩版三五，3。

图 2 – 75 赵建龙、杨惠福、谢焱：《兰州红古下海石——新石器时代遗址发掘报告》，科学出版社 2008 年版，第 80 页，图 57 – 2；彩版三五，4。

图 2 – 76 赵建龙、杨惠福、谢焱：《兰州红古下海石——新石器时代遗址发掘报告》，科学出版社 2008 年版，第 77 页，图 54 – 3；彩版三二，3、4。

图 2 – 77 赵建龙、杨惠福、谢焱：《兰州红古下海石——新石器时

文中图片来源

代遗址发掘报告》，科学出版社2008年版，第103页，图77-3；彩版四四，2、3。

图2-78 赵建龙、杨惠福、谢焱：《兰州红古下海石——新石器时代遗址发掘报告》，科学出版社2008年版，第74页，图52-2；彩版三二，6。

图2-79 赵建龙、杨惠福、谢焱：《兰州红古下海石——新石器时代遗址发掘报告》，科学出版社2008年版，第109页，图83-3；彩版四六，1、2。

图2-80 赵建龙、杨惠福、谢焱：《兰州红古下海石——新石器时代遗址发掘报告》，科学出版社2008年版，第90页，图66-2；彩版三九，4。

图2-81 赵建龙、杨惠福、谢焱：《兰州红古下海石——新石器时代遗址发掘报告》，科学出版社2008年版，第90页，图66-3；图版二0，3。

图2-82 赵建龙、杨惠福、谢焱：《兰州红古下海石——新石器时代遗址发掘报告》，科学出版社2008年版，第74页，图52-3；图版一八，4。

图2-83 赵建龙、杨惠福、谢焱：《兰州红古下海石——新石器时代遗址发掘报告》，科学出版社2008年版，第94页，图69-4；彩版四一，3、4。

图2-84 赵建龙、杨惠福、谢焱：《兰州红古下海石——新石器时代遗址发掘报告》，科学出版社2008年版，第98页，图72-1；彩版四三，2。

图2-85 赵建龙、杨惠福、谢焱：《兰州红古下海石——新石器时代遗址发掘报告》，科学出版社2008年版，第107页，图81-4；彩版四五，5。

图2-86 赵建龙、杨惠福、谢焱：《兰州红古下海石——新石器时代遗址发掘报告》，科学出版社2008年版，第80页，图57-3；彩版三五，5。

文中图片来源

图2-87 赵建龙、杨惠福、谢焱：《兰州红古下海石——新石器时代遗址发掘报告》，科学出版社2008年版，第84页，图61-1；彩版三五，6。

图2-88 赵建龙、杨惠福、谢焱：《兰州红古下海石——新石器时代遗址发掘报告》，科学出版社2008年版，第64页，图44-2；图版一七，2。

图2-89 赵建龙、杨惠福、谢焱：《兰州红古下海石——新石器时代遗址发掘报告》，科学出版社2008年版，第77页，图54-1；彩版三三，2。

图2-90 赵建龙、杨惠福、谢焱：《兰州红古下海石——新石器时代遗址发掘报告》，科学出版社2008年版，第89页，图65-1；彩版三八，6。

图2-91 赵建龙、杨惠福、谢焱：《兰州红古下海石——新石器时代遗址发掘报告》，科学出版社2008年版，第81页，图58-2；彩版三六，3。

图2-92 赵建龙、杨惠福、谢焱：《兰州红古下海石——新石器时代遗址发掘报告》，科学出版社2008年版，彩版四五，6。

图2-93 赵建龙、杨惠福、谢焱：《兰州红古下海石——新石器时代遗址发掘报告》，科学出版社2008年版，第75页，图53-3；彩版三三，3、4。

图2-94 赵建龙、杨惠福、谢焱：《兰州红古下海石——新石器时代遗址发掘报告》，科学出版社2008年版，第91页，图67-1；彩版四0，1、2。

图2-95 赵建龙、杨惠福、谢焱：《兰州红古下海石——新石器时代遗址发掘报告》，科学出版社2008年版，第78页，图55-3；彩版三三，5、6。

图2-96 赵建龙、杨惠福、谢焱：《兰州红古下海石——新石器时代遗址发掘报告》，科学出版社2008年版，第95页，图70-3；彩版四二，4。

文中图片来源

图 2-97 赵建龙、杨惠福、谢焱：《兰州红古下海石——新石器时代遗址发掘报告》，科学出版社 2008 年版，第 88 页，图 64-1；彩版三七，6。

图 2-98 赵建龙、杨惠福、谢焱：《兰州红古下海石——新石器时代遗址发掘报告》，科学出版社 2008 年版，第 65 页，图 45-1；图版二八，1、2。

图 2-99 赵建龙、杨惠福、谢焱：《兰州红古下海石——新石器时代遗址发掘报告》，科学出版社 2008 年版，第 79 页，图 56-1；图版一八，5。

图 2-100 赵建龙、杨惠福、谢焱：《兰州红古下海石——新石器时代遗址发掘报告》，科学出版社 2008 年版，第 83 页，图 60-1；彩版三六，5、6。

图 2-101 赵建龙、杨惠福、谢焱：《兰州红古下海石——新石器时代遗址发掘报告》，科学出版社 2008 年版，第 83 页，图 60-2；图版一九，1。

图 2-102 赵建龙、杨惠福、谢焱：《兰州红古下海石——新石器时代遗址发掘报告》，科学出版社 2008 年版，第 78 页，图 55-1；彩版三四，3、4。

图 2-103 赵建龙、杨惠福、谢焱：《兰州红古下海石——新石器时代遗址发掘报告》，科学出版社 2008 年版，第 93 页，图 68-2；彩版四二，1。

图 2-104 赵建龙、杨惠福、谢焱：《兰州红古下海石——新石器时代遗址发掘报告》，科学出版社 2008 年版，第 84 页，图 61-2；图版一九，3。

图 2-105 赵建龙、杨惠福、谢焱：《兰州红古下海石——新石器时代遗址发掘报告》，科学出版社 2008 年版，第 79 页，图 56-3；彩版三四，6。

图 2-106 赵建龙、杨惠福、谢焱：《兰州红古下海石——新石器时代遗址发掘报告》，科学出版社 2008 年版，第 133 页，图 101-1；彩

文中图片来源

版五八，5、6。

图 2-107 《文物参考资料》1954 年第 10 期，图版三。

图 2-108 程征、钱志强：《黄河彩陶》，台北南天书局 1994 年版，第 329 页。

图 2-109 张朋川：《中国彩陶图谱·图谱篇》，文物出版社 1990 年版，图 581。

图 2-110 张朋川：《中国彩陶图谱·图谱篇》，文物出版社 1990 年版，图 582。

图 2-111 张朋川：《中国彩陶图谱·图谱篇》，文物出版社 1990 年版，图 853。

图 2-112 张朋川：《中国彩陶图谱·图谱篇》，文物出版社 1990 年版，图 857。

图 2-113 张朋川：《中国彩陶图谱·图谱篇》，文物出版社 1990 年版，图 856。

图 2-114 根据陈贤儒、郭德勇：《甘肃皋兰糜地岘新石器时代墓葬清理记》，《考古通讯》1957 年第 6 期，图版 1-5 绘制。

图 2-115 根据陈贤儒、郭德勇：《甘肃皋兰糜地岘新石器时代墓葬清理记》，《考古通讯》1957 年第 6 期，图版 2-5 绘制。

图 2-116 根据甘肃省文物考古研究所等：《甘肃皋兰阳洼窑"马厂"墓葬清理简报》，《中原文物》1986 年第 4 期，第 26 页绘制。

图 2-117 甘肃省文物考古研究所、皋兰县文化馆：《甘肃皋兰阳洼窑"马厂"墓葬清理简报》，《中原文物》1986 年第 4 期，第 26 页。

图 2-118 马德璞、曾爱、魏怀珩：《永登乐山坪出土一批新石器时代的陶器》，《史前研究辑刊（1988 年）》1988 年第 6 期，第 204 页。

图 2-119 马德璞、曾爱、魏怀珩：《永登乐山坪出土一批新石器时代的陶器》，《史前研究辑刊（1988 年）》1988 年第 6 期，第 204 页。

图 2-120 张朋川：《中国彩陶图谱·图谱篇》，文物出版社 1990 年版，图 888。

图 2-121 韩博文：《甘肃彩陶》，科学出版社 2008 年版，第 86 页。

文中图片来源

图 2-122 张朋川：《中国彩陶图谱·图谱篇》，文物出版社 1990 年版，图 887。

图 2-123 张朋川：《中国彩陶图谱·图谱篇》，文物出版社 1990 年版，图 885。

图 2-124 韩博文：《甘肃彩陶》，科学出版社 2008 年版，第 107 页。

图 2-125 张朋川：《中国彩陶图谱·图谱篇》，文物出版社 1990 年版，图 864；韩博文：《甘肃彩陶》，科学出版社 2008 年版，第 108 页。

图 2-126 张朋川：《中国彩陶图谱·图谱篇》，文物出版社 1990 年版，图 865；程征、钱志强：《黄河彩陶》，台北南天书局 1994 年版，第 339 页。

图 2-127 张朋川：《中国彩陶图谱·图谱篇》，文物出版社 1990 年版，图 607。

图 2-128 张朋川：《中国彩陶图谱·图谱篇》，文物出版社 1990 年版，图 608。

图 2-129 程征、钱志强：《黄河彩陶》，台北南天书局 1994 年版，第 340 页。

图 2-130 根据安特生：《甘肃考古记》（地质专报甲种第五号），乐森璕译，中华民国十四年六月农商部地质调查所印，第九版图 2 绘制。

图 2-131 Nlmgren：KanSu mortuary urns of the PanShan and MaChang groups，《中国古生物志》丁种三号第一册（英文），北平研究院地质学研究所，实业地质调查所 1934 年印，第 188 页，图 216。

图 2-132 Nlmgren：KanSu mortuary urns of the PanShan and MaChang groups，《中国古生物志》丁种三号第一册（英文），北平研究院地质学研究所，实业地质调查所 1934 年印，第 188 页，图 214。

图 2-133 Nlmgren：KanSu mortuary urns of the PanShan and MaChang groups，《中国古生物志》丁种三号第一册（英文），北平研究院地质学研究所，实业地质调查所 1934 年印，第 188 页，图 215。

文中图片来源

图 2-134 Nlmgren：KanSu mortuary urns of the PanShan and MaChang groups,《中国古生物志》丁种三号第一册（英文），北平研究院地质学研究所，实业地质调查所 1934 年印，第 194 页，图 227。

图 2-135 Nlmgren：KanSu mortuary urns of the PanShan and MaChang groups,《中国古生物志》丁种三号第一册（英文），北平研究院地质学研究所，实业地质调查所 1934 年印，PL. XXⅣ，图 3。

图 2-136 Nlmgren：KanSu mortuary urns of the PanShan and MaChang groups,《中国古生物志》丁种三号第一册（英文），北平研究院地质学研究所，实业地质调查所 1934 年印，PL. XXⅣ，图 4。

图 2-137 Nlmgren：KanSu mortuary urns of the PanShan and MaChang groups,《中国古生物志》丁种三号第一册（英文），北平研究院地质学研究所，实业地质调查所 1934 年印，PL. XXⅣ，图 5。

图 2-138 Nlmgren：KanSu mortuary urns of the PanShan and MaChang groups,《中国古生物志》丁种三号第一册（英文），北平研究院地质学研究所，实业地质调查所 1934 年印，PL. XXⅣ，图 6。

图 2-139 Nlmgren：KanSu mortuary urns of the PanShan and MaChang groups,《中国古生物志》丁种三号第一册（英文），北平研究院地质学研究所，实业地质调查所 1934 年印，PL. XXⅣ，图 7。

图 2-140 Nlmgren：KanSu mortuary urns of the PanShan and MaChang groups,《中国古生物志》丁种三号第一册（英文），北平研究院地质学研究所，实业地质调查所 1934 年印，PL. XXⅣ，图 8。

图 2-141 Nlmgren：KanSu mortuary urns of the PanShan and MaChang groups,《中国古生物志》丁种三号第一册（英文），北平研究院地质学研究所，实业地质调查所 1934 年印，PL. XXⅣ，图 9。

图 2-142 Nlmgren：KanSu mortuary urns of the PanShan and MaChang groups,《中国古生物志》丁种三号第一册（英文），北平研究院地质学研究所，实业地质调查所 1934 年印，PL. XXⅤ，图 1。

图 2-143 Nlmgren：KanSu mortuary urns of the PanShan and MaChang groups,《中国古生物志》丁种三号第一册（英文），北平研究院地质学

研究所，实业地质调查所 1934 年印，PL. XXV，图 2。

图 2-144 Nlmgren：KanSu mortuary urns of the PanShan and MaChang groups,《中国古生物志》丁种三号第一册（英文），北平研究院地质学研究所，实业地质调查所 1934 年印，PL. XXIX，图 10。

图 2-145 Nlmgren：KanSu mortuary urns of the PanShan and MaChang groups,《中国古生物志》丁种三号第一册（英文），北平研究院地质学研究所，实业地质调查所 1934 年印，PL. XXXIX，图 6。

图 2-146 Nlmgren：KanSu mortuary urns of the PanShan and MaChang groups,《中国古生物志》丁种三号第一册（英文），北平研究院地质学研究所，实业地质调查所 1934 年印，PL. XLI，图 2。

图 3-1 张朋川：《中国彩陶图谱·图谱篇》，文物出版社 1990 年版，图 942；冯永谦：《中国美术分类全集·中国陶瓷全集·新石器时代》，上海人民美术出版社 2000 年版，第 151 页，图版 121。

图 3-2 程征、钱志强：《黄河彩陶》，台北南天书局 1994 年版，第 341 页。

图 3-3 张朋川：《中国彩陶图谱·图谱篇》，文物出版社 1990 年版，图 1021。

图 3-4 根据青海省文物考古研究所：《青海省民和县古文化遗存调查》,《考古》1993 年第 3 期，第 204 页绘制。

图 3-5 冯永谦：《中国美术分类全集·中国陶瓷全集·新石器时代》，上海人民美术出版社 2000 年版，第 146 页，图版 116。

图 3-6 青海省文物考古研究所：《民和阳山》，文物出版社 1990 年版，第 80 页。

图 3-7 青海省文物考古研究所：《民和阳山》，文物出版社 1990 年版，第 84 页。

图 3-8 青海省文物考古研究所：《青海省民和县古文化遗存调查》,《考古》1993 年第 3 期，第 204 页。

图 3-9 张朋川：《中国彩陶图谱·图谱篇》，文物出版社 1990 年版，图 948。

文中图片来源

图 3-10 刘溥：《青海彩陶纹饰》，青海人民出版社 1989 年版，第 104 页。

图 3-11 刘溥：《青海彩陶纹饰》，青海人民出版社 1989 年版，第 104 页。

图 3-12 刘溥：《青海彩陶纹饰》，青海人民出版社 1989 年版，第 104 页。

图 3-13 刘溥：《青海彩陶纹饰》，青海人民出版社 1989 年版，第 111 页。

图 3-14 刘溥：《青海彩陶纹饰》，青海人民出版社 1989 年版，第 111 页。

图 3-15 程征、钱志强：《黄河彩陶》，台北南天书局 1994 年版，第 327 页。

图 3-16 程征、钱志强：《黄河彩陶》，台北南天书局 1994 年年版，181 页。

图 3-17 根据孙其刚：《阴阳人彩陶壶的萨满教寓意》，《文物天地》1991 年第 3 期，第 39—41 页绘制；冯永谦：《中国美术分类全集·中国陶瓷全集·新石器时代》，上海人民美术出版社 2000 年版，第 142 页，图版 110。

图 3-18 青海省文物管理处考古队等：《青海柳湾——乐都柳湾原始社会墓地·下》，文物出版社 1984 年版，图版 107-4。

图 3-19 青海省文物管理处考古队等：《青海柳湾——乐都柳湾原始社会墓地·下》，文物出版社 1984 年版，图版 101-9。

图 3-20 中国青海柳湾彩陶博物馆、中国社会科学院考古研究所：《青海柳湾彩陶选粹》，上海古籍出版社 2014 年版，第 29 页。

图 3-21 中国青海柳湾彩陶博物馆、中国社会科学院考古研究所：《青海柳湾彩陶选粹》，上海古籍出版社 2014 年版，第 67 页。

图 3-22 青海省文物管理处考古队等：《青海柳湾——乐都柳湾原始社会墓地·下》，文物出版社 1984 年版，图版 143-4。

图 3-23 青海省文物管理处考古队等：《青海柳湾——乐都柳湾原

始社会墓地·上》，文物出版社1984年版，第161页，图93-5。

图3-24 中国青海柳湾彩陶博物馆、中国社会科学院考古研究所：《青海柳湾彩陶选粹》，上海古籍出版社2014年版，第35页。

图3-25 中国青海柳湾彩陶博物馆、中国社会科学院考古研究所：《青海柳湾彩陶选粹》，上海古籍出版社2014年版，第37页。

图3-26 中国青海柳湾彩陶博物馆、中国社会科学院考古研究所：《青海柳湾彩陶选粹》，上海古籍出版社2014年版，第46页。

图3-27 中国青海柳湾彩陶博物馆、中国社会科学院考古研究所：《青海柳湾彩陶选粹》，上海古籍出版社2014年版，第47页。

图3-28 青海省文物管理处考古队等：《青海柳湾——乐都柳湾原始社会墓地·下》，文物出版社1984年版，图版107-7。

图3-29 中国青海柳湾彩陶博物馆、中国社会科学院考古研究所：《青海柳湾彩陶选粹》，上海古籍出版社2014年版，第53页。

图3-30 青海省文物管理处考古队等：《青海柳湾——乐都柳湾原始社会墓地·下》，文物出版社1984年版，图版160-2。

图3-31 青海省文物管理处考古队等：《青海柳湾——乐都柳湾原始社会墓地·下》，文物出版社1984年版，图版107-3；张朋川：《中国彩陶图谱·图谱篇》，文物出版社1990年版，图1042。

图3-32 青海省文物管理处考古队等：《青海柳湾——乐都柳湾原始社会墓地·上》，文物出版社1984年版，第58页，图39-5。

图3-33 中国青海柳湾彩陶博物馆、中国社会科学院考古研究所：《青海柳湾彩陶选粹》，上海古籍出版社2014年版，第57页；青海省文物管理处考古队等：《青海柳湾——乐都柳湾原始社会墓地·上》，文物出版社1984年版，第58页，图39—20。

图3-34 中国青海柳湾彩陶博物馆、中国社会科学院考古研究所：《青海柳湾彩陶选粹》，上海古籍出版社2014年版，第58页。

图3-35 青海省文物管理处考古队等：《青海柳湾——乐都柳湾原始社会墓地·下》，文物出版社1984年版，图版107-6。

图3-36 程征、钱志强：《黄河彩陶》，台北南天书局1994年年版，

第336页；冯永谦：《中国美术分类全集·中国陶瓷全集·新石器时代》，上海人民美术出版社2000年版，第147页，图版117。

图3-37 青海省文物管理处考古队等：《青海柳湾——乐都柳湾原始社会墓地·下》，文物出版社1984年版，图版103-9。

图3-38 青海省文物管理处考古队等：《青海柳湾——乐都柳湾原始社会墓地·下》，文物出版社1984年版，图版107-9。

图3-39 青海省文物管理处考古队等：《青海柳湾——乐都柳湾原始社会墓地·下》，文物出版社1984年版，图版107-8。

图3-40 中国青海柳湾彩陶博物馆、中国社会科学院考古研究所：《青海柳湾彩陶选粹》，上海古籍出版社2014年版，第76页。

图3-41 程征、钱志强：《黄河彩陶》，台北南天书局1994年版，第333页。

图3-42 青海省文物管理处考古队等：《青海柳湾——乐都柳湾原始社会墓地·下》，文物出版社1984年版，图版137-4。

图3-43 中国青海柳湾彩陶博物馆、中国社会科学院考古研究所：《青海柳湾彩陶选粹》，上海古籍出版社2014年版月，第89页。

图3-44 中国青海柳湾彩陶博物馆、中国社会科学院考古研究所：《青海柳湾彩陶选粹》，上海古籍出版社2014年版，第92页。

图3-45 张朋川：《中国彩陶图谱·图谱篇》，文物出版社1990年版，图1043。

图3-46 青海省文物管理处考古队等：《青海柳湾——乐都柳湾原始社会墓地·下》，文物出版社1984年版，图版114-2；张朋川：《中国彩陶图谱·图谱篇》，文物出版社1990年版，图1012。

图3-47 青海省文物管理处考古队等：《青海柳湾——乐都柳湾原始社会墓地·下》，文物出版社1984年版，图版90-1。

图3-48 青海省文物管理处考古队等：《青海柳湾——乐都柳湾原始社会墓地·下》，文物出版社1984年版，图版100-1，100-2。

图3-49 程征、钱志强：《黄河彩陶》，台北南天书局1994年版，第331页。

文中图片来源

图 3-50 青海省文物管理处考古队等：《青海柳湾——乐都柳湾原始社会墓地·上》，文物出版社 1984 年版，第 67 页，图 49-6。

图 3-51 青海省文物管理处考古队等：《青海柳湾——乐都柳湾原始社会墓地·上》，文物出版社 1984 年版，第 57 页，图 38B-17。

图 3-52 青海省文物管理处考古队等：《青海柳湾——乐都柳湾原始社会墓地·上》，文物出版社 1984 年版，第 57 页，图 38B-22。

图 3-53 青海省文物管理处考古队等：《青海柳湾——乐都柳湾原始社会墓地·上》，文物出版社 1984 年版，第 57 页，图 38B-29。

图 3-54 青海省文物管理处考古队等：《青海柳湾——乐都柳湾原始社会墓地·上》，文物出版社 1984 年版，第 57 页，图 38B-38。

图 3-55 青海省文物管理处考古队等：《青海柳湾——乐都柳湾原始社会墓地·上》，文物出版社 1984 年版，第 57 页，图 38B-55。

图 3-56 青海省文物管理处考古队等：《青海柳湾——乐都柳湾原始社会墓地·上》，文物出版社 1984 年版，第 57 页，图 38B-58。

图 3-57 青海省文物管理处考古队等：《青海柳湾——乐都柳湾原始社会墓地·上》，文物出版社 1984 年版，第 57 页，图 38B-64。

图 3-58 青海省文物管理处考古队等：《青海柳湾——乐都柳湾原始社会墓地·上》，文物出版社 1984 年版，第 57 页，图 38B-73。

图 3-59 青海省文物管理处考古队等：《青海柳湾——乐都柳湾原始社会墓地·上》，文物出版社 1984 年版，第 57 页，图 38B-82。

图 3-60 青海省文物管理处考古队等：《青海柳湾——乐都柳湾原始社会墓地·上》，文物出版社 1984 年版，第 57 页，图 38B-93。

图 3-61 张朋川：《中国彩陶图谱·图谱篇》，文物出版社 1990 年版，图 960；程征、钱志强：《黄河彩陶》，台北南天书局 1994 年版，第 324 页。

图 3-62 青海省文物管理处考古队等：《青海柳湾——乐都柳湾原始社会墓地·上》，文物出版社 1984 年版，第 107 页，图版 107-1；张朋川：《中国彩陶图谱·图谱篇》，文物出版社 1990 年版，图 1045。

图 3-63 中国青海柳湾彩陶博物馆、中国社会科学院考古研究所：

《青海柳湾彩陶选粹》，上海古籍出版社2014年版，第125页。

图3-64 青海省文物管理处考古队等：《青海柳湾——乐都柳湾原始社会墓地·上》，文物出版社1984年版，第161页，图93-11。

图3-65 青海省文物管理处考古队等：《青海柳湾——乐都柳湾原始社会墓地·下》，文物出版社1984年版，图版102-3。

图3-66 青海省文物管理处考古队等：《青海柳湾——乐都柳湾原始社会墓地·下》，文物出版社1984年版，图版103-8。

图3-67 青海省文物管理处考古队等：《青海柳湾——乐都柳湾原始社会墓地·下》，文物出版社1984年版，图版107-2。

图3-68 青海省文物管理处考古队等：《青海柳湾——乐都柳湾原始社会墓地·下》，文物出版社1984年版，图版107-5。

图3-69 青海省文物管理处考古队等：《青海柳湾——乐都柳湾原始社会墓地·下》，文物出版社1984年版，图版103-7。

图3-70 张朋川：《中国彩陶图谱·图谱篇》，文物出版社1990年版，图1044。

图3-71 青海省文物管理处考古队等：《青海柳湾——乐都柳湾原始社会墓地·下》，文物出版社1984年版，图版115-4。

图3-72 青海省文物管理处考古队等：《青海柳湾——乐都柳湾原始社会墓地·上》，文物出版社1984年版，第64页，图46-2。

图3-73 青海省文物管理处考古队等：《青海柳湾——乐都柳湾原始社会墓地·上》，文物出版社1984年版，第64页，图46-5。

图3-74 青海省文物管理处考古队等：《青海柳湾——乐都柳湾原始社会墓地·上》，文物出版社1984年版，第64页，图46-8。

图3-75 青海省文物管理处考古队等：《青海柳湾——乐都柳湾原始社会墓地·上》，文物出版社1984年版，第64页，图46-12。

图3-76 青海省文物管理处考古队等：《青海柳湾——乐都柳湾原始社会墓地·上》，文物出版社1984年版，第64页，图46-16。

图3-77 青海省文物管理处考古队等：《青海柳湾——乐都柳湾原始社会墓地·上》，文物出版社1984年版，第64页，图46-21。

文中图片来源

图 3-78 中国青海柳湾彩陶博物馆、中国社会科学院考古研究所:《青海柳湾彩陶选粹》，上海古籍出版社 2014 年 1 版，第 175 页。

图 3-79 中国青海柳湾彩陶博物馆、中国社会科学院考古研究所:《青海柳湾彩陶选粹》，上海古籍出版社 2014 年版，第 180 页。

图 3-80 张朋川:《中国彩陶图谱·图谱篇》，文物出版社 1990 年版，图 1046。

图 3-81 中国青海柳湾彩陶博物馆、中国社会科学院考古研究所:《青海柳湾彩陶选粹》，上海古籍出版社 2014 年版，第 184 页。

图 3-82 中国青海柳湾彩陶博物馆、中国社会科学院考古研究所:《青海柳湾彩陶选粹》，上海古籍出版社 2014 年版，第 187 页。

图 3-83 张朋川:《中国彩陶图谱·图谱篇》，文物出版社 1990 年版，图 1069。

图 3-84 中国青海柳湾彩陶博物馆、中国社会科学院考古研究所:《青海柳湾彩陶选粹》，上海古籍出版社 2014 年版，第 198 页。

图 3-85 中国青海柳湾彩陶博物馆、中国社会科学院考古研究所:《青海柳湾彩陶选粹》，上海古籍出版社 2014 年版，第 202 页。

图 3-86 中国青海柳湾彩陶博物馆、中国社会科学院考古研究所:《青海柳湾彩陶选粹》，上海古籍出版社 2014 年版，第 209 页。

图 3-87 中国青海柳湾彩陶博物馆、中国社会科学院考古研究所:《青海柳湾彩陶选粹》，上海古籍出版社 2014 年版，第 229 页。

图 3-88 程征、钱志强:《黄河彩陶》，台北南天书局 1994 年版，第 251 页。

图 3-89 程征、钱志强:《黄河彩陶》，台北南天书局 1994 年版，第 318 页。

图 3-90 程征、钱志强:《黄河彩陶》，台北南天书局 1994 年版，第 335 页。

图 3-91 刘溥:《青海彩陶纹饰》，青海人民出版社 1989 年版，第 108 页。

图 3-92 程征、钱志强:《黄河彩陶》，台北南天书局 1994 年版，

第 330 页。

图 3-93 郑为：《中国彩陶艺术》，上海人民出版社 1985 年版，第 91 页。

图 3-94 郑为：《中国彩陶艺术》，上海人民出版社 1985 年版，第 105 页。

图 4-9 刘溥：《青海彩陶纹饰》，青海人民出版社 1989 年版，第 101 页。

图 4-10 刘溥：《青海彩陶纹饰》，青海人民出版社 1989 年版，第 101 页。

图 4-11 刘溥：《青海彩陶纹饰》，青海人民出版社 1989 年版，第 101 页。

图 4-12 刘溥：《青海彩陶纹饰》，青海人民出版社 1989 年版，第 102 页。

图 4-13 刘溥：《青海彩陶纹饰》，青海人民出版社 1989 年版，第 103 页。

图 4-14 刘溥：《青海彩陶纹饰》，青海人民出版社 1989 年版，第 103 页。

图 4-15 刘溥：《青海彩陶纹饰》，青海人民出版社 1989 年版，第 103 页。

图 4-16 刘溥：《青海彩陶纹饰》，青海人民出版社 1989 年版，第 105 页。

图 4-17 刘溥：《青海彩陶纹饰》，青海人民出版社 1989 年版，第 105 页。

图 4-18 刘溥：《青海彩陶纹饰》，青海人民出版社 1989 年版，第 105 页。

图 4-19 刘溥：《青海彩陶纹饰》，青海人民出版社 1989 年版，第 105 页。

图 4-20 刘溥：《青海彩陶纹饰》，青海人民出版社 1989 年版，第 106 页。

文中图片来源

图 4-21 刘溥：《青海彩陶纹饰》，青海人民出版社 1989 年版，第 106 页。

图 4-22 刘溥：《青海彩陶纹饰》，青海人民出版社 1989 年版，第 106 页。

图 4-23 刘溥：《青海彩陶纹饰》，青海人民出版社 1989 年版，第 106 页。

图 4-24 刘溥：《青海彩陶纹饰》，青海人民出版社 1989 年版，第 107 页。

图 4-25 刘溥：《青海彩陶纹饰》，青海人民出版社 1989 年版，第 107 页。

图 4-26 刘溥：《青海彩陶纹饰》，青海人民出版社 1989 年版，第 107 页。

图 4-27 刘溥：《青海彩陶纹饰》，青海人民出版社 1989 年版，第 108 页。

图 4-28 刘溥：《青海彩陶纹饰》，青海人民出版社 1989 年版，第 108 页。

图 4-29 刘溥：《青海彩陶纹饰》，青海人民出版社 1989 年版，第 108 页。

图 4-30 刘溥：《青海彩陶纹饰》，青海人民出版社 1989 年版，第 109 页。

图 4-31 刘溥：《青海彩陶纹饰》，青海人民出版社 1989 年版，第 109 页。

图 4-32 刘溥：《青海彩陶纹饰》，青海人民出版社 1989 年版，第 109 页。

图 4-33 刘溥：《青海彩陶纹饰》，青海人民出版社 1989 年版，第 110 页。

图 4-34 刘溥：《青海彩陶纹饰》，青海人民出版社 1989 年版，第 110 页。

图 4-35 刘溥：《青海彩陶纹饰》，青海人民出版社 1989 年版，第

110页。

图4-36 刘溥:《青海彩陶纹饰》,青海人民出版社1989年版,第111页。

图4-37 刘溥:《青海彩陶纹饰》,青海人民出版社1989年版,第111页。

图4-38 刘溥:《青海彩陶纹饰》,青海人民出版社1989年版,第112页。

图4-39 刘溥:《青海彩陶纹饰》,青海人民出版社1989年版,第112页。

图4-40 刘溥:《青海彩陶纹饰》,青海人民出版社1989年版,第112页。

图4-41 刘溥:《青海彩陶纹饰》,青海人民出版社1989年版,第112页。

图4-42 刘溥:《青海彩陶纹饰》,青海人民出版社1989年版,第113页。

图4-43 刘溥:《青海彩陶纹饰》,青海人民出版社1989年版,第113页。

图4-44 刘溥:《青海彩陶纹饰》,青海人民出版社1989年版,第113页。

图4-45 刘溥:《青海彩陶纹饰》,青海人民出版社1989年版,第113页。

图4-46 刘溥:《青海彩陶纹饰》,青海人民出版社1989年版,第113页。

图4-47 刘溥:《青海彩陶纹饰》,青海人民出版社1989年版,第113页。

图4-48 刘溥:《青海彩陶纹饰》,青海人民出版社1989年版,第114页。

图4-49 刘溥:《青海彩陶纹饰》,青海人民出版社1989年版,第114页。

文中图片来源

图4-50 刘溥：《青海彩陶纹饰》，青海人民出版社1989年版，第114页。

图5-1 高凤莲剪，延安文化艺术中心2005年9月展览，贺欣摄影；2005年3月5日"黄土寻根"展，贺欣拍摄。

图5-2 冯永谦：《中国美术分类全集·中国陶瓷全集·新石器时代》，上海人民美术出版社2000年版，图版47；靳之林：《抓髻娃娃与人类群体的原始观念》，广西师范大学出版社2001年版，第18页。

图6-1 张朋川：《中国彩陶图谱》，文物出版社2005年版，图139。

图6-2 张朋川：《中国彩陶图谱》，文物出版社2005年版，图211。

图6-3 张朋川：《中国彩陶图谱》，文物出版社2005年版，图227。

图6-4 蒋书庆：《破译天书：远古彩陶花纹揭秘》，上海文化出版社2001年版，第84页。

图6-5 程征、钱志强：《黄河彩陶》，台北南天书局1994年版，图115。

图6-6 程征、钱志强：《黄河彩陶》，台北南天书局1994年版，图405。

图6-7 张朋川：《中国彩陶图谱》，文物出版社2005年版，图1338。

图6-8 青海省文物管理处：《青海民和核桃庄小旱地墓地发掘简报》，《考古与文物》1995年第2期，图6-5。

图6-9 青海省文物管理处：《青海民和核桃庄小旱地墓地发掘简报》，《考古与文物》1995年第2期，图7-10。

后　　记

　　本书是在我硕士毕业论文的基础上修改完成的。选择半山马厂彩陶蛙人纹作为我硕士毕业论文的研究对象，一方面是出于我对史前时期美术的兴趣，另一方面是因为这个图像让我看到了原始艺术在造型和色彩方面所作出的探索。史前彩陶纹饰是富有变化的，这一特征在半坡彩陶鱼纹、石岭下彩陶鲵鱼纹、马家窑彩陶鸟纹等诸多纹饰中都有所体现，但是造型种类最多的非半山马厂彩陶蛙人纹莫属。同时该纹饰也体现出半山马厂彩陶在色彩处理上的探索，仅红、黑两色就可以产生多种绘制方式，两种颜色可以使用锯齿纹结合成一条线，可以使用黑彩勾边、红彩填色组成一条线，甚至还有红色和黑色叠加的效果、色彩自由流动的效果。彩陶纹饰的绘制需要特殊的着色剂才能在烧制后留下纹饰，这在对自然认识不够多的史前时期是比较受限制的。我们可以想象，当时的人们用自然界中的各种颜色绘制其他不需要烧制、无法保存到现在的图像对造型和色彩的探索会更多。

　　我的导师钱志强教授不仅在我攻读硕士学位的三年对我的论文给予了悉心指导，我毕业后也曾多次向他请教，能够继续对这篇论文进行思考和完善也离不开他的鼓励，这本书能够完成首先要感谢钱老师。同时也要感谢西安美术学院美术史论系和汕头大学长江艺术与设计学院对我的培养。感谢北京大学李水城教授和山东大学刘凤君教授在论文资料收集过程中给予的帮助。感谢西北大学赵斌教授在论文结构上的指点。感谢甘肃省博物馆、青海省博物馆、兰州市博物馆、秦安县博物馆、大地湾遗址博物馆、临夏回族自治州博物馆、天水市博物馆、青海柳湾博物

◈ 后　　记 ◈

馆等博物馆和遗址工作人员在我考察过程中的热情接待和帮助。

这本书的出版则要感谢中国社会科学出版社和本书的责任编辑李金涛先生，李老师既高屋建瓴的给予我修改建议，又事无巨细地盯紧每一个环节。为了本书的效果，李老师将多年来积累的图书编辑方面的经验倾囊相授，让我受益匪浅。

最后，感谢我的工作单位西安美术学院和我的家人对我的支持。

庄会秀
2020 年 12 月 6 日